?

?

?

* 이 책은 말싸미 815 글꼴을 사용하여 디자인되었습니다.

페미니스트들에게
던지는
치사하고 쪼잔한
질문들

김현민 지음

발행일 | 2022. 5. 1

발행처 | **Human & Books**
발행인 | 하응백
출판등록 | 2002년 6월 5일 제2002-113호
서울특별시 종로구 삼일대로 457 1409호(경운동, 수운회관)
기획 홍보부 | 02-6327-3535, 편집부 | 02-6327-3537, 팩시밀리 | 02-6327-5353
이메일 | hbooks@empas.com

ISBN 978-89-6078-759-9 03330

페미니스트들에게 던지는 치사하고 쪼잔한 질문들

김현민 지음

Human & Books

···차례···

Prologue:
나는 기득권이다. 그런데 행복하지 않다.

나는 대한민국 남자로 33년째 살고 있다. 키는 170대 중반에 몸무게는 60대 후반, 사는 곳은 경기 남부의 중소도시다. 서울 소재 4년제 대학을 나와서 제약회사 영업사원으로 일하고 있으며 월급은 세후 300만 원을 조금 넘게 받는다. 내세울 만큼 대단한 삶은 아니지만 그래도 부끄럽지는 않을, 지극히 평범한 삶을 살아왔다.

평균적인 남자로 33년을 살아오는 동안, 행복했던 적은 별로 없었다. 남자라는 이유로 인생의 소중한 2년을 국가에 바쳐야 했을 때, 남자라는 이유로 여자의 관심을 얻기 위해 더 많은 돈과 시간과 정성, 그리고 감정 에너지를 써야 했을 때, 남자라는 이유로 학교와 직장에서 훨씬 가혹한 신체적, 언어적 폭력을 감내해야 했을 때 나는 여자가 부러웠다. 다음 생에 다시 태어날 기회가 주어진다면 남자로 태어나지는 말아야지, 했다.

그런데 언젠가부터 세상이 나를 악으로 규정하기 시작했다. 강남역 살인사건 추모 시위에 모인 여성들은 나를 잠재적 가해자라고 불렀고, 정부는 사회적 형평성에 어긋난다는 이유로 군 가산점을 폐지해버렸다. 여자에게 큰 소리 한 번 내 본 적이 없고, 무엇하나 당당하게 요구해본 적도 없는

데 나는 졸지에 기득권이 되었고, 여자를 때리느니 차라리 맞아주라고 배워왔는데 나는 잠재적 가해자가 되었다.

혼란스러웠다. 내가 기득권이라는데 왜 나는 아무것도 가진 게 없는지, 내가 잠재적 가해자라는데 왜 나는 내가 당해온 것들만 기억에 남는지. 남성이라는 축복을 타고났으면서도 이 정도의 삶밖에 누리지 못한다면 나라는 인간은 얼마나 보잘것없는 인간인 건지. 만약 내가 여자로 태어났더라면 내 삶은 지금보다도 더 불행했을지.

하지만 이에 대해 명쾌한 답을 해주는 사람은 아무도 없었다. 부모님 세대의 성 불평등이 워낙 심각했기 때문에 현재의 젊은 남성들은 그들의 아버지들이 누렸던 혜택 중 극히 일부를 빼앗겼을 뿐인데도 역차별로 느끼는 것이다, 여성은 역사적으로 훨씬 오랜 시간 동안 더 심한 차별과 억압을 당해왔다, 하는 식의 모호한 설명만 할 뿐, 남성들이 정확히 무엇을 누리고 있고, 여성들은 무엇을 박탈당하고 있으며, 남성들이 여성들에게 정확히 얼마만큼을 얼마 동안 나눠줘야 남성과 여성이 평등해지는지에 대해 속 시원히 설명해주는 사람은 없었다.

그래서 스스로 답해보기로 했다. 내가 너무나 당연하게 누려왔던, 하지만 여성들에게는 하나도 당연하지 않았던 혜택들이 뭐가 있었는지, 매너 내지는 로맨스로 가장되어 왔던 나의 행동들이 여성에게 어떤 의미에서 폭력이 되었는지. 그런 것들에 대해 스스로 질문하고 답해보기로 했다. 지금부터 하는 이야기들은 그 질문과 답변의 기록이다.

당신이 페미니스트라면 내 이야기들에 반감을 느낄 것이다. 하지만 너그러운 이해를 바란다. 남의 떡이 커 보이고, 울타리 너머의 잔디가 더 푸르러 보이는 건 인간 보편의 본성이다. 그리고 안타깝게도, 나는 남자다. 울타리 너머 여자들이 먹는 떡이 더 맛있어 보일 수밖에 없다. 최대한 여성의 처지를 이해해보려 노력했지만 분명 부족한 점이 많을 것이다. 내가 미처 이해하지 못한 것들이 있다면 얼마든 알려주시라. 감사히 받아들이겠다.

그리고 혹시 여력이 남는다면 한 가지만 더 부탁하겠다. 내 이야기를 반면교사로 삼아 당신들 스스로를 돌아보길 바란다. 당신들은 남성의 삶이 여성의 삶보다 더 행복할 거라고 믿겠지만 꼭 그렇지는 않을 수도 있다. 당신들이 먹는 떡은 생각보다 맛있는 떡일 수도 있다. 울타리를 넘어 와보기 전까진 아무도 모를 일이다. 그럼, 울타리 너머의 세상으로 초대하겠다.

1장

『82년생 김지영』은 세상을 바꿀 수 있을까?

1. 『82년생 김지영』 씨,
그리고 82년생 김철수 씨

평범한 대한민국 여성인 1982년생 김지영 씨에 대한 이야기입니다. 김
지영 씨는 부모님과 할머니, 언니와 남동생이 있는 가정에서 둘째 딸로
태어나, 평범한 유년기를 보내고, 대학을 졸업하고, 직장생활을 하다가
결혼해 전업주부가 됐습니다. 그 특별할 것 없는 삶 속에서 여성이기 때
문에 겪어온 아주 일상적인 차별과 불평등과 위협들을 그린 소설입니다.
- 소설 『82년생 김지영』 저자 조남주 작가 인터뷰 중

소설 『82년생 김지영』은 평범한 대한민국 여성의 이야기다. 이 소설의
주인공 김지영 씨는 무능한 여자가 아니었다. 지역에서 알아주는 대학의
국어국문과를 졸업했고, 직장에서도 나름 성실하고 일 잘하는 직원이었다.
그녀의 주변에 유독 나쁜 사람들이 많았던 것도 아니었다. 남편은 다소 우
유부단하지만, 심성이 착하고 가정적인 사람이었고, 아버지 역시 가부장적
이긴 하지만 악인은 아니었다. 딱 전형적인 기성세대 남자 어른이었다. 그
렇다고 특별히 팔자가 기구했던 것도 아니었다. 가정환경도 불우하지 않았
고, 불의의 사고를 겪지도 않았다.

공포, 피로, 당황, 놀람, 혼란, 좌절의 연속에 대한 한국 여자의 인생 현장
보고서!
　　　　　　　　　- 조남주, 『82년생 김지영』, 민음사, 표지

　하지만 김지영 씨의 삶은 결코 녹록지 않았다. 위 카피처럼 공포스럽고
피로하고 당황스러운 일들의 연속이었다. 어려서는 남동생에게 맛있는 반
찬과 좋은 운동화를 양보해야 했고, 학창시절에는 남학생의 스토킹에 시달
렸고, 어른이 되어서는 결혼과 출산, 육아로 인해 자신의 꿈을 포기해야만
했다. 이 모든 일의 원인은 단 하나, 그녀가 여자라는 것이었다. 그녀가 무
능해서도, 운이 없어서도 아니었다.
　이 소설의 가진 힘은 그 평범함이었다. 만약 김지영 씨가 평범한 여자가
아니었다면 독자들은 김지영 씨에게 공감할 수 없었을 것이다. 학창시절에
공부를 열심히 안 했으니까, 평소 행실이 바르지 않았으니까, 남자 보는 눈
이 없었으니까 그렇게 불행한 삶을 산 거라고 생각했을 것이다. 하지만 김
지영 씨는 너무나도 평범했다. 우리 주변의 어머니, 여동생, 여자친구와 조
금도 다르지 않았다. 그래서 여자들은 이 소설에 공감하지 않을 수 없었다.

　하지만 남자들은 이 소설에 공감하지 않았다. 오히려 반발했다. 62년에
태어난 어머니 세대라면 모를까, 82년생들은 오히려 남성 역차별의 시대
에 살고 있으면서 어머니 세대의 아픔에 편승해서 이득을 보려 한다는 의
견도 있었고, 작가는 여자들이 살면서 겪을 수 있는 가장 불행한 일들을 모
아놓았을 뿐 여자라서 이득을 보는 것들은 교묘하게 빼놓았다는 의견도 있
었다. 한 네티즌은 『82년생 김지영』을 패러디해서 아래와 같은 글을 쓰기

도 했다.

어릴 때 누나랑 싸우면 엄마가 꼭 하신 말씀이 있다.

"남자는 우는 거 아니야."

그러면 나는 억지로라도 눈물을 삼키곤 했다. 그런데... 설마 그렇게 참고 사는 게 내 인생 전부가 될 줄이야.

(중략)

그렇게 시간이 지나 나는 초등학교에 들어갔다. 여름방학 때 신나게 놀다가 방학 숙제를 안 해간 상태였다. 선생님이 숙제 안 한 애들은 다 앞으로 나오라고 했다. 나 말고도 꽤 많은 애들이 나왔다. 남자애들은 칠판을 붙잡고 엉덩이를 내밀었다. 선생님은 두꺼운 몽둥이로 남자애들을 사정없이 후려쳤다. 남자애들은 모두 10대씩 맞았다. 다들 엉덩이에 불이 났는지 엉덩이를 미친 듯이 비벼댔다. 다음은 여자애들 차례였다. 선생님은 다섯 대씩 만 때렸다. 그것도 팔의 힘을 훨씬 뺀 상태로... 나는 그게 당연하다고 생각했다. 물론, 부럽긴 했지만.

(중략)

어느덧 나는 군대 갈 나이가 되어있었다. 군대라고 생각하니... 정말 죽기보다 가기가 싫었다. 그래도. 여자들이랑 있을 때는 그래도 우리나라를 위해서 가는 거니까 괜찮다는 식으로 말하고는 했다. 군대는 정말 구역질 나는 곳이었다. 선임은 인간쓰레기였고, 제대로 개·보수가 되지 않은 시설들에선 찬바람이 세어 들어왔다. 선임 눈 밖에 조금만 나도 나는 개처럼 기어야됐고, 그 어떤 불만도 이야기해서는 안 됐다.

내 동기 중엔 조금 뚱뚱한 녀석이 있었다. 그 친구는 행군 중에 발목을 다쳤지만, 행군에서 빼달라는 말을 할 수는 없었다. 평소에 조금 빠릿빠릿하지 못하다는 이유로 갈굼당하고 있는 상황에서 그깟 발목 조금 접질렸다고 열외 시켜달라는 건 지옥문 열겠다는 뜻과도 같았던 것이다. 그 친구는 제대할 때까지도 계속 발목을 절었지만, 국가에서는 그 어떤 보상도 해주지 않았다. 어쩌면 그 친구는 평생 다리를 절게 될지도 모르지만, 그걸 진지하게 고민해 주는 사람은 아무도 없었다. 그 친구는 그냥 재수가 없었을 뿐인 거였다.

(중략)

대학을 졸업하고 나는 취업 준비에 여념이 없었다. 그 과정은 무척 힘들었지만, 그래도 나에게는 사는 낙이 있었다. 나와 동갑인 여자친구가 있던 것이다. 나는 그 사람이 너무 좋아서 결혼하자고 했다. 하지만, 그녀는 안된다고 했다. 지금 생각해 보면 정말 당연한 이야기다. 누가 무능력한 취준생과 결혼하려고 하겠나....

난 나 자신이 싫었고, 어떻게든 돈을 모으려고 했다. 하지만, 그렇게 일을 열심히 하면 할수록 그녀와는 조금씩 멀어질 수밖엔 없었다. 그래도 나는 어떻게든 돈을 모아 서울 시내에 조그만 전셋집을 얻는 데 성공했다. 나는 다시 그녀에게 결혼하자고 했지만, 그녀는 고개를 저었다. 말로는 너 같은 좋은 친구를 잃는 게 싫어서 결혼을 하고 싶지 않다는 거였지만......... 사실 그녀가 정말 하고 싶었던 말을 나는 어렴풋이 알 수 있었다. 나이 30에 조그만 전세방 사는 남자와는 결혼할 수 없다는 이야기였다. 나는 내 인생을 돌아봤다... 내가 뭘 그렇게 잘못했는지.... 하지만 나는 나 자신에게 어떤 대답도 해줄 수 없었다.

(중략)

그 친구는 웃으며 말했다. 한국 남자의 90프로는 다 너랑 비슷할 거라고. 하지만, 여자가 원하는 건 그런 90프로의 남자가 아니라 나머지 10프로에 해당하는 남자일 뿐이라고. 술에 취해 집에 돌아오는 길에 갑자기 왈칵 눈물이 쏟아졌다. 한번 수도꼭지가 돌기 시작하니까 당최 눈물이 멈추지를 않았다. 하지만 계속 그러고 있을 수는 없었다. 핸드폰을 보니 내일 출근시간까지 5시간도 남아 있지 않았다. 나는 억지로 집에 가서 일단 침대에 누웠다. 그런데 아까 멈춘 줄 알았던 눈물이 눈에서 계속 줄줄 흘러나왔다. 나는 최대한 진정하며 어릴 때 엄마가 해주신 말씀을 떠올렸다.

"남자는 우는 거 아니야."

나는 몇 번 숨을 몰아쉬다가 다친 짐승처럼 몸을 둥글게 웅크려 말았다. 그리곤 아기처럼 잠이 들었다.

　　- 네이버 영화 『82년생 김지영』 리뷰 [심심해서 써본 82년생 김철수]

　

남성들의 이러한 반응은 여성들의 분노를 자아냈다. 여자로 태어났다는 이유만으로 세상의 절반이 부당한 차별을 받으며 사는데 어떻게 그 아픔을 모른 척 할 수 있냐며 날을 세웠고, 남자들은 기득권을 누리면서도 그 기득권을 조금도 여자들과 나누려 하지 않는 탐욕스러운 존재들이라며 비판했다. 위 게시글에는 아래와 같이 원색적인 비난의 댓글이 달리기도 했다.

　

이 글에서 여자가 나 안 만나 준대 징징하고 있는데............. 남자가 애를 낳을 수 있는 것도 아니고 젖을 먹일 수 있는 것도 아니고 여자들만큼 가사노동 개 빡세게 하거나 육아를 똑바로 하는 것도 아니고 여자네 부모를 착실하게 여자들만큼 성실하게 모시는 것도 아니고 도대체 남자들은 하는 게 뭐임.............? 할 줄 아는거 아무것도 없는데 돈도 벌기 싫으면 남편의 존재가치가 뭐임???????????????????????? ㅋㅋㅋㅋㅋㅋㅋㅋ ㅋㅋㅋㅋㅋㅋㅋㅋㅋㅋㅋㅋㅋㅋㅋㅋㅋㅋㅋㅋㅋㅋㅋㅋㅋㅋㅋㅋㅋㅋ 나는 돈도 제대로 못 버는 남성이지만 여자는 나랑 결혼해서 임신하고 애 낳고 육아하고 맞벌이하면서 돈도 벌어다 줘 빼애액 !!! 하는 한국 남성의 김치남짓 잘 보았습니다 ㅋㅋㅋㅋ

   - 네이버 영화 『82년생 김지영』 리뷰 [82년생 김철수]에 달린 댓글

이러한 논쟁은 『82년생 김지영』이라는 한 편의 문학작품에 대한 비평을 넘어 젠더 갈등이라는 사회적 이슈 전체에 대한 논쟁이 어떤 방식으로 이루어지고 있는지를 상징적으로 보여준다. 페미니스트들에 따르면 여성은 사회적 약자다. 여성으로 사는 건 남성으로 사는 것에 비해 전반적으로 훨씬 불행하고 힘들다. 그렇기 때문에 남성들은 그들이 가진 기득권을 여성에게 나누어주어야 한다. 그래야 성 불평등이라는 사회 문제를 해결할 수 있다. 그래서 페미니스트들은 『82년생 김지영』과 같은 콘텐츠를 끊임없이 만들어낸다. 한국 사회에서 여성이 얼마나 열악한 상황에 처해 있는지를 알림으로써 남성의 지배하에 신음하는 불쌍한 여성들, 그리고 양심과 지성을 갖춘 일부 남성들이 그들의 투쟁에 동참하도록 이끈다.

그런데 남성들은 이에 동의하지 않는다. 오히려 남성으로 사는 게 더 힘들다고, 그러니까 남성이 더 많은 배려와 보호를 받아야 한다고 말한다. 남성으로 태어났다는 이유로 훨씬 행복하고 안락한 삶을 누리고 있으면서도 그들은 자신들의 기득권을 포기하려 하지 않는다. 그래서 페미니스트들이

보기에 남자는 악이다. 9개 가진 자가 1개 가진 자의 것을 빼앗으려 하는 걸 악마가 아니면 달리 뭐라고 지칭할 수 있겠는가.

2016년 5월 강남역 부근 상가 화장실에서 일어난 살인 사건. 이를 기점으로 남성과 여성의 대립이 더 선명하게 나타났다. 한편에서는 여성에 대한 차별과 폭력의 철폐를 요구하는데, 다른 한편에서는 여성을 위한 정책이 남성에 대한 역차별이라는 주장이 계속되었다. 다른 한편에서는 여성을 위한 정책이 남성에 대한 역차별이라는 주장이 계속되었다. 상반된 입장 같아 보이지만, 아이러니하게도 양쪽 모두 차별을 말하고 있다. 양측 모두 평등의 가치를 내세우며 현실을 비판하고 있고, 한국 사회에 성차별이 존재한다고 생각하는 점도 같다. 다만 누가 불리한 상황에 있는지에 대한 진단이 다르다.

- 김지혜, 『선량한 차별주의자』, 창비, 20p

하지만 문제는 그렇게 간단하지 않다. 남성들이라고 평등을 지지하지 않는 게 아니다. 남성들이라고 강자가 약자를 핍박하는 걸 정당하다고 생각하는 게 아니다. 진짜 문제는, 그들은 그들 스스로를 강자라고 생각하지 않는다는 것이다. 남성이 보기엔 남성이 약자다. 만약 그들이 여성으로 태어났더라면 인생을 더 수월하고 행복하게 살 수 있었을 것만 같다. 그런데 여성은, 그토록 많은 것들을 누리면서도 남자에게 더 내놓으라고 한다. 그래서 그들이 보기엔 페미니스트가 악이다.

82년생 김지영 씨가 약자인가? 아니면 82년생 김철수 씨가 약자인가?

그래서 우리는 가장 먼저 이 질문에 답해야 한다. 만약 한국 사회에서 남성과 여성 중 누가 더 많은 혜택을 누리고 있는지를 명확히 정의할 수 있다면 남성과 여성 중 누구에게 더 많은 혜택을 줘야 할지, 이를 통해 어떠한 형태의 성평등을 만들어갈 것인지도 정의할 수 있을 것이다.

2. 누가 더 불행할까?
그리고 누구를 불행하게 만들어야 할까?

1) 남자는 군대 간다고? 여자는 임신하는데?

군대가 힘들까? 임신이 힘들까? 이것은 남성과 여성 중 누가 사회적 약자인가를 따질 때면 빠지지 않고 등장하는 질문이다. 남자들은 군대가 힘들다고 주장한다. 임신은 10개월이지만 군대는 2년이고, 임신 기간 동안 임산부는 남편의 보호를 받지만 군대에 있는 동안에는 오히려 자신이 고참들의 온갖 수발을 들어줘야 한다는 것이다. 반면 여자들은 임신이 더 힘들다고 주장한다. 군대는 다녀오면 끝이지만 아이는 낳은 후에 키우기까지 해야 하고, 아이를 낳고 나면 후유증이 남는다는 것이다.

하지만 이는 애초에 결론을 내릴 수가 없는 논쟁이다. 기준이 너무 포괄적이기 때문이다. 두 대상의 우열을 가리려면 기준이 명확해야 한다. 리오넬 메시와 크리스티아누 호날두 중 누가 더 뛰어난 축구선수일까? 두 선수는 지난 10년간 세계 축구계를 양분해온 슈퍼스타들이다. 이들은 제각기 다른 영역에서 강점을 보인다. 메시는 드리블과 패스, 프리킥이 뛰어나고, 호날두는 힘과 스피드, 헤딩이 뛰어나다. 이러한 단편적인 기준에 따라 두 선수를 비교하는 건 어렵지 않다. 만약 드리블이 뛰어난 선수가 더 훌륭한 선수라면 메시는 호날두보다 훌륭한 선수다. 헤딩을 잘하는 선수가 훌륭한 선수라면 호날두가 메시보다 뛰어난 선수다. 하지만 뛰어난 선수라는 말은 그 모든 것을 포괄하는 개념이다. 뛰어난 선수는 드리블이나 패스 뿐 아니라 헤딩이나 신체 능력도 뛰어나야 한다. 그래서 두 선수 중 누가 더 뛰어난지를 가리는 건 어렵다.

임신과 군대라는 문제도 마찬가지다. 기간을 따진다면 2년인 군대가 10개월인 임신보다 더 힘들고, 이후에 찾아오게 될 육아의 부담과 후유증까지 고려한다면 임신이 더 힘들다. 임산부는 가족들이나 사회로부터 배려와 보호를 받지만 군인은 오히려 사회 구성원을 보호해야 하는 입장이라는 점을 고려한다면 군대가 더 힘들 수도 있다. 하지만 힘들다는 개념은 그 모든 걸 포함한다. 기간이 긴 것도 힘든 것이고 몸이 불편한 것도 힘든 것이고 고참들의 수발을 들어야 하는 것도 힘든 것이다. 따라서 임신과 군대 중 무엇이 더 힘든지를 따지려면 그 모든 걸 고려해야 한다. 하지만 그건 불가능에 가까운 일이다.

2) 남자는 돈도 벌어야 한다고? 여자는 몸매 관리도 해야 하는데?

군대와 임신을 비교하는 건 어려운 일이다. 기준이 너무 포괄적이기 때문이다. 하지만 불가능한 건 아니다. 이 기준들을 고루 반영한 지표를 만들면 된다. 가령 어느 기업에 A와 B라는 두 취업준비생이 지원했다고 가정해보자. A는 융통성이 있는 편이고, B는 꼼꼼한 편이다. 면접관은 둘 중 누가 더 일을 잘할지를 가려내야 한다. 하지만 일을 잘하는 사람이라는 기준은 너무 포괄적이다. 일을 잘 하려면 꼼꼼하기도 해야 하고, 융통성도 있어야 하고, 논리성도 있어야 하고, 대인관계 능력도 있어야 한다. 그래서 기업의 인사담당자는 지원자들에 대한 평가지표를 만든다. 꼼꼼함을 20점, 융통성을 15점, 논리성을 35점, 대인관계 능력을 30점. 이런 식으로 업무능력을 구성하는 여러 가지 기준들을 적절히 배합하여 총합 100점의 지표를 만든다. 그렇게 하면 A와 B 중 누가 더 뛰어난 지원자인지를 가려낼 수 있다. A가 융통성에서 높은 점수를 받았다고 하더라도 논리성이나 꼼꼼함에서 낮은 점수를 받았다면 B보다 낮은 평가를 받을 수 있고, 반대의 경우도 가능하다.

임신과 군대도 마찬가지다. 지표를 만들면 된다. 기간, 신체적 고통, 주위 사람들과의 관계, 후유증의 여부 등 임신과 군대의 고통을 평가하는 여러 기준들을 적절히 배합하면 임신과 군대 중 무엇이 더 힘든지를 따질 수 있을 것이다. 가령 아래와 같은 식으로 말이다.

지원자 A와 B 중 누가 더 뛰어난가?			
	배점	지원자A	지원자B
꼼꼼함	20	13	17
융통성	15	14	10
논리성	35	26	30
대인관계	30	27	22
합계	100	80	79

군대와 임신 중 무엇이 더 힘든가?			
	배점	군대	임신
기간	20	16	13
신체적 고통	15	11	14
인간관계	35	30	17
후유증	30	15	27
합계	100	72	71

※ 위 항목들에 대한 배점은 각 항목에 대한 진지한 고려 없이 임의로 기입한 것임.

하지만 그렇게 한다고 해서 남자와 여자 중 누가 더 힘든지에 대한 답을 내릴 수 있는 건 아니다. 삶이란 그보다도 훨씬 더 방대하기 때문이다. 군대와 임신은 각각 남자와 여자가 겪는 대표적인 고통이다. 하지만 유일한 고통은 아니다. 남자 혹은 여자로 살아가며 겪는 고통들은 이외에도 매우 다양하다. 남자는 돈을 벌어 생계를 유지해야 하고, 여자의 마음을 얻기 위한 치열한 인정 투쟁을 벌여야 하며, 외로움이나 두려움, 좌절과 같은 감정적 약점을 숨겨야 한다. 이러한 스트레스들로 인해 남성은 여성보다 평균수명이 짧고 자살률도 높다. 반면 여자는 육아 부담이 남자보다 훨씬 크며, 외모나 몸매 관리에 많은 시간과 돈을 투자해야 한다. 또 도전정신이나 진취성, 리더십, 야망과 같은 것보다는 수동적이고 연약한 여성상을 강요당하게 된다. 이러한 제약들은 여성이 남성만큼의 사회적 성취를 이루는 데에 걸림돌로 작용한다. 그리고 이 모든 고통들 각기 다른 기준들을 갖고 있다. 임신과 군대처럼. 남자와 여자 중 누가 사회적 약자인지를 따지려면 이 모든 것들을 지표화해서 합산해야 한다. 그건 임신과 군대를 비교하는 것보다도 훨씬 복잡하고 어려운 일이다.

심지어 공신력있는 기관에서 발표한 지표조차도 이러한 한계점에서 자유로울 수는 없다. 페미니스트들은 흔히 여자로 사는 게 남자로 사는 것보다 더 힘들다는 증거로 남녀 간 임금 격차와 고위직 진출 비율을 든다. OECD에 따르면 2017년 기준 한국의 성별 임금격차 수치는 34.6%다. 남자가 100만원을 벌 때 여자는 약 65만원을 번다는 이야기다. 또한 영국 이코노미스트에 따르면 2019년 한국 주요 기업의 임원 중 여성이 차지하는 비율은 2.3%다. 이를 기준으로 하면 여성은 분명 사회적 약자다.

하지만 이 지표만을 근거로 한국 사회에서 여성이 약자라고 단정 짓기엔 이르다. 한국 사회에서 남자는 여자보다 많은 돈을 벌고 고위직에 더 많이 올라가지만 한편으로는 여자보다 더 많은 생계부담을 지고, 산업 재해로 더 많이 사망하고, 자살도 더 많이 한다. 이것들이 남자와 여자 중 누가 약자인지를 따지는 지표가 되지 못할 이유는 어디에도 없다. 이를 기준으로 한다면 남자가 사회에서 더 많은 고통을 받고 살아간다고 주장하는 것도 충분히 가능하다. 결국 남자가 약자냐, 여자가 약자냐 하는 건 어떤 지표를 기준으로 하느냐에 따라 달라진다. 이 모든 것들을 반영하지 않는다면 어떠한 지표로도 남성과 여성의 고통을 온전히 측정할 수 없다.

3) 남자라서 힘들다고? 그건 네가 지질해서 그런 건데?

지표화는 분명 한국 사회에서 남성이 약자인지 혹은 여성이 약자인지를 따질 수 있는 유용한 방법이다. 하지만 이 역시 완벽하진 않다. 남성 혹은 여성으로서 겪는 모든 기쁨과 슬픔들을 반영한 지표를 만드는 건 현실적으로 불가능하기 때문이다.

하지만 여기에도 방법은 있다. 인간의 정신적, 신체적 고통을 수치화할 수 있는 기계를 만들어서 그 기계를 남자 신생아 1명과 여자 신생아 1명에게 이식하는 것이다. 그렇게 해서 평생 동안 그들이 겪은 고통을 합산한다면 누가 더 불행하게 살았는지를 비교할 수 있을 것이다.

하지만 설령 그렇게 한다 해도 문제는 해결되지 않는다. 남자와 여자라는 변수 외에 다른 변수들이 개입하기 때문이다. 특정 변수가 결과에 어떤 영향을 미치는지를 밝혀내려면 이외의 모든 변수들은 철저하게 통제되어야 한다. 가령 단 음식이 성인병 발병률에 어떤 영향을 미치는지 밝혀내려면 한 집단에게는 설탕이 많이 들어간 음식을, 다른 집단에게는 적게 들어간 음식을 먹여야 한다. 그리고 그 밖에 모든 변수는 통제해야 한다. 실험실의 위생도 똑같아야 하고, 온도도 똑같아야 하고, 수면과 운동시간도 동일하게 주어져야 한다. 실험을 하기 전 두 집단의 성인병 발병률도 같아야 한다. 만약 두 집단 중 한쪽에만 더 많은 수면 시간을 주고, 더 쾌적한 환경에서 생활하게 해준다면 실험결과의 신뢰성은 뚝 떨어진다. 단 음식을 먹은 집단이 성인병 발병률이 높아졌다고 해도 그게 단 음식을 먹었기 때문인지, 아니면 운동시간이 부족하고 생활 환경이 열악해서인지 알 수가 없다.

남녀의 고통을 측정하는 실험 역시 마찬가지다. 남자와 여자라는 점을 빼면 두 사람이 완전히 똑같아야 한다. 성격도 똑같고, 성적 매력도 똑같고, 지능도 똑같아야 한다. 하지만 그건 불가능하다. 세상의 모든 인간은 개별적인 존재다. 성격, 성적 매력, 지능 등 모든 능력치가 동일하고 성별만 다른, 남자 버전 김현민과 여자 버전 김현민이란 있을 수 없다. 그리고 그 개별성은 실험 결과에 영향을 미친다. 설령 위와 같은 실험을 해서 여자로 살아가는 고통이 더 크다는 결과가 나오더라도 그게 그녀가 여자라서 그런 건지, 아니면 노력을 게을리 했거나, 운이 없었거나, 멘탈이 약해서 그랬던 건지를 알 길이 없다.

4) 여자가 부럽다고? 난 남자가 부럽던데?

물론 여기에도 방법은 있다. 한 명의 인간이 남자와 여자의 삶을 둘 다 체험해보면 된다. 그러면 남자와 여자라는 것 외에 모든 변수를 통제할 수 있다. 한 명의 인간이기에 재능도, 성격도 모두 동일하다. 다른 건 딱 하나, 성별이다. 실제로 그걸 해본 사람도 있다. 미국의 여성 페미니스트 노라 빈센트는 평소 남자의 삶을 동경해왔다. 어려서부터 레이스 달린 옷보다는 카우보이 옷이 좋았고, 인형을 갖고 노는 것보다는 공을 차는 게 좋았다. 하지만 세상은 그녀에게 여성성을 요구했다. 순종하고, 공감하고, 애교를 부리라고 강요했다. 그녀는 그 억압이 부당하다고 느꼈다. 그래서 남장을 했다. 볼링 동호회, 회사의 영업부서, 수도원, 스트립 클럽 등 남자들이 주류를 이루는 세계에 숨어 들어가서 남자들이 누리는 모든 특권들을 폭로하는 것이 그녀의 목적이었다.

하지만 남자로 살아가는 건 생각보다 쉽지 않았다. 남자의 능력과 리더십을 평가하는 여성의 잣대는 여자의 몸매와 얼굴을 평가하는 남자의 잣대에 비해 결코 관대하지 않았고, 영업 실적을 내지 못한 직원에 대한 무시와 경멸은 결코 쉽게 참아낼 수 있는 것이 아니었다. 그래서 그녀는 1년 반 동안의 남장 생활을 마치고 여성의 삶으로 돌아왔다. 그녀는 이 경험을 토대로 하여 『548일 남장체험』이라는 책을 썼다.

남자들의 입장에서는 이를 근거로 남성의 삶이 여성의 삶보다 고되다는 논리를 펼 수 있다. 남성이 되고 싶었던 노라 빈센트조차 남성으로 살아가는 게 쉽지 않다고 말했으니 말이다. 하지만 여기에도 논리적 오류는 있다. 노라 빈센트의 경험을 일반화할 수 없다는 것이다. 인사 직무와 영업 직무 중 무엇이 더 좋은 직무일까? 이건 바보 같은 질문이다. 개인마다 다르기 때문이다. 인사 직무와 영업 직무에는 다른 역량이 요구된다. 인사 직무를 잘 수행하려면 꼼꼼하고, 규정을 명확히 숙지하고, 형평성을 중시해야 한다. 반면 영업 직무를 잘 수행하려면 외향적이고, 융통성이 있고, 효율과 결과를 중시해야 한다. 결국 둘 중 어떤 직무가 더 좋냐는 질문에 대한 답은 사람마다 다르다. 그가 인사 직무에 어울리는 사람이라면 인사 직무가 좋다고 할 것이고, 영업에 어울리는 사람이라면 영업 직무가 좋다고 할 것이다.

남자와 여자도 마찬가지다. 남자다운 남자, 그리고 여자다운 여자가 되기 위해 필요한 역량은 다르다. 남자에겐 강함과 주도성, 야망과 자신감이 요구되고, 여자에겐 온순함, 사랑스러움, 조신함이 요구된다. 둘 중 무엇이 더 힘들까? 그건 사람에 따라 다르다. 온순하고, 사랑스러운 성격으로 태어난 사람이라면 남자로 살아가는 게 더 힘들다 느낄 것이고, 주도적이고, 야망이 있는 사람이라면 여자로 살아가는 게 더 힘들다 느낄 것이다.

결국 남자와 여자 중 누가 더 힘든지를 가려낼 방법은 사실상 없다. 모든 인간에게 인생의 절반은 남자로, 나머지 절반은 여자로 살아볼 기회를 주고, 그들이 남자, 그리고 여자로 살면서 겪었던 모든 고통과 행복들을 합친 뒤 평균을 내기 전까지는 불가능하다.

5) 화장실에서 몰카 걱정을 하지 않아도 되는 게 왜 특권이야?

당신이 여성이라면 내 주장이 궤변처럼 느껴질 것이다. 군대는 2년만 다녀오면 되지만 여성의 경력 단절은 평생 지속되는 문제고, 군대 가서 불구가 되어 돌아오는 남자는 극소수지만 여성의 출산과 육아는 비혼주의자가 아니라면 피할 수 없는 문제다. 이러한 모든 것들을 종합했을 때 남자가 겪는 고통은 여자로 살면서 겪는 고통에 비해 사소하다는 생각이 들 것이다. 두바이 석유재벌 3세에게도 나름대로 고충이 있고, 부랑자의 삶에도 즐거운 순간이 있다고 해서 두바이 석유재발 3세와 부랑자 중 누가 사회적 약자인지를 가늠할 수 없는 건 아니듯이 말이다.

일상적으로 누리는 이런 특권은 대개 의식적으로 노력해서 얻은 것이 아니라 이미 갖고 있는 조건이라서 많은 경우 눈치채지 못하기 때문이다. 특권은 말하자면 '가진 자의 여유'로서 가지고 있다는 사실조차 느끼지 못하는 자연스럽고 편안한 상태이다. (중략) 시외버스 좌석에 앉아서 자신이 특권을 누리고 있다고 의식하는 사람은 거의 없을 것이다. 휠체어를 사용하는 누군가가 시외버스 탑승을 요구하기 전까지는 말이다. 시외버스에는 휠체어가 탑승할 수 있는 장치가 마련되어 있지 않기 때문에 차표를 사도 버스를 탈 수가 없다. 타인은 갖지 못하고 나는 가진 어떤 것, 여기서는 시외버스를 이용할 수 있는 기회가 특권이다.

– 김지혜, 『선량한 차별주의자』, 창비, 28p.

하지만 그런 생각은 여자들만 하는 게 아니다. 여자들의 시선에서 여자의 고통이 남자의 고통보다 커 보이듯 남자의 시선에서는 남자의 고통이 더 커 보인다. 반면 자기가 남자라서, 혹은 여자라서 얻는 혜택들은 하나도 없는 것처럼 보인다. 남자는 진심으로 자기를 약자라고 느낀다. 여자가 스스로에게 느끼는 딱 그만큼.

사람은 누구나 자기가 이미 갖고 있는 것들의 가치를 과소평가하는 경향이 있기 때문이다. 경제학자들은 이를 한계 효용 체감의 법칙이라고 부른다. 어떠한 재화를 한 개 더 가질 때마다 그 한 개로부터 느낄 수 있는 행복감의 양은 감소한다는 뜻이다. 가령 무더운 여름날 만원 지하철을 타고 집에 돌아와서 냉장고에서 꺼내 먹는 아이스크림 한 개의 맛은 말 그대로 기가 막힌다. 하지만 아이스크림을 하나 더 먹으면 처음에 하나 먹었을 때만큼 맛있지는 않다. 세 개 먹으면 질려서 슬슬 먹기가 싫어지고, 네 개부터는 억지로 집어넣으려 해도 들어가지 않는다. 세상 모든 것들이 그렇다. 30년 동안 한 번도 연애를 해보지 못한 남자와 여자를 백 명 쯤 만나본 바람둥이에게 연애가 주는 기쁨이 다르고, 빈곤층 흙수저와 두바이 석유 재벌 3세에게 돈이 주는 기쁨이 다르다.

남자 혹은 여자로서 누리는 특권도 마찬가지다. 모든 남자는 날 때부터 죽을 때까지 남자기 때문에, 평생 동안 그 특권을 박탈당할 일이 없기 때문에 그걸 특권이라 인식하기가 어렵다. 회사 생활을 시작한지 얼마 안 됐을 때 여자 동기와 택시를 타고 외근을 나갔던 적이 있다. 목적지에 도착해서 내가 택시비를 냈는데 동기가 고맙다고 했다. 의아했다. 어차피 법인카드로 결제한 건데 뭐가 고맙나 싶었던 것이다. 그래서 뭐가 고맙냐고 묻자 그 동기는 카드로 결제하면 눈치가 보인다고 했다. 카드로 결제하면 수수료가 나가기 때문에 택시 기사들이 불쾌한 표정을 짓거나 아니면 대놓고 안 좋은 말을 하는 경우도 있다는 것이었다. 다른 여자 직원에게서는 남자 친구와 같이 길을 걷는데 어떤 취객이 자기를 확 밀쳐서 크게 다칠 뻔 했다는 이야기를 들은 적도 있다. 놀라운 일이었다. 남자인 나는 한 번도 겪어본 적 없는 일이었기 때문이다. 나는 특별히 체격이 크지도 않고, 인상이 사납거나 힘이 세지도 않다. 하지만 그 사실이 내게 위협이 되었던 적은 없었다. 택시비를 카드로 결제했다고 택시 기사가 눈치를 준 적도 없었고, 길을 가던 취객이 이유없이 나를 공격한 적도 없었다. 그건 분명 특권이었다. 내가 여자로 태어났다면 나 역시 택시비를 카드로 결제할 때 눈치를 봤을 것이다. 하지만 그게 특권이란 사실을 인식하는 건 너무나 어려운 일이었다. 나는 날 때부터 남자였기 때문이다.

하지만 그건 여자들도 마찬가지다. 남자의 특권이 남자들에게 날 때부터 주어졌듯 여자의 특권도 날 때부터 주어진다. 군대에 가고, 선생님이나 직장 상사에게 폭언을 듣고, 이성으로부터 관심을 얻기 위해 처절한 경쟁을 해야 하는, 남자라면 당연히 겪게 되는 고통들을 여자들은 겪지 않아도 된다. 남자들이 데이트 폭력이나 화장실 몰카 걱정을 안 해도 되듯이. 하지만 그건 여자가 보기에 특권이 아니다. 그녀들은 군입대를 걱정해야 하는 세상, 어떤 남자도 자신들에게 말을 걸거나 눈길 주지 않는 세상을 한 번도 겪지도, 상상해보지도 못했기 때문이다.

6) 남자가 쪼잔하게 여자랑 싸워서 이겨야겠어?

결국 남은 방법은 이것 밖에 없다. 억지스러워 보이지만 이건 어떠한 논리보다도 강력하다. 이렇게 말하면 남자 열 명 중 아홉은 입을 다물게 만들수 있다. 정말이다. 시사토론 프로그램에 나오는 남성 패널들도, 저명한 작가나 교수들도, 당신들이 아는 대부분의 남자 지인들도 여성이 사회적 약자라는 걸 인정하지만 정작 그들 중 여성이 왜, 그리고 얼마만큼 약자인지를 정확히 설명할 수 있는 사람은 아무도 없다. 그냥 남자니까, 여자와 싸워서 이겨보려고 아등바등하면 속된 말로 없어 보이니까 져주는 것 뿐이다. 그러니까 여성인 당신이 이 논쟁에서 이기고 싶다면 "남자가 쪼잔하게?"라고 한 마디만 해주면 된다.

하지만 그건 왠지 찝찝하지 않은가? 페미니스트는 여성 개개인의 특성과 상관없이 일률적으로 주입되는 전통적 성역할을 거부하는 사람들이다. 여성이라고 사랑스러워야 하고, 순응적이어야 하고, 연약해야 한다는 고정관념을 거부하는 게 페미니즘의 정신이다. 그런데 그런 당신들이 남자답게 양보하라는 말을 하겠다고? 그건 자기모순 아닐까? 남성은 사회적 강자니까 그 정도는 감수해야 한다고? 그 주장에는 아무런 근거가 없다니까? 남자가 쪼잔하게 여자랑 싸워야겠냐고? 그건 자기모순이라니까?

3. 김지영 씨가 말하고자 한 것들,
   그리고 애써 외면한 것들

1)『82년생 김지영』이 한국 사회에 남긴 것들

『82년생 김지영』을 둘러싼 논쟁은 결국 남자와 여자 중 누가 더 불행하냐는 논쟁과 같다. 여성 독자들은 한국 사회에서 여성으로 살아가는 게 훨씬 고되다고 여겨왔기 때문에『82년생 김지영』에 환호했고, 남성들은 남성의 삶 역시 못지않게 고되다고 여겨왔기 때문에『82년생 김지영』에 오히려 반발했다.

이 논쟁을 종결지으려면 남자와 여자 중 누가 더 불행한지를 객관적으로 따질 수 있어야 한다. 그래야 더 행복한 쪽이 더 불행한 쪽에게 양보할 수 있고, 그래야 공정한 사회가 만들어진다.

하지만 그걸 따질 방법은 없다. 저마다의 삶에는 제각기 아픔이 있고, 그것의 경중은 비교할 수 없다. 그래서 논쟁은 끊이지 않는다.

그렇다면『82년생 김지영』이 갖는 의미는 무엇일까? 그리고 인터넷 커뮤니티에, 술자리에서 오가는 대화 속에, 책 속에 남자로 살아가는 고통과 여자로 살아가는 고통을 비교하는 말과 글들이 끊이지 않고 오가는 이유는 무엇일까? 이러한 말과 글들이 세상에 어떠한 긍정적 영향을 미칠 수 있을까?

『82년생 김지영』이 한국 사회에 미친 긍정적 영향이 있다면 역시 여성이 겪는 사회적 차별을 공론화했다는 점일 것이다. 경제학에는 용의자의 딜레마라는 개념이 있다. 각자의 입장에서 합리적인 선택이 모두에게 최악의 결과를 가져오는 상황을 말한다. 용의자 A와 B가 수사를 받고 있는 상황을 가정해보자. 둘은 서로 격리된 취조실에서 수사를 받고 있고, 서로 연락을 주고받을 방법은 없다. 이런 상황에서 A와 B가 택할 수 있는 전략은 각각 두 가지다. 자백하거나, 혹은 침묵을 지키거나.

		A	
		침묵	자백
B	침묵	A 3일 구류 후 석방 B 3일 구류 후 석방	A 즉시 석방 B 10년
	자백	A 10년 B 즉시 석방	A 5년 B 5년

이를 조합하면 총 네 가지의 경우의 수가 만들어진다. 이 중 최선은 둘 다 침묵을 지키는 것이다. 그렇게 하면 3일 구류 후에 증거 불충분으로 둘 다 석방될 수 있다. 하지만 이는 현실적으로 이루어지기 어렵다. 서로를 믿을 수 없기 때문이다. 만약 A가 침묵을 지켰을 때 B도 침묵을 지킨다면 좋겠지만 B의 입장에서는 그럴 이유가 없다. 자백을 한다면 수사에 협조한 대가로 구류 조치 없이 즉시 풀려날 수 있을 테니 말이다. 그건 A의 입장에서 최악의 결과다. 위증에 따른 가중 처벌을 받아 10년 형을 살게 된다. 그러므로 죄를 혼자 뒤집어쓰지 않기 위해서 A는 자백을 해야 한다. 하지만 문제는 B도 똑같은 생각을 하고 있을 것이란 점이다. A는 자백을 하고 자

신은 침묵을 지켜서 자기 혼자 죄를 뒤집어쓰는 최악의 상황은 B도 원치 않을 것이다. 그래서 B는 자백을 할 것이다. 결국 A와 B는 둘 다 자백을 하고 둘 다 5년 형을 살게 된다. 두 사람 모두 각자의 입장에서 가장 합리적인 선택을 했지만 아이러니하게도 두 사람 모두 최악의 결과를 맞게 된다.

이러한 용의자의 딜레마는 성차별 문제에도 적용될 수 있다. 어느 마을에 사는 여성 A와 B가 과중한 가사노동과 육아부담으로 고통을 받고 있다고 가정해보자. 이때 A와 B가 택할 수 있는 선택지는 투쟁과 순응, 두 가지다. 이를 조합한 네 가지 경우의 수 중 최선은 A와 B가 힘을 합쳐 투쟁하는 것이다. 그러면 A와 B의 남편들은 처음엔 당황하고 화를 내겠지만 점차 그들이 아내에게 너무 과중한 부담을 지워왔다는 걸 깨닫게 될 것이다. 결국 남편들은 A와 B에게 협상을 제안할 것이고, 가사 노동의 불평등은 해결될 것이다. 하지만 이렇게 되긴 어렵다. 이유는 아까와 같다. 서로를 믿을 수 없기 때문이다. A가 남편을 위해 빨래와 청소를 하고 식사를 차려주길 거부했을 때 B도 동참한다면 좋겠지만 그것을 기대하기는 어렵다. A의 투쟁에 동참하지 않고 기존의 성역할에 순응하는 모습을 보인다면 B는 아내로서의 본분에 충실한 현모양처로 남편과 시댁의 사랑을 독차지하게 될 것이기 때문이다. 이건 A의 입장에서 최악의 결과다. A는 현모양처인 B와 대비되어 아내 역할도 제대로 못하면서 남편에게 대들기나 하는 악처로 낙인찍혀 버린다. 그래서 A는 섣불리 나설 수 없다. 물론 B도 마찬가지다. 그래서 A와 B는 가사노동의 불평등으로부터 해방되지 못한다.

투쟁		여자A	
		투쟁	순응
여자B	투쟁	A 해방 B 해방	A 현모양처 B 악처
	순응	A 악처 B 현모양처	A 불평등 B 불평등

이러한 딜레마를 해결할 수 있는 방법은 무엇일까? 소통이다. 만약 용의자 A와 B의 취조실 사이에 구멍이 뚫려 있어서 둘이 쪽지나 암호를 주고받을 수 있었다면 어땠을까? A는 B에게 말했을 것이다. 내가 침묵을 지킬 테니 너도 꼭 침묵을 지켜라, 그렇게 하면 우리 둘 다 석방될 수 있다. 만약 우리가 서로를 믿지 못한다면 우리는 최악의 결과를 맞게 된다. 이렇게 밀담을 주고받으며 둘은 서로의 신뢰를 강화하고, 침묵을 지킬 수 있다.

그런데 왜 어머니는 힘들다고 얘기하지 않았을까. 김지영 씨의 어머니뿐 아니라 이미 아이를 낳아 키워 본 친척들, 선배들, 친구들 중 누구도 정확한 정보를 주지 않았다. TV나 영화에는 예쁘고 귀여운 아이들만 나왔고, 어머니는 아름답다고 위대하다고만 했다. 물론 김지영 씨는 책임감을 가지고 최대한 아이를 잘 키울 것이다. 하지만 대견하다거나 위대하다거나 하는 말들은 정말 듣기 싫었다. 그런 소리를 들으면 힘들어하는 것조차 안 될 일처럼 느껴졌기 때문이다.

- 조남주, 『82년생 김지영』, 민음사, 150p.

『82년생 김지영』이 한국 사회에 미친 긍정적 영향은 이것이다. 한국 사회에서 여성은 분명 다양한 형태의 차별을 겪어왔다. 하지만 이에 문제를 제기하는 건 너무나 어려운 일이었다. 어머니, 아내, 딸로서 여성의 희생과 양보는 아름답고 숭고한 것이며, 여성은 이를 기꺼이 받아들여야 한다고 배워왔기 때문이다. 그런데 소설 속 김지영 씨는 그게 아니라고 말했다. 여성이라는 이유로 가해지는 부당한 차별과 억압들은 당연한 것도, 숭고하고 아름다운 것도 아니라고 말했다. 여성이라는 이유로 부당한 억압과 차별을 가하는 사회가 잘못된 것이지 그 차별에 고통받는 여성이 잘못된 게 아니라고 말했다. 이를 통해 여성들은 연대감을 얻었다. 세상의 수많은 김지영 씨들이 같은 고통을 겪고 있으며, 이 고통을 이겨내기 위해 언제라도 힘을 모을 수 있다는 믿음을 얻게 되었다.

2) 『82년생 김지영』의 한계점

하지만 『82년생 김지영』에는 역기능도 있었다. 아이러니하게도 그 역기능은 순기능에 비례한다. 역기능과 순기능이 동전의 양면을 이루고 있기 때문이다. 『82년생 김지영』은 여성들 내부의 연대감을 강화하는데 기여했다. 그런데 내부의 연대감을 강화하는 가장 좋은 방법은 외부의 적을 만들어내는 것이다. 그 적이 악랄하고 비열하게 묘사될수록, 그 적의 인간적 면모를 소거하고 철저하게 선악의 이분법 구도로 접근할수록 내부의 결속력은 강화된다. 대북관계가 경직되었던 1960~70년대, 교과서에서 북한군과 지도자의 모습이 돼지나 늑대로 묘사되었던 이유, 한일 축구 대항전을 할 때면 지역, 정치성향, 남녀를 막론하고 모두가 하나가 되는 이유, 나치 독일이 당시 독일 사회가 겪고 있던 모든 사회 문제의 원인을 유태인에게 돌렸던 이유가 다 그것이다.

『82년생 김지영』도 마찬가지다. 여성 내부의 결속을 다지기 위해서는 여성의 외부에 적을 규정해야 한다. 그 적은 물론 여자가 아닌 자들, 남자들이다. 이를 위해 『82년생 김지영』은 갈등론적 시각을 취한다. 주인공 김지영 씨가 여성으로서 누린 혜택들은 철저하게 숨기고 여성으로 태어났기 때문에 겪어야 했던 고통들에만 초점을 맞춘다. 남자와 여자는 서로를 필요로 하는 존재들이라는 것, 대부분의 남자들은 여성과의 공존을 위해 최선을 다하고 있다는 점은 조금도 언급하지 않는다. 예를 들면 이런 것이다.

> 초경은 중학교 2학년 때였다. (중략)
> 아버지께 꽃다발을 받았다는 친구도 있었고, 가족들과 케이크를 자르며 파티를 열었다는 친구도 있었다. 하지만 대부분의 아이들에게는 엄마, 언니, 여동생과만 공유하는 비밀일 뿐이다. 귀찮고 아프고 왠지 부끄러운 비밀. 김지영 씨네 집도 크게 다르지 않았다. 어머니는 입 밖에 내서는 안 되는 일이 벌어지기라도 한 것처럼 직접 언급을 피하며 라면 국물만 떠 주었다.
> — 조남주, 『82년생 김지영』, 민음사, 61p.

위 인용문에서 볼 수 있듯 여성의 성은 흔히 은폐된다. 오줌 싸는 소년 동상은 어디에서나 흔히 볼 수 있지만 오줌 싸는 소녀 동상은 세계 어느 도시에도 없고, 남자 아이들이 야동을 보거나 자위를 하는 모습은 자연스럽게 여겨지지만 여자 아이들이 자위를 하는 건 왠지 야릇하고 망측하게 여겨진다.

저자는 이것이 사회가 여성의 성을 하찮게 여긴다는 증거라고 주장한다. 남성의 성은 당당하고 자랑스러운 것이기 때문에 그것을 언급하는 데에 아무런 거리낌이 없고, 여성의 성은 위 인용문에서처럼 귀찮고, 아프고, 부끄럽고, 입 밖에 내서는 안 되는 불경한 것이기 때문에 숨긴다는 것이다.

하지만 우리가 어떤 것을 숨길 때 항상 그것이 부끄럽고 하찮은 것이라서 숨기는 건 아니다. 우리는 로또 1등에 당첨됐을 때도 아주 가까운 사람들이 아니라면 그 사실을 숨기고, 전교 1등을 하거나 서울대학교에 들어갔을 때도 그 사실을 대놓고 떠들고 다니지는 않는다. 작가의 논리처럼, 로또 1등이 하찮고, 서울대학교에 들어간 게 부끄러워서 그러는 걸까?

아니다. 오히려 정반대다. 그것이 너무 소중하기 때문이다. 로또 1등은 모두의 소망이다. 하지만 그렇기에 로또 1등 당첨자는 질투의 대상이 된다. 만약 누군가가 로또 1등에 당첨된 사실이 알려진다면 사돈의 8촌까지 그에게 전화를 걸어 친한 척을 하고, 읍소를 하고, 협박까지도 할 것이다. 서울대학교 합격도 마찬가지다. 분명 자랑할 만한 일이지만, 그렇기에 함부로 자랑해선 안 되는 일이기도 하다. 그랬다간 서울대에 입학하지 못한 주위 친구들, 그리고 그들의 부모들에게 공공의 적이 될 수도 있다.

여성의 성은 어느 쪽에 속할까? 중학교 때 나는 남녀 공학을 다녔다. 남학생과 여학생이 한 교실에 섞여 있다 보니 체육 시간에 옷을 갈아입을 때 한쪽은 화장실로 가서 갈아입어야 했다. 그건 남학생이었다. 선생님이 그렇게 하라고 한 적도 없고, 학급 회의 때 그렇게 정한 적도 없지만 남학생들은 자연스럽게 화장실로 갔고, 여학생들은 교실에 남았다. 그냥 왠지 그래야만 할 것 같았다. 남학생들은 아무 데서나 옷을 갈아입어도 되지만 여학생은 그러면 안 될 것 같았다.

대학생 때 엠티를 가서도 그랬다. 학생들은 늦은 새벽까지 술을 마셨고,

취기가 오르면 잠자리에 들었다. 이때도 여학생들은 별도로 마련된 방에 들어갔다. 남학생들은 들짐승들처럼 아무 데나 널브러져서 잠을 청했다. 똑같이 방이 있더라도 여학생들에게는 침대가 있는 방, 더 넓고 쾌적한 방이 제공되었다.

공중 화장실도 그렇다. 여자 화장실은 사방을 둘러친 칸막이로 외부의 시선으로부터 완전히 차단되어 있다. 반면 남자 화장실은 훨씬 개방적이다. 허리 높이의 나무 판자로 구분을 해놓던지, 혹은 그 정도 구분도 안 되어 있는 곳도 많다. 소변기 앞에 창문이 설치되어 길을 가는 행인들과 소변을 보는 남성들이 눈이 마주치기도 한다.

왜 그런 걸까? 남성의 성은 당당하고 자랑스러운 거라서 남자들은 아무 데서나 옷을 갈아 입고 아무데서나 오줌을 싸고 아무데서나 잠을 자도 된다고 여겨지는 걸까? 여성의 성은 불결하고 하찮아서 사람들이 함부로 엿보거나 접근할 수 없게 격리시켜 놓은 걸까? 오히려 너무나 소중하고 귀한 거라서 조심스럽게 다루려 하는 것이 아닐까?

어린 여공들은 직장 생활이 원래 그런 건 줄 알고 제대로 잠도 못 자고, 제대로 쉬지도 못하고, 제대로 먹지도 못하며 일만 했다. 방직기계가 내뿜는 열기 때문에 덥다 못해 미칠 지경이었고, 안 그래도 짧은 스커트를 최대한 걷어 올리고 일을 해도 팔꿈치와 허벅지에서 땀이 뚝뚝 떨어졌다. 시야를 가릴 정도로 뿌옇게 먼지가 날려 폐병을 얻는 이들도 많았다. 잠 깨는 약을 수시로 삼켜 가며 누런 얼굴로 밤낮없이 일해서 받는 터무니없이 적은 돈은 대부분 오빠나 남동생들의 학비로 쓰였다. 아들이 집안을 일으켜야 한다고, 그게 가족 모두의 성공과 행복이라고 생각하던 시절이었다. 딸들은 기꺼이 남자 형제들을 뒷바라지했다.

- 조남주, 『82년생 김지영』, 민음사, 35p.

또한 저자는 위 인용문에서 남녀의 교육격차 불평등에 대해 말한다. 한국 전쟁 이후 한국 사회는 극심한 빈곤에 빠져있었다. 당장 굶주림을 해결하는 게 급선무였던 시대적 상황에서 부모들은 모든 자녀에게 고등 교육의 기회를 제공할 여력이 없었다. 그래서 당시의 부모들은 아들들을 우선 가르쳤다. 딸들은 최소한의 교육만 마치고 일찍 취업을 해서 오빠나 남동생의 뒷바라지를 했다. 주변에서 흔히 들어볼 수 있는 이야기다.

그리고 이러한 교육 기회의 불평등은 사회적 지위의 불평등으로 이어지게 되었다. 한국 사회에서 교육은 개인의 사회적 지위를 높이고 삶의 질을 개선할 수 있는 주요한 수단 중 하나다. 이러한 교육의 기회를 남성에게만 제공한다는 건 신분상승과 자아실현의 기회를 남성에게만 주겠다는 말과 같다. 주요 대기업의 임원직이나 국가 고위 공무원의 대부분을 남성이 차지하고 있는 현재의 상황은 이러한 교육 기회의 불평등과 무관하지 않다.

하지만 그렇다고 해도 이러한 교육 기회의 불평등을 단순히 부모들이 딸보다 아들을 더 귀하게 여기고, 딸의 삶을 아들의 성공을 위한 소모품처럼 취급한 탓이라고 보는 저자의 주장에는 무리가 있다. 2015년 한국보건사회연구원에서 실시한 설문[1]에 따르면 여성 중 21.1%가 배우자를 선택할 때 경제력을 가장 중요시한다고 응답하였다. 이는 37.0%인 성격에 이어 두 번째로 많이 나온 항목이었다. 반면 남성은 4%만이 경제력을 가장

---

[1] [2015년도 전국 출산력 및 가족보건복지실태조사]

중시한다고 응답했다. 또한 직업을 가장 중시한다고 응답한 경우는 여성이 7.2%, 남성이 3.6%였다. 두 항목을 합치면 여성은 28.3%가 되지만 남성은 7.6%로 약 4분의 1에 불과했다.

배우자의 경제력과 사회적 지위에 대한 여성과 남성의 기대는 이토록 차이가 난다. 대부분의 여성은 자기보다 직업이 안정적이고 소득 수준이 높은 남성과 결혼하길 원하지 자기보다 연봉이 낮은 남성과 결혼하겠다는 여자, 결혼 비용을 자기가 더 많이 부담하겠다고 하는 여자는 찾기 어렵다. 결혼 적령기가 아니라 해도 많은 여성들은 이상형으로 존경할 수 있는 남자, 자기를 이끌어줄 수 있는 남자, 지켜줄 수 있는 남자를 꼽는다. 반면 남성들은 그들의 배우자에게 높은 사회적 지위나 고소득을 기대하지 않는다. 오히려 그들보다 더 많이 배우고, 많이 버는 여자를 만나는 걸 부담스럽게 생각하는 경우도 많다. 남녀 간 교육 격차가 해소된 오늘날에도 이렇다면 위 글의 배경이 된 부모님 세대에는 훨씬 심했을 것이다.

이런 점을 고려한다면 교육 기회의 불평등은 달리 해석될 수 있다. 부모라면 누구나 자녀들이 좋은 배우자를 만나 안정된 가정을 꾸리길 원할 것이다. 그런데 딸에게는 그런 목표를 이루기 위해서 필요한 게 별로 많지 않다. 많이 배우지 않아도, 돈을 많이 벌지 않아도 딸은 결혼을 해서 가정을 꾸리는 데에 큰 문제가 없다. 하지만 아들의 경우는 다르다. 못 배우고 돈 없는 아들은 누구에게도 선택받지 못한다. 당신이 부모라면 어떤 선택을 내릴 것인가? 교육 기회라는 한정된 자원을 누구에게 주는 것이 더 효율적인 자원분배가 되겠는가?

물론 이는 어느 정도는 닭과 달걀 같은 이야기다. 남성의 경제력에 대한 여성의 기대치가 높기 때문에 남성이 많이 배워서 돈을 많이 벌어야 한다고 볼 수도 있지만 바꿔 말하면 남성이 많이 배워서 돈을 많이 버니까 여성의 입장에서는 남성의 경제력에 의존하는 수밖에 없다고 볼 수도 있다. 한 예로 통계청의 자료[2]에 따르면 2019년 기준 미혼 남녀의 임금 격차는 13.5%다. 미혼 남성이 100만 원을 벌 때 미혼 여성은 약 87만원을 번다는 이야기다.

하지만 이를 감안하더라도 배우자의 경제력에 대한 남녀의 기대치 차이는 너무 심하다. 결혼정보회사 듀오에서 2020년 12월 29일부터 2021년 1월 4일까지 미혼 남녀 각각 250명을 대상으로 진행한 설문에 따르면 남성들은 평균 1억 2,373만 원을 목표로 결혼 자금을 모으고 있다고 응답했다. 만약 여성이 남성의 경제력에 높은 기대치를 갖고 있는 게 단순히 남녀의 소득 수준 차이 때문이라면 여성 역시 적어도 남성의 87%에 해당하는 약 1억 500만 원 정도의 결혼 자금을 준비하고 있어야 한다. 하지만 이 조사에 따르면 여성이 목표로 하고 있는 결혼 자금은 6,709만 원으로 남성의 54% 수준이었다. 이 금액은 페미니스트들이 흔히 인용하는 OECD 성별 임금 격차(이 지표는 결혼 적령기의 남녀가 아니라 결혼 이후 경력이 단절되어 비정규직으로 일하고 있는 여성까지 포함한 경제활동인구 전체를 기준으로 하기 때문에 남녀의 결혼비용 격차를 설명하기에는 부적합하다. 하지만 이 지표를 활용하더라도 남녀의 결혼비용 격차 문제는 설명되지 않는다.) 65%를 기준으로 하더라도 터무니없이 적은 금액이다. 여성이 남성의 경제력과 사회적 지위에 많은 기대를 거는 건 소득 수준의 차이만으로 설명할 수 없다는 이야기다.

---

2 [2020대전시양성평등정책] 성별 임금 격차를 줄입시다!, 2020.12.08., 금강일보

교육의 목적을 단순히 좋은 배우자를 만나는 것에 한정 지을 수는 없다는 비판도 가능하다. 인생의 목적이 단순히 배우자를 만나 아이를 낳고 키우는 것에 있다면 여성은 남성만큼 고등 교육을 받지 않아도 될지 모른다. 남성은 어차피 여성의 교육 수준과 사회적 지위에 큰 기대를 걸지 않으니 말이다. 하지만 인간은 생존과 번식만을 위해 살아가는 존재가 아니다. 인간은 자아를 실현하고 삶의 의미를 찾길 원한다. 그리고 교육은 이를 위해 필수 불가결한 요소다. 교육을 통해 인간은 자신의 잠재력을 발견하고 그것을 키워나가며, 사회에 기여하고 자신의 자아를 실현할 수 있다. 이 모든 것들은 인간 보편의 삶의 목표인 행복으로 이어진다. 여성에게 고등 교육의 기회를 주지 않는 건 이 모든 가능성을 차단하는 것을 의미한다.

이전 세대의 여성들은 결혼을 결심할 때나 결혼제도에 진입하는 순간에 행복이라는 가치를 결혼의 잣대로 삼지 않았다. 일단 결혼 그 자체가 여성이 선택하는 문제가 아니라 당연히 치러야 할 통과의례였기 때문이다. 현대에 들어와서야 겨우 개인의 자유가 주어지고 배우자 선택이 개인의 권리가 되었다. 이제 남녀를 가리지 않고 개인의 모든 행동의 기준은 바로 자신의 행복이다. 모두가 자본주의 사회의 일원답게 최소의 비용으로 최대의 행복을 얻기 위해 다각도의 노력을 기울인다.

       - 윤단우, 위선호, 『결혼파업, 30대 여자들이 결혼하지 않는 이유』,
       모요사, 70p.

하지만 그건 철저히 현대적인 관점이다. 소설 『82년생 김지영』에서 주인공 김지영 씨의 어머니는 외삼촌들 뒷바라지를 하느라 자기의 꿈을 포기해야만 했다. 그 선택을 강요한 건 물론 그녀의 부모, 김지영 씨의 외조부모들이었을 것이다. 김지영 씨가 82년생이라면 그들은 몇 년생이었을까? 아마 30년대생이었을 것이다. 어쩌면 20년대생이었을 수도 있다. 그 시대에 행복과 자아실현이라는 관념이 있었을까? 김지영 씨의 외할머니와 외할아버지가 외삼촌들을 대학에 보낸 건 그들이 자아를 실현하고 세상에 기여하도록 해주기 위해서였을까?

물론 이러한 해석을 현대 사회에 그대로 적용할 수는 없다. 요즘 같은 세상에 여자는 많이 배울 필요가 없다는 이유로 딸을 대학에 보내지 않는 부모가 있다면 그들은 비난받아 마땅할 것이다. 하지만 적어도 확실한 건, 그 시대에는 그 시대의 맥락에 맞는 사랑법이 있었다는 것이다. 열 손가락 깨물어 안 아픈 손가락 없다는 옛말처럼 모든 부모는 그들의 자녀를 동등하게 사랑한다. 과거의 부모들이 단순히 딸을 아들보다 덜 사랑해서, 고등교육과 신분 상승의 기회를 남성이 독차지하는 게 바람직하다고 생각해서 아들을 우선 가르쳤던 건 결코 아니다.

하지만 저자는 여기에서 눈을 돌린다. 남자와 여자의 차이 이면에 존재하는 구조가 아니라 차이 자체에만 집중한다. 그리고 그 모든 차이의 원인을 여성에 대한 남성의 억압으로 해석한다. 남자와 여자를 달리 대우하는 사회 시스템 안에서 여자는 아무런 혜택도 얻지 못하고 일방적 손해만 보고 있는 것으로 묘사한다.

이 일차원성은 분명 『82년생 김지영』이 갖는 힘의 원천이었다. 당신들이 누려온 특권, 범했던 잘못들은 아무것도 없으며 당신들이 살면서 겪은 모든 불행은 남성들 때문이다, 라는 이 소설의 메시지에 여성들은 열광했다. 하지만 그 열광은 세상의 나머지 반, 남성들을 소외시키는 결과를 가져왔다. 성평등에 대한 논쟁에서 남성은 자신을 위한 어떠한 변론도 하지 못하고 여성의 처분만을 기다리는 존재가 되어버렸다.

4. 군대와 임신,
그 이면에 있는 것들

사회 현상을 바라보는 시각으로는 크게 갈등론적 관점과 기능론적 관점이 있다. 갈등론적 관점은 사회 현상의 본질을 약자에 대한 강자의 억압, 그리고 그로부터 벗어나기 위한 약자의 투쟁으로 본다. 반면 기능론적 관점에서는 다양한 집단들이 사회 내에서 서로 다른 기능을 수행하며 공동의 목표를 이루어가는 걸 사회 현상이라고 본다.

가령 '아프니까 청춘이다.'라는 말은 기능론적이다. '아프니까 청춘이다.'라고 주장하는 사람들은 아픔의 기능에 집중한다. 청년 실업, 삼포 세대, 열정 페이 등 청년 세대들이 직면한 아픔들이 언젠가는 청년들을 더 성숙하게 하는 '기능'을 수행할 거라고 본다. 반면 '아프면 환자지 청춘이냐?'는 갈등론적이다. 기성세대는 청년들에게 없는 사회적 지위와 자본, 조직을 갖고 있다. 그래서 청년들은 기성세대가 가진 사회적 자본에 편승해야 한다. 즉, 을이다. 기성세대는 이러한 권력 관계를 이용하여 청년들을 착취한다. 갈등론의 관점에서 '아프니까 청춘'이라는 말은 기성세대가 청년 세대에게 가하는 부당한 착취와 억압을 정당화하기 위해 만들어낸 미사여구에 불과하다.

『82년생 김지영』을 둘러싼 논쟁으로 돌아와 보자. 한쪽의 사람들은 김지영 씨로 대표되는 한국 사회의 여성들이 남성들로부터 억압과 착취를 당하고 있다고 주장한다. 그리고 다른 한쪽의 사람들은 김철수 씨로 대표되는 한국 남자들이 역차별 받고 있다고 주장한다. 두 주장은 양립할 수 없는 것처럼 보인다. 하지만 두 주장에 공통으로 깔려 있는 전제가 있다. 그건 갈등론이다. 김지영 씨들과 김철수 씨들은 공통으로 자기가 상대 성별로부터 부당한 억압과 차별을 받고 있다고 주장한다. 그리고 상대 성별이 가진 것들을 빼앗아와야 더 정의롭고 평등한 사회가 된다고 주장한다. 결국 김철수 씨와 김지영 씨들은 누구를 가해자로, 그리고 누구를 피해자로 규정하느냐가 다를 뿐 남녀 관계의 본질을 강자의 억압과 차별, 그리고 이를 극복하기 위한 약자의 투쟁으로 정의한다는 점에서는 전혀 다르지 않다.

이러한 갈등론적 관점은 남녀 관계의 일면을 훌륭하게 설명한다. 세상의 모든 값진 것들은 유한하다. 명품 가방이나 외제 차도 그렇고, 올림픽 금메달도 그렇고, 고소득 일자리도 그렇다. 심지어 명예나 사랑, 존중과 같은 관념적인 것들도 그렇다. 존중이란 누군가를 특별한 존재로 대우하는 걸 말한다. 그런데 특별한 존재란 필연적으로 소수여야 한다. 모두가 특별하다는 말은 아무도 특별하지 않다는 말과 같다. 그렇기 때문에 존중은 모두에게 주어질 수 없다. 존중이 가치 있으려면 존중받지 못하는 사람들이 있어야 한다. 그래서 삶의 모든 것들은 제로 섬 게임(Zero-sum game)이 될 수밖에 없다. 한쪽이 더 많은 것을 누리기 위해서는 다른 한쪽으로부터 그만큼을 빼앗아와야 한다. 남성과 여성의 관계도 마찬가지다. 한국 100대 기업 임원 중 여성의 비율이 2.3%라면 나머지 97.7%는 남성일 것이고, 20대 국회의원의 17.1%가 여성이라면 나머지 82.9%는 남성일 것이다. 결국 한쪽이 겪고 있는 차별을 말하는 건 다른 쪽이 너무 많은 것들을 누리고 있다고 말하는 게 될 수밖에 없다.

하지만 갈등론에도 한계점은 있다. 조화와 협력이라는 사회 현상의 또 다른 일면을 설명할 수 없다는 점이다. 세상에는 분명 성별에 따른 차별이 존재한다. 여성은 남성에 비해 더 많은 가사노동의 부담을 지고, 더 적은 성공의 기회를 부여받는다. 반면 남성은 여성에 비해 더 많은 경제적 부담을 지고, 더 많은 모욕과 폭력을 감내해야 한다. 하지만 이런 불평등에도 불구하고 남성과 여성은 인류 역사 수백만 년 동안 성공적인 파트너였다. 남성이 농경이나 사냥과 같은 활동을 통해 가족을 부양했기에 여성은 그 자원을 활용하여 가족들을 돌볼 수 있었고, 여성이 가사노동과 육아를 전담하였기에 남성은 생계부양자의 역할에 전념할 수 있었다. 여성의 내조가 있었기에 남성은 사회적 성취를 이룰 수 있었고, 남성의 보호와 배려가 있었기에 여성은 그 안에서 안정을 누릴 수 있었다. 이러한 상호보완이 성공적으로 이루어지지 않았다면 인류는 진작에 멸종했을 것이다. 지구상에 나타났다가 사라진 무수히 많은 종들이 그랬듯이 말이다.

하지만 갈등론자들은 이로부터 눈을 돌린다. 김지영 씨들은 자신들이 피해자라는 사실을 증명하기 위해 날 선 어투로 자극적인 언설들을 쏟아내고, 세상의 나머지 반을 차지하는 김철수 씨들은 편파적인 사실들과 여성혐오적인 주장들로 응수한다. 혐오는 혐오를 낳고 비아냥은 비아냥을 낳을 뿐 결론은 없다. 앞서 여러 페이지에 걸쳐 논했듯, 이건 애초에 답이 없는 논쟁이다.

그래서 이번에는 『82년생 김지영』을 둘러싼 논쟁을 기능론적 관점에서 분석해보려 한다. 물론 기능론적 관점 역시 완벽하지는 않을 것이다. 가령 고대 그리스의 철학자 플라톤은 철인정치를 주장했다. 이성을 타고난 철인은 정치를, 용기를 타고난 군인은 국방을, 인내를 타고난 농민은 생산을 담당해야 이상적인 사회가 된다는 것이다. 이 이론에 따르면 철인과 군인, 농민은 서로 다툴 이유가 없다. 서로 각자의 성향에 맞는 역할을 조화롭게 수행하고 있기 때문이다. 하지만 만약 어느 농민이 이에 문제를 제기한다면? 왜 정치는 철인들만 하고 고된 노동은 자신들이 전담해야 하냐고 묻는다면? 플라톤의 입장에서 이는 용납할 수 없는 일이다. 인내를 타고난 농민이 이성이 필요한 정치를 하겠다고 나서는 건 사회의 조화와 효율을 깨뜨리는 일이기 때문이다. 마찬가지로 남성과 여성이 각자의 기능을 수행하면서 성공적 파트너십을 이루어왔다는 주장은 자칫 현재의 성 역할 배분에는 아무런 문제가 없다는 결론으로 이어질 수 있다.

하지만 그럼에도 나는 젠더 문제에 대한 기능론적 관점에서의 해석이 꼭 필요하다고 믿는다. 그건 지금까지 젠더 문제에 대한 논쟁이 갈등론에만 치우쳐 있었기 때문이다. 자신이 사회적 약자라는 걸 증명하기 위해 서로의 삶을 평가절하하는 사이 남성과 여성은 너무 많은 상처를 입었고, 이들 사이에는 너무나 깊은 골이 파여 버렸다. 그러니 이번에는 조화와 협력에 시선을 돌려보자. 내가 남성, 혹은 여성으로서 어떤 고통을 받고 있는지가 아니라 다른 성별로 인해 내가 얼마나 행복해졌는지, 나로 인해 다른 성별이 얼마나 행복해질 수 있는지를 생각해보자.

기능론적 관점에서 반드시 전제되어야 하는 개념은 트레이드 오프(Trade-off)다. 세상 모든 것에는 장단점이 있고, 따라서 하나의 장점을 얻는 건 하나의 단점을 얻는 것과도 같다는 것이다. 예를 들어, 기업의 목적은 이윤 창출, 즉 돈을 버는 것이다. 그리고 매출에 직접 관여하는 부서는 영업과 마케팅부서다. 그렇다면 돈을 직접 벌어오지 않는 인사, 법무, 재무, 생산, 고객 서비스 등의 부서는 다 폐지해야 할까? 물론 아니다. 기업의 목적은 돈을 버는 것이지만 돈을 버는 것 자체에만 신경 쓰다 보면 여러 가지 문제들이 발생할 수 있다. 제품 생산량이 부족해서 물건을 더 팔지 못하게 될 수도 있고, 경쟁사와 법적 분쟁에 휘말려서 벌금을 물게 될 수도 있고, 고객의 컴플레인으로 제품 브랜드 가치가 하락할 수도 있다. 회사에 여러 부서가 있는 건 그래서다. 회사가 이윤 창출이라는 목적을 실현하기 위해서는 다양한 역량을 가진 전문가들이 각자의 '기능'을 유기적으로 수행해야 한다. 축구는 공을 발로 차서 골대에 집어넣는 스포츠다. 그리고 팀에서 골을 넣는 건 주로 스트라이커다. 그렇다면 스트라이커 11명으로 팀을 만들어서 월드컵에 나가면 우승할 수 있을까? 당연히 아니다. 축구에서 가장 중요한 건 골을 넣는 것이지만 골을 넣기만 한다고 경기에 이기는 건 아니다. 상대 팀이 우리보다 많은 골을 넣지 못하게 해야 한다. 그래서 공격수만으로 팀을 구성해선 안 된다. 골을 넣는 공격수와 막는 수비수, 그 사이에서 연결고리 역할을 하는 미드필더가 각자의 '기능'을 유기적으로 수행해야 한다.

남성과 여성의 관계 역시 마찬가지다. 여성이 불행한가? 아니면 남성이 더 불행한가? 이 질문에 대답할 수 있는 사람은 아무도 없다. 따라서 누가 더 많은 혜택을 받고, 누가 더 많은 페널티를 받아야 할지도 알 수 없다.

그렇다면 이 질문은 전적으로 무의미한 질문일까? 남성과 여성이 할 수 있는 건 그저 남들도 힘들겠지, 하면서 자신들에게 주어지는 고통을 받아들이는 것밖에는 없는 걸까? 아니다. 남성이라서, 혹은 여성이라서 겪는 고통의 크기를 비교할 수는 없지만, 그 고통의 관계에 대해서는 말할 수 있다. 남성이 겪는 고통과 여성이 겪는 고통은 정확히 대칭을 이룬다. 한 성별이 무언가를 너무 많이 갖고 있어서 고통받는다면 다른 성별은 그것을 갖지 못해서 고통을 받는다. 성적 대상화라는 걸 예로 들어보자. 성적 대상화는 말 그대로 누군가를 성적인 대상으로 여긴다는 것이다. 그렇다면 성적인 대상이란 무엇인가? 섹스를 할 수 있는 대상이다. 즉, 누군가를 성적 대상화 한다는 건 그 또는 그녀와 섹스를 하고 싶어 한다는 뜻이다. 여성의 고통은 여기에서 연유한다. 모두가 그녀를 성적인 대상으로 여긴다. 즉, 모두가 그녀와 섹스를 하고 싶어 한다. 그래서 (일부의) 남자들은 공공장소에서 여자의 몸에 손을 대고, 공중화장실이나 탈의실, 목욕탕에 몰카를 설치하고, 술에 취하게 만들거나 애원을 하거나 위협을 가해서 성관계를 시도하려 한다. 이런 극단적인 상황이 아니더라도 여성에 대한 성적 대상화는 흔히 일어난다. 직장은 일하러 오는 곳인데 여자 직원이 화장을 했는지, 안경을 썼는지, 어떤 옷을 입었는지가 왜 중요한 걸까? 왜 남자 선배들은 (남자들만의 술자리에서) 남자 신입사원들에게 사무실에서 누가 제일 예쁘고 누구와 사귀고 싶은지 품평을 시키는 걸까? 남자 직원들은 여자 직원들을 동료 이전에 여자, 성적 대상이라고 생각하기 때문이다.

그래서 여성들은 남성들에게 자신들을 성적 대상화 하지 말아 달라고 한다. 하지만 만약 그녀들의 바람이 이루어진다면, 세상 누구도 그녀들을 성적 대상화 하지 않게 된다면 그녀들은 행복해질까? 아닐 것이다. 누구에게도 성적 대상으로 여겨지지 않는 존재, 남자들을 보면 알 수 있다. 남자와 여자가 소개팅을 한다고 가정해보자. 둘은 연락처 교환만 하고 아직 만나지는 않았다. 따라서 둘은 아직 서로에 대해 별다른 감정은 없는 상태다.

그렇다면 둘의 관계는 평등해야 한다. 데이트 비용을 반반씩 내고, 약속 장소는 정확히 중간 지점으로 잡고, 식사 장소를 찾아보거나 애프터 신청을 하는 일도 반반씩 해야 한다. 하지만 현실은 그렇지 않다. 경제적 여건이 비슷해도 돈은 남자가 더 많이 내야 하고, 둘 다 대중교통을 이용해도 장소는 여자가 오기 편한 곳으로 잡아야 하며, 식사 장소를 찾아보거나 영화표를 예매하는 건 당연히 남자가 해야 한다. 왜 그런 걸까? (대부분의) 여성은 성적 대상이고 (대부분의) 남성은 성적 대상이 아니기 때문이다. 대부분의 남성은 대부분의 여성과 섹스를 하고 싶어하지만 대부분의 여성은 대부분의 남성을 성적으로 원하지 않기 때문에, 더 절실한 남성은 덜 절실한 여성에게 추가적인 비용과 시간, 노력을 지불해서 밸런스를 맞추는 것이다. 아무도 여성을 성적 대상화하지 않는다는 건 여성들이 남성을 위해 이 모든 것을 해야 한다는 걸 의미한다. 정말로 그걸 원하는가?

결국 성적 대상화라는 건 좋은 것도 나쁜 것도 아니다. 모두에게 성적 대상화를 당하거나 아무에게도 성적 대상화되지 못하는 게 문제지 적절한 사람에게 적절한 방식으로 성적 대상화가 되는 건 잘못된 게 아니다.

이번에는 남성들의 대표적 고통이라 할 수 있는 경제적 부담을 기준으로 해보자. 대부분의 경우 결혼을 할 때는 남자가 여자보다 큰 비용을 부담한다. 결혼한 이후에도 남자는 가정을 부양해야 한다. 그래서 남자는 어떻게든 돈을 벌어야 한다. 일이 적성에 맞지 않아도, 직장 상사로부터 견딜 수 없는 모욕을 당해도, 건강이 악화되어도 무조건 참아야 한다. 하지만 여자들은 다르다. 돈을 벌어야 한다는 압박감이 남자들보다 덜하므로 당장에 돈이 되지 않더라도 자기가 하고 싶은 일에 도전해볼 수 있고, 정 하고 싶은 일이 없으면 취집(취업+시집의 합성어, 취업하는 대신 시집을 가서 가사를 전담하며 사는 일)을 할 수도 있다. 그래서 남자들은 여자들을 부러워한다.

지원이는 입가에 투명하고 커다란 침을 흘리며 잠들었고, 오랜만에 밖에서 마시는 커피는 맛이 좋았다. 바로 옆 벤치에는 서른 전후로 보이는 직장인들이 모여서 김지영 씨와 같은 카페의 커피를 마시고 있었다. 얼마나 피곤하고 답답하고 힘든지 알면서도 왠지 부러워 한참 그들을 쳐다보았다. 그때 옆 벤치의 남자 하나가 김지영 씨를 흘끔 보더니 일행에게 뭔가 말했다. 정확하지는 않지만 간간이 그들의 대화가 들려왔다. 나도 남편이 벌어다 주는 돈으로 커피나 마시면서 돌아다니고 싶다... 맘충 팔자가 상팔자야... 한국 여자랑은 결혼 안 하려고...

　　　　　- 조남주, 『82년생 김지영』, 민음사, 164p.

하지만 만약 그들의 바람대로 남성과 여성의 역할이 바뀐다면, 여성이 돈을 벌고 남성이 살림을 전담하게 된다면 남성들은 마냥 좋기만 할까? 아닐 것이다. 인간은 개나 돼지와는 다르다. 등 따습고 배부르다고 행복해하는 존재가 아니다. 인간에겐 성취와 자아실현이 필요하다. 남성들이 그렇듯 여성들 역시 자기 적성을 발견해서 갈고 닦고 세상에 펼치면서 행복감을 느낄 수 있는 존재들이다. 여성을 가정이라는 영역에만 묶어두려 하는 건 여성들이 가진 이러한 가능성을 무시하는 일이다. 교육 수준이 높고, 큰 꿈과 비전을 가진 여성일수록 이러한 역할에 회의를 느낄 것이다.

물론 남편의 사랑이 그녀들을 구원해줄 거라 믿는 이들도 있을 것이다.

직장에서 얼마 되지도 않는 월급을 받겠다고 스트레스를 받느니 돈 많은 남편을 만나서 사모님 대접을 받으며 사는 게 나아 보일 수도 있다. 하지만 그건 젊고 예쁠 때의 이야기다. 시간이 흘러 그녀들의 얼굴에 주름이 파이고, 몸에는 군살이 붙는다면? 반대로 남편의 직급과 연봉, 사회적 지위는 계속 높아진다면? 남편은 그녀에게 처음 만났을 때와 변함없는 사랑을 줄 수 있을까? 결국 자신을 구원할 수 있는 건 자신뿐이다.

이러한 비대칭성은 남성과 여성의 상호 몰이해를 심화시킨다. 건강이나 부, 매력적인 외모는 모두가 추구하는 가치다. 그래서 아픈 사람은 건강한 사람을, 빈자는 부자를, 못생긴 사람은 예쁘고 잘생긴 사람을 부러워한다. 가난해지거나 병약해지고 싶은 사람, 못생겨지고 싶은 사람은 없다. 그런데 남성과 여성은 애초에 추구하는 가치가 다르다. 남성이 주도적, 진취적이어야 한다면 여성은 순응적이어야 하고, 남성이 강인해야 한다면 여성은 연약해야 하며, 남성이 호색적이고 성 경험이 많아야 한다면 여성은 성적으로 무지하고 순결해야 한다. 그래서 남성과 여성은 서로를 부러워한다. 여성들이 남성들처럼 경쟁하고 도전하면서 사회적 성취를 쌓아가고 싶다고 하면 남성들은 경쟁에 승리해서 여성을 쟁취하고 가정을 부양해야 한다는 부담감이 얼마나 무거운 것인가에 대해 말하고, 여성들이 성매매 종사자들의 고통을 말하면 남성들은 자기들도 섹스하면서 돈 벌고 싶다며 오히려 부러워한다.

문제는 그것이다. 앞서 언급했던 트레이드 오프 개념에 따르면 세상의 어떠한 가치도 완벽하지 않다. 모든 것에는 제각기 장단점이 있기에 다양한 가치들은 조화를 이루어야 한다. 스트라이커 11명으로만 이루어진 축구팀이 좋은 성적을 낼 수 없고, 영업직원들로만 이루어진 회사가 장기적 이윤 창출을 할 수 없듯이 말이다. 그래서 사회는 세상의 절반을 차지하는 남성들에게 강인함, 리더십, 이성, 조직 생활, 파란색, 바지, 로봇 장난감과 같은 역할을 부여했다. 그리고 나머지 절반을 차지하는 여성들에게 그에 대비되는 부드러움, 순응과 포용, 감성, 가정생활, 핑크색, 치마, 인형놀이와 같은 역할을 부여했다.

인류의 오랜 역사에 걸쳐 이루어졌던 이러한 기능 배분은 대체로 성공적이었다. 엄격한 아버지와 자애로운 어머니가 있었기에 아이들은 자신을 소중히 여기되 남을 위해 양보하고 절제할 줄도 아는 인격체로 성장할 수 있었고, 아내들의 내조가 있었기에 남편들은 정치, 경제, 문화의 각 분야에서 빛나는 성취를 이룰 수 있었다. 이처럼 남성과 여성이 성공적으로 공존했기에 인류는 번영할 수 있었다.

하지만 성별 분업화는 개인들을 불행하게 만들었다. 세상에 완벽한 남자, 완벽한 여자란 없기 때문이다. 세상의 절반은 남자고 나머지 절반은 여자지만 절반의 남자들과 절반의 여자들이 다 똑같은 건 아니다. 남자들에게는 음경과 XY염색체, 수염과 같은 몇 가지 공통점들이 있지만 그들이 타고난 성향은 다 다르다. 세상에는 앞에 나서기보다 뒤에서 조력자 역할을 하길 원하는 남자들도 있고, 폭력이나 경쟁보다 순응과 조화를 추구하는 남자들도 있다. 여성도 마찬가지다. 자신만의 강렬한 비전과 그것을 세상에 펼쳐 보이려는 야심을 가진 여자들도 있고, 도전과 경쟁을 좋아하는 여자들도 있다. 하지만 사회는 이를 무시한다. 타고난 생물학적 성별에 근거한 남성성과 여성성에 세상의 모든 사람을 끼워 맞추려 든다. 그러니 개인들은 불행해질 수밖에 없다. 섬세하고 내향적이고 평화를 사랑하는 남자들은 계집애 같다, 지질하다는 조롱을 듣고, 도전적이고 진취적이며 성에 개방적인 여자들은 선머슴 같다, 헤프다는 비난을 듣게 된다. 결국 남성과 여성 모두 전통적인 성 역할 고정관념으로부터 고통을 받는다.

내가 남성과 여성의 관계를 기능론적 관점에서 분석하려 한 이유는 이것이다. 기능론적 관점에 가장 흔히 가해지는 비판은 덜 가진 자에 대한 더 가진 자의 착취를 정당화한다는 것이다. 그런데 남성과 여성의 관계에서는 애초에 덜 가진 자와 더 가진 자가 없다. 서로 다른 종류의 부담을 지고 다른 방식으로 서로의 번영에 기여해왔을 뿐이다. 남성과 여성이 해야 할 일은 서로 누가 더 갖고 덜 가졌는지를 따져서 헐뜯고 비난하는 게 아니라 서로에게 감사하는 것이다.

그 대신 우리는 남성성과 여성성의 문제로 눈을 돌려야 한다. 남자 혹은 여자로서 겪는 고통을 고통 그 자체로만 본다면 한쪽의 고통을 덜어주는 일은 필연적으로 반대쪽의 고통을 더하는 일이 된다. 남성 국회의원 비율이 82%니까 32% 줄여서 50% 맞추자, 남자만 군대에 가는 건 불평등하니 여자도 군대에 보내자, 하는 이야기밖에 할 게 없다. 하지만 모든 사람은 자기의 고통을 덜길 원하지 타인의 고통을 자기가 대신 짊어지고 싶어 하는 사람은 아무도 없다. 그래서 남자와 여자의 갈등은 해결될 수 없다. 김지영 씨와 김철수 씨를 둘러싼 논쟁처럼 끊임없이 서로의 고통을 내세우는 '불행배틀'만 계속될 뿐이다.

하지만 남자와 여자의 고통은 단순한 현상 그 자체가 아니다. 그 이면에는 사회가 기대하는 바람직한 남성과 여성의 모습, 즉 남성성과 여성성이 있고 그것은 서로 맞물려 있다. 그렇기에 한쪽의 고통을 경감하는 일은 한쪽의 성 역할에 대한 편견을 약화시키는 일이고, 이는 반대쪽의 편견을 약화시키는 효과를 가져온다. 남성과 여성은 둘 다 행복해질 수 있다.

남녀의 임금 격차 문제를 예로 들어보자. OECD에 따르면 2017년 기준 남녀의 평균 임금 격차 지수가 34.6이라고 한다. 남자가 100만 원을 벌 때 여자는 약 65만 원을 번다는 이야기다. 이는 불평등이다. 그렇기에 해소되어야 한다. 그런데 문제는 자원이 제한되어 있다는 점이다. 여자에게 35만 원을 더 주는 건 좋지만 35만 원은 거저 주어지는 게 아니다. 누군가에게 35만 원을 주려면 누군가에게서 35만 원을 빼앗아와야 한다. 그건 물론 남자다. 그런데 정작 35만 원을 더 받는 남자라고 해서 여자보다 풍족하고 여유로운 삶을 사는 건 아니다. 남자와 여자의 경제력에 대한 기대치가 다르기 때문이다. 남자가 분위기 좋은 레스토랑에서 음식을 대접하면 여자는 디저트를 사고, 남자가 전셋집을 마련하면 여자는 혼수를 마련하고, 남자가 가정을 물질적으로 부양하면 여자가 살림을 하는 게 우리 사회의 상식이다. 남자는 경제적으로 훨씬 무거운 짐을 지기 때문에 여자보다 35만 원을 더 벌면서도 정작 평등하고 정의로운 사회를 만들기 위해 여자에게 35만 원을 양보할 여유는 없다.

하지만 남성성과 여성성의 문제를 이해하면 달라질 수 있다. 남녀의 임금 격차 문제는 단순히 임금에 대한 문제가 아니다. 그 이면에는 남성성과 여성성에 대한 문제가 있다. 집사람 혹은 안사람이라는 호칭에서 알 수 있듯, 전통적으로 여성은 사회생활보다는 가정생활에 어울리는 존재로 여겨져 왔다. 여성에겐 사회적 성공을 거두기 위해 필요한 진취성과 공격성, 자기 주도성이 부족하다는 편견 때문이었다. 이러한 편견으로 인해 많은 여성들은 결혼 이후 아이와 남편 뒷바라지를 하기 위해 자신의 커리어를 포기하게 되고, 결국 조직의 상층부에는 남성들과 소수의 '독한' 여성들만 남게 된다. 남성들은 나이를 먹어감에 따라 점점 조직의 상층부로 올라가지만 여성은 결혼과 출산 이후 경력 단절로 인해 비정규직을 전전하게 되면서 남녀의 임금 격차는 심화된다.

즉, 임금 격차라는 제도의 문제와 성 역할 고정관념이라는 인식의 문제는 서로 맞물려 있다. 그렇기에 한쪽의 문제를 해결하는 건 다른 쪽 문제의 해결에도 영향을 미치게 된다. 남녀가 동등한 임금을 받게 된다면 점차 남자보다 더 많은 데이트 비용과 결혼 비용을 지불하는 여자들이 나타나게 될 것이고, 이런 여자들이 늘어나면 가정을 물질적으로 부양하는 건 남자의 책임이라는 고정관념이 약해지게 될 것이다. 이는 결혼 비용과 데이트 비용, 생활비에 대한 남자들의 부담을 경감시킬 것이고, 나아가 성 역할 고정관념에 뿌리를 둔 다른 문제들에도 영향을 미치게 될 것이다.

물론 이는 어디까지나 이론적인 이야기일 뿐이다. 남녀 임금 격차는 많은 현실적인 문제들과 맞물려 있다. 남녀 간에 임금 격차는 단순히 성별이라는 단일한 변수에 의해 발생하는 게 아니다. 직급, 근로 형태, 남녀가 주로 종사하는 업계 등과 밀접한 관련을 맺고 있다. 남자는 그냥 남자라서 돈을 많이 버는 게 아니라 고위 직급을 더 많이 점유하고 있고, 부가가치가 높은 제조업 분야에 더 많이 종사하고 있으며, 정규직으로 더 오래 근무하고 있기 때문에 더 많은 돈을 버는 것이다. 그렇기 때문에 남녀 임금 격차의 문제는 다차원적으로 접근해야 한다. 단순히 남자와 여자에게 같은 돈을 지급한다는 1차원적 논리를 넘어 비정규직에 대한 차별 완화, 청년 세대에 대한 경제적 지원, 여성들의 이공계 진출 활성화 등과 맞물려 이루어져야 한다. 하지만 나와 다른 성별을 가진 이들이 겪는 고통을 덜어주는 일이 나의 고통을 더는 일과 무관하지 않음을 깨닫는 건 이 모든 것들의 시작점이다. 김철수 씨가 더 큰 고통을 겪고 있기 때문에 김지영 씨의 고통을 평가절하해야 하는 게 아니라 김철수 씨의 고통을 덜기 위해 김지영 씨와 연대해야 한다는 걸 깨닫는 순간 우리는 다른 성별의 고통을 조금 더 관대하고 연민 어린 시선으로 바라볼 수 있게 될 것이다.

2장

여성 할당제,
성평등인가? 역차별인가?

1. 유리천장,
그리고 개인의 선택

　현대 사회의 많은 국가들은 여성의 사회 진출을 확대하는 것을 중요한 정책 과제로 삼고 있다. 한국 역시 이러한 목표를 달성하기 위해 국회의원이나 공직자, 대학교수 등 사회적 지위가 높은 직종에 여성을 일정 비율 할당하도록 하는 쿼터제에서 여성 기업가에게 가산점이나 보조금을 지원해주는 제도에 이르기까지 다양한 여성 우대 정책을 시행하고 있다.

　하지만 이러한 정책들은 역차별이라는 비판을 받기도 한다. 고소득과 높은 사회적 지위를 보장해주는 일자리일수록 치열한 경쟁을 통해 분배되기 때문에 이러한 직종에 대한 여성의 진입 장벽을 낮추는 건 역으로 남성의 진입 장벽을 높이는 결과를 가져온다는 것이다.

　이러한 견해 차이가 나타나는 건 한국 사회의 현실에 대한 양측의 진단이 다르기 때문이다. 가령 어느 기업에서 남성이 임원이 되려면 40만큼의 역량이 필요하지만 여성에게는 60이라는, 더 많은 역량이 필요하다고 가정해보자. 이는 불평등이다. 41에서 59의 능력을 갖춘, 남성이었다면 일찌감치 임원이 되었을 만큼 유능한 여성들이 여성이라는 이유만으로 제 가치를 인정받지 못한다는 점에서 그렇다. 또한 비효율이기도 하다. 여성이었다면 임원 자리에 오르지 못했을 무능한 남성들이 높은 직위에서 많은 급여를 받고 중요한 의사 결정에 관여하게 되기 때문이다. 만약 한국 사회의 현실이 이렇다면 위와 같은 정책들을 시행하는 게 옳다. 쿼터제를 시행하고 가산점과 보조금을 주어서 여성들도 40만큼의 역량만 갖추면 남성과 똑같이 사회적 성취를 이룰 수 있게 해주어야 한다.

하지만 남성과 여성이 이미 동등한 조건에서 경쟁하고 있다면 얘기는 달라진다. 이번에는 50만큼의 능력이 있으면 남성이건 여성이건 똑같이 임원이 될 수 있는 기업을 가정해보자. 이러한 기업에서는 쿼터제나 각종 지원을 통해 임원직에 대한 여성의 진입 장벽을 낮춰주는 것이 오히려 역차별이 된다. 여성 지원책에 힘입어 여성은 30의 능력만으로도 임원 자리에 오를 수 있게 되지만 남성은 임원이 되기 위해 여전히 50만큼의 능력을 갖춰야 하기 때문이다. 또한 기업 전체의 효율성을 떨어뜨리게 된다. 30에서 49라는, 남성이었다면 임원이 되지 못했을 여성들이 임원에 오르게 되기 때문이다.

따라서 우리가 가장 먼저 해야 할 것은 여성이 사회적 성취를 이루는 것을 가로막고 있는 사회적 장벽, 유리천장의 존재를 규명하는 일이다. 만약 현대 한국 사회에 유리천장이 정말로 존재한다면 여성의 사회 진출을 확대하기 위한 모든 정책은 성차별을 없애기 위한 적극적 조치가 될 것이고, 반대로 존재하지 않는다면 여성보다 뛰어난 경쟁력을 갖춘 남성들에 대한 역차별이 될 것이다.

1) 한국 100대 기업 임원 중 여성의 비율은 2.3%에 불과하다.[3]

2) 4급 공무원 이상 관리자 중 여성의 비율은 13.2%다.[4]

3) 20대 국회의원 중 여성의 비율은 17.1%다.[5]

페미니스트들은 유리천장론을 뒷받침하는 근거로 흔히 위와 같은 통계들을 제시한다. 여성도 남성과 동등한 수준의 교육을 받고 경제 활동을 하는 게 당연하게 여겨지는 현대 사회에서는 신체적 능력을 필요로 하는 일부 분야를 제외하면 남성과 여성 간에 유의미한 능력 차이가 없다는 것이 정설로 통한다. 그렇다면 당연히 사회적 성취를 거둔 남성과 여성의 수 역시 엇비슷해야 한다. 그런데 위 통계에서와같이 사회적 성공을 거둔 이들의 대다수는 남성이다. 그렇다면 페미니스트의 입장에서는 당연히 유리천장의 존재를 의심할 수밖에 없다. 남성들이 여성의 사회 진출을 막고 자신들의 기득권을 지키기 위해 집단적 음모를 꾸미고 있는 게 아니라면 사회적 성공을 거둔 여성의 비율이 이렇게 낮을 수는 없을 것이다.

하지만 그렇게 단정 짓기엔 석연치 않은 구석도 있다. 현대 자본주의 사회의 경제 주체들은 여성을 배제하고 남성을 우대하는 일에 아무런 관심이 없다는 점이다. 현대 사회는 자본주의 사회고, 자본주의 사회에서는 돈이 곧 생명이다. 돈을 벌지 못하는 기업은 직원들에게 월급을 줄 수 없고, 월급을 받지 못한 직원들은 파업하거나 회사를 그만두게 된다. 일할 직원이 없는 회사는 돈을 벌 수 없고, 결국 문을 닫게 된다. 그래서 기업들은 효율을 중시한다. 가장 적은 비용으로 가장 많은 매출을 내는 것, 이를 통해

---

3 100대 기업 女 임원 200명 넘었지만, 전체 3% 불과, 중기이코노미, 2018.10.15

4 국세청·관세청 유리천장 두껍다…3급 여성관리자 '0명', 한국세정신문, 2019.10.24

5 與 여성 의원 비율 낙제점…사우디보다도 적다, 노컷뉴스, 2020.1.8

이익을 극대화하는 것이 기업들의 유일한 관심사다. 기업의 인사정책 역시 마찬가지다. 유능한 여성 지원자를 두고 무능한 남성 지원자를 채용하거나, 여성보다 특별한 강점이 없는데도 남성이라는 이유로 더 많은 급여를 주는 건 자원을 낭비하는 일이다. 이 낭비가 누적되면 기업 경영의 효율이 떨어지고, 이윤이 감소하게 된다. 어떤 어리석은 기업가가 일면식도 없는 남의 집 아들을 위해서 그런 위험을 감수할까? 기업가는 누가 돈을 벌어오는가를 궁금해할 뿐 그가 남성인지 여성인지에는 아무런 관심이 없다. 그렇다면 이를 뒤집어 생각해볼 수 있을 것이다. 기업은 능력 있는 직원을 원하고, 한국 사회에서 기업들은 여성보다 남성을 선호한다. 그렇다면 그 자체가 남성이 여성보다 더 뛰어난 역량을 지녔다는 근거가 될 수도 있지 않을까?

하지만 이러한 논리에도 역시 허점은 있다. 현대 사회에서 이루어진 어떠한 연구도 남성이 여성보다 유의미하게 뛰어난 능력을 갖췄다는 걸 증명하지 못했다. 오히려 여학생들이 더 공부를 잘하고, 선생님이나 부모님 말씀을 잘 따르고, 여직원들이 업무를 더 야무지게 처리한다고 하는 이들도 많다.

그렇다면 무엇 때문일까? 여성의 역량이 남성보다 떨어지는 것도 아니고, 남성들이 여성의 사회 진출을 막기 위해 집단적 음모를 꾸미고 있는 것도 아닌데 왜 여성은 남성만큼의 사회적 성취를 이루지 못하는가?

이 질문에 대해 내가 제시할 가설은 동기다. 남자 직원 100명과 여자 직원 100명이 다니고 있는 어느 기업에서 10명의 직원을 뽑아 임원으로 승진시키려 한다고 가정해보자. 이때 남성과 여성의 능력이 동등하다면, 그리고 남자 직원을 임원에 올리려는 경영진의 입김이 작용하지 않았다면 당연히 가장 우수한 다섯 명의 남성과 다섯 명의 여성이 임원에 오르게 될 것이다. 하지만 동기의 문제가 작용한다면 결과는 달라질 수 있다. 아래 표와 같이 우수한 남자 직원 다섯 명은 모두 임원제의를 수락했지만, 여성 중에서는 세 명이 포기했다고 가정해보자. 그렇다면 이들에게 주어졌어야 할 세 자리는 그보다 못한 능력을 지닌 여섯 번째 남자 직원과 여자 직원에게 돌아가게 된다. 다행히 이번에는 둘 다 임원직을 승낙했다. 하지만 아직 한 자리가 남았고, 일곱 번째 남자 직원은 임원직 제의를 수락했지만, 여자 직원은 거부했다. 이런 경우라면 남성과 여성의 능력이 동일하고, 여성을 억압하려는 남성의 집단적 음모가 없더라도 남자 직원 7명, 여자 직원 3명으로 남성이 임원직에 더 많이 올라가는 결과가 나올 수 있다.

능력순위	임원 승진 의사	
	남자	여자
1	○	○
2	○	×
3	○	×
4	○	○
5	○	×
6	○	○
7	○	×
8	○	×
9	○	○
10	○	○

당신이 페미니스트라면 이러한 가설이 궤변으로 들릴 것이다. 세상 모

든 사람은 성공을 원한다. 대기업 임원에 올라서 높은 연봉을 받고, 국회의원이 되어 막강한 권력을 손에 쥐고, 저명한 언론인이나 석학이 되어 대중에게 영향을 미치는 걸 마다할 사람은 없다. 만약 여성에게 사회적 성취를 이루려는 동기가 없었다면 남성들이 훨씬 많은 사회적 성취를 거두고 있는 현 상황에 대해 아예 문제를 제기하지도 않았을 것이다. 그런데 나는 여자들 스스로가 높은 지위에 오르길 원치 않을 수도 있다고 말했다. 이는 유리천장이라는 사회 구조적 문제를 개인의 책임으로 돌리려는 의도로 보일 것이다.

맞는 말이다. 국회의원이나 대기업 임원 자리를 거저 준다면 누구도 마다하지 않을 것이다. 하지만 문제는 트레이드 오프, 세상에는 공짜가 없다는 것이다. 성공의 열매는 분명 달콤하다. 하지만 성공을 하려면 도전을 해야 하고 도전은 필연적으로 리스크를 수반한다. 추구하는 바가 클수록 위험은 더 커진다. 성공한 연예인이나 정치인은 일반인들이 상상할 수도 없는 부와 명성을 누리지만 사소한 실수 한 번으로 전 국민에게 악플 세례를 받고, 심하면 우울증에 걸리거나 자살하기까지 한다. 기업가들은 일반 직장인들보다 훨씬 많은 돈을 벌지만, 사업에 실패하면 막대한 빚을 떠안고 파산하게 될 수도 있다. 하지만 평범한 삶을 사는 대다수 사람들에게는 이러한 리스크가 없다. 동료들 사이에 평판이 나빠지거나 다니던 회사가 망한다고 해도 다른 회사에 들어가면 그만이다. 결국 "여성에게 사회적 성취를 이룰 열망이 있는가?"라는 질문은 "여성은 성취를 이루기 위해 위험을 감수할 각오가 되어있는가?"라는 질문과 같다.

1) 2014년 매일경제신문에서 조사한 바에 따르면 주식에 투자하는 남성

의 비율은 37.6%로 여성의 28.4%보다 높았다. 또한 주식투자를 하는 사람 중에서도 여성은 5%의 원금 손실이 발생할 시 손절매하겠다고 응답한 비율이 20%를 넘었지만, 남성은 23.5%가 10%가 되기 전까지는 손절매하지 않겠다고 답했다.[6]

2) 2018년 한 해 동안 산업재해로 사망한 사람 중 남성의 비율은 94.7%다.[7]

3) 2019년 기준 남성 취업자의 주당 평균 노동시간은 43.2시간으로 여성의 37.4시간 대비 약 6시간이 많다.[8]

예금, 적금이나 펀드, 채권 등 다른 금융 상품과 비교했을 때 주식의 특징은 무엇인가? 하이 리스크 하이 리턴이다. 원금 손실의 위험이 있지만 때에 따라서는 큰 수익을 올릴 수 있는 것이 주식이다. 그런데 큰 수익을 올리기 위해 원금을 날릴 위험을 감수하는 건 왜 주로 남자들인가?

산업재해는 어디에서 주로 발생하는가? 힘들고, 더럽고, 위험한 3D업종에서 주로 발생한다. 그럼 왜 사람들은 산업재해로 죽거나 다칠 위험을 감수해가면서까지 이런 일을 하는가? 이런 일을 하면 돈을 더 많이 벌 수 있기 때문이다. 그렇다면 돈을 벌기 위해 위험을 감수하는 이들은 왜 주로 남자인가?

직장인들은 왜 야근을 하는가? 업무 시간 이후까지 회사에 남아서 일을 하고 싶어 하는 사람은 매우 드물다. 하지만 일을 많이 하면 야근 수당이나 주말 수당을 받을 수 있고, 열정적인 직원으로 상사들의 눈에 들 수도 있다. 그렇다면 가족이나 친구와 보낼 수 있는 소중한 시간을 돈과 바꾸려 하

6 30대 여성 '펀드'…40~50대 남성은 '주식' 선호, 김혜순, 석민수, 2014.7.28
7 페미니즘은 여성을 피해자로만 생각하는 그 생각과 싸워왔다, 한겨레, 2020.6.7
8 남녀취업자의 주당 평균 노동시간, E나라지표

는 이들은 왜 주로 남자인가?

일상생활에서 내가 직접 경험한 바로도 남성은 대개 여성보다 위험 선호적이었다. 영어 회화학원에서 "당신은 영생을 원하는가?"라는 주제에 대해 영어 토론을 했던 적이 있다. 그때 7명의 수강생 중 5명은 영생을 원하지 않는다고 했다. 내가 사랑하는 사람들이 다 죽었는데 나 혼자 살아남는다고 해도 전혀 행복할 것 같지 않다는 근거를 댔다. 진부하지만 딱히 비판할 거리는 없는, 지극히 착한 답변이었다. 반면 나머지 2명은 영생을 원한다고 했다. 사랑하는 사람을 잃는 슬픔도 언젠가는 다 익숙해지고 그 빈자리는 새로운 사람들이 채우게 될 것이다, 아직 우리는 젊기 때문에 삶의 가치를 과소평가하는 것일 뿐 죽을 때가 되면 생각이 바뀔 거다, 라는 차갑고 냉소적인 말을 했다. 그리고 '공교롭게도' 영생을 원하지 않는다고 한 5명은 모두 여자, 원한다고 한 2명은 (나를 포함한) 남자였다.

또 한 번은 활동하고 있는 독서 동호회에서 송년회를 한 적이 있었다. 그날 한 남자 회원이 휴대용 노래방 기계를 갖고 왔는데 그 기계로 노래를 부른 사람은 공교롭게도 모두 남자였다. 노래를 부르고 나서는 보드게임을 했는데 그 게임의 사회를 본 사람들도 모두 남자였다. 여성에게 게임을 진행하지 말라고 한 사람도, 노래를 부르지 말라고 한 사람도 없었지만 그 자리의 분위기를 주도하고, 자신의 존재감을 알리려 드는 건 모두 남자들이었다. '공교롭게도' 말이다.

위험 선호적인 남성상은 사람들이 주고받는 유머에도 반영되어 있다. 유머가 성립하려면 유머를 주고받는 사람들 사이에 공감대가 형성되어야 한다. 예능 프로그램에서 김종국이 다른 출연자들을 위협하거나 힘으로 제압하는 모습을 시청자들이 폭력이 아니라 유머로 받아들일 수 있는 건 김종국이 실제로는 폭력적인 사람이 아니라는 걸 시청자들이 알고 있기 때문이며, 박명수가 막말하는 모습을 시청자들이 불편하게 받아들이지 않는 건 사람들이 호통 개그라는 박명수의 유머 코드에 대해 이해하고 있기 때문이다. 그렇다면 남자 혹은 여자에 대한 유머에는 어떤 공감대가 전제되어 있는가? 남자는 경쟁을, 여자는 공존과 조화를 추구한다는 것이다. 가령 남자는 (상대방을 제압하고 우열을 가리는 걸 좋아하기 때문에) 맞는 말도 일단 반박하고 보지만 여자는 (상대방과 원만한 관계를 맺는 걸 중시하기 때문에) 틀린 말도 일단 공감하고 본다는 유머가 있다. 심지어는 이 게시글에마저 남자로 추정되는 익명의 네티즌이 "꼭 그렇진 않은데?"라고 반박 댓글을 달았다는 게 킬링포인트다. 그리고 남자들이 죽기 전에 제일 많이 하는 유언들이 1위. 괜찮아, 안 죽어, 2위. 죽기보다 더하겠냐, 3위. 설마 죽을까봐. 4위. 그럼 죽지 뭐. 라는 유머도 있다. 이런 유머를 통해서도 남자들은 여자들에 비해서 보다 위험 선호적인 성향을 갖고 있다는 인식을 재확인할 수 있다.

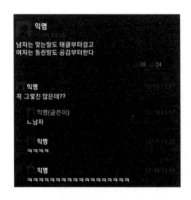

남자는 맞는 말도 태클부터 걸고 여자는 틀린 말도 공감부터 한다(출처:무명의 더쿠 캡쳐본, 2021. 2. 21)

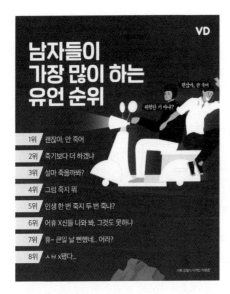

남자들이 가장 많이 하는 유언 순위
(출처:비주얼 다이브)

　　당신이 남성이라면 지금까지 글을 읽는 동안 회심의 미소를 지었을 것이다. 적어도 공식적으로는, 현대 사회에는 여성의 사회 진출에 대한 어떠한 제약도 존재하지 않는다. 여성을 뽑지 않겠다고 기업 경영 철학에 명시하고 있는 회사도 없고, 여성이 국회의원이 되면 안 된다는 법이 있는 것도 아니다. 오히려 공식적인 제도들은 점점 여성의 도전을 응원하는 방향으로 바뀌고 있다. 대한민국에 여자만 들어갈 수 있는 대학은 있지만, 남자만 들어갈 수 있는 대학은 없으며, 여성의 이공계 진출이나 창업을 지원하는 제도는 많이 있지만, 남성을 위한 제도는 없다. 그런데도 여성은 남성만큼 위험을 감수하지 않는다. 원금을 날릴 위험을 무릅쓰고 공격적인 투자를 하는 사람도, 자신의 생명을 저당 잡혀가며 돈을 버는 사람도, 망신당할 위험을 무릅쓰고 청중 앞에서 노래를 부르거나 대화를 주도하려 드는 사람도, 차갑고 인정 없다는 비난을 감수하면서 '나쁜 말'을 하는 사람도 대개는 남자다. 그렇다면 남자들이 투자에서 고수익을 올리고, 멋진 무대나 재치있는 언변으로 청중의 갈채를 받고, 참신한 아이디어로 세상을 바꾸는 게 잘못된 것인가?

> 구조적 차별은 이렇게 차별을 차별이 아닌 것처럼 보이게 만든다. 이미 차별이 사회적으로 만연하고 오랫동안 지속되고 있어서 충분히 예측 가능할 때, 누군가 의도하지 않아도 각자의 역할을 함으로써 차별이 이루어지는 상황이 생긴다. 차별로 인해 이익을 얻는 사람뿐만이 아니라 불이익을 얻는 사람 역시 질서정연하게 행동함으로써 스스로 불평등한 구조의 일부가 되어간다.
>
> — 김지혜, 『선량한 차별주의자』, 창비, 68p.

하지만 방심하긴 이르다. 문화의 존재 때문이다. 문화란 여러 사람 사이에 보편적으로 받아들여지는 행동 양식이다. 여기서 핵심은 여러 사람이다. 어떠한 행동이 문화가 되려면 여러 사람이 그것을 반복적으로 따라 해야 한다. 군인들이 어떤 행동을 반복적으로 하면 군대 문화가 되고, 청소년들이 하면 청소년 문화가 되며, 어떤 기업의 임직원들이 하면 그 기업의 조직 문화가 된다. 즉, 문화는 사람이 만드는 것이다. 아무도 따라 하지 않는 행동은 문화가 될 수 없다. 하지만 반대로, 문화는 사람의 행동을 특정한 방향으로 이끌기도 한다. 문화란 특정 집단에서 정상적으로 받아들여지는 생활 양식이기에 그 생활 양식을 따르지 않는 사람들은 집단의 나머지 구성원들로부터 정상적이지 않은, 이상한 사람 취급을 받게 된다. 그래서 군대에서 '~다'나 '~까?'가 아닌 '~요'로 끝나는 말투를 쓰거나, 장례식장에 컬

러풀한 옷을 입고 오거나, 남성이 장발을 하거나 여성이 스포츠 머리를 하면 주위로부터 따가운 시선을 받는다. 이런 식으로 문화는 개인들의 행동을 주조해낸다.

그런데 문화가 남성과 여성을 대하는 방식이 다르다. 남성에게는 위험과 역경을 딛고 남 위에 서는 적극적, 진취적인 남성성이 기대된다. 옛말에 "사내대장부가 부엌에 드나들면 고추가 떨어진다."라는 말이 있다. 남성은 집안일 같은 시시한 일에 신경 쓰기보다 웅대한 포부를 갖고 큰일을 도모해야 한다는 뜻이다. "남자는 일생에서 세 번만 울어야 한다."라는 말도 있다. 아무리 험난한 역경과 슬픔에 직면하더라도 남성은 좌절하지 말고 계속 도전해야 한다는 뜻이다.

반면 여성에게는 주어진 운명에 순응하고 자신의 의견이나 개성을 강하게 표출하지 않는 수동적, 순응적 여성성이 기대된다. 가령 "암탉이 울면 집안이 망한다."라는 속담이 있다. 여성이 리더의 자리에 오르면 조직의 근본이 무너진다는 뜻이다. "부창부수(夫唱婦隨)"라는 사자성어도 있다. 남편이 리드하고 아내는 그에 따르는 것이 부부생활의 도리라는 뜻이다. 또 전근대 사회에서는 삼종지도(三從之道)라는 사회규범이 있었다. 어려서는 아버지를 따르고, 커서는 남편을 따르고, 나이가 들어서는 아들을 따르는 게 여성의 바람직한 삶이라는 뜻이다. 이런 말들은 모두 수동적 여성성을 전제로 한다. 이러한 성 역할 고정관념을 내면화하면서 여성은 스스로를 자기만의 비전을 세우고 주체적으로 살기보다 남성에게 보호받고 남성을 보조하는 게 어울리는 존재로 규정하게 된다. 결국 여성들은 위험을 감수하고 사회적 성취를 이루기보다 가정이라는 안전한 울타리 안에 머무르기를 택하게 된다.

김빠지는 결론이지만 유리천장은 있다고 할 수도 있고 없다고 할 수도 있다. 유리천장이 단순히 제도적인 것만을 의미한다면 유리천장은 없다. 현대 사회는 여성의 사회 참여를 독려하면 독려했지 막지는 않는다. 하지만 유리천장이 여성의 사회 진출을 가로막는 비제도적, 인식적 차원의 장벽까지 포함하는 개념이라면 유리천장은 분명 존재한다. 우리 사회는 도전적인 남성과 순응적인 여성을 바람직하게 여기고 있다. 그리고 사회화를 통해 이러한 성 역할 고정관념을 개인들에게 주입한다. 도전하지 않길 선택한 건 분명 여성들 자신이지만 그걸 전적으로 여성 개인의 책임이라고 보긴 어렵다. 그런 의미라면 여성이 사회적 성취를 이루는 것을 가로막는 사회적 장벽은 분명 존재한다. 그것을 유리천장이라 부를지 말지는 다른 문제지만 말이다.

2. 우리가 원한다고 생각하는 것들, 그리고 진짜로 원하는 것들

1장 〈『82년생 김지영』은 세상을 바꿀 수 있을까?〉에서 나는 남성으로 태어나서 겪는 고통과 여성으로 태어나서 겪는 고통의 이면에는 남성성과 여성성에 대한 상반된 기대가 있다고 했다.

이번 장에서 논하고 있는 여성 할당제라는 주제도 마찬가지다. 전통적으로 여성에게는 유순함과 정숙함이, 남성에게는 적극성과 진취성이 요구되었다. 이러한 기대에 부응하기 위해 남성은 삶을 건 모험을 했고, 그 도전에 성공한 이들은 왕이나 장군, 재상이 되었다. 반면 여성들은 자기 내면의 잠재성을 깨닫지 못하고 남성의 보호를 받으며 수동적인 삶을 살았다. 오늘날 남녀의 사회적 격차는 이렇게 만들어졌다. 여기까지만 보면 전통적 성 역할 고정관념으로 남성은 일방적 이득을, 여성은 손해를 본 것으로 보인다. 하지만 그렇지 않다. 왕이나 재상이 된 것도 남자지만 그 자리에 오르려다 실패해서 죽거나 파산하거나 세상에 아무런 족적도 남기지 못한 채 사라진 것도 남자다. 결국 남성성과 여성성에 대한 편견은 남성과 여성 모두를 불행하게 만들었다.

그렇다면 우리가 해야 할 것은 명백하다. 남성이니까 적극적, 진취적이어야 하고 여성이니까 소극적, 순응적이어야 한다는 편견을 없애야 한다. 그래야 안정과 조화를 원하는 남성들도, 도전과 경쟁을 원하는 여성들도 모두 자기에게 어울리는 방식으로 행복해질 수 있다.

하지만 문제는 그렇게 간단하지 않다. 문화는 우리를 억압하지만 결국 그 문화를 만든 건 우리이기 때문이다. 2006년 제5회 대한민국 영화대상 시상식에 참석했던 배우 류승범의 패션이 화제가 되었던 적이 있다. 당시 류승범은 베이지색 자켓에 롤업한 면바지, 그리고 스니커즈를 코디했다. 15년이 지난 지금 봐도 촌스럽게 느껴지지 않을 정도로 세련된 패션이었다. 그런데 당시 류승범은 워스트 드레서로 악평을 받았다. 그의 패션이 시상식이라는 자리에 맞지 않게 가벼워 보인다는 것이었다.

여기서 류승범의 패션에 대한 인식이 바뀐 건 무엇 때문일까? 사람들이다. 2006년에는 아무도 슈트에 스니커즈를 신고 바지를 접어 올리지 않았지만 지금은 다들 그렇게 옷을 입기 때문에 똑같은 패션이 15년 전에는 비웃음을 사고, 지금은 시대를 앞서갔다는 찬사를 들을 수 있는 것이다. 결국 문화는 스스로 생겨나는 게 아니다. 사람들에 의해 만들어지는 것이다. 아무리 멋진 패션이라도, 아무리 참신한 아이디어라도, 아무리 좋은 음악이라도 여러 사람이 반복적으로 따라 하지 않으면 그건 문화가 될 수 없다.

남성성과 여성성이라는 문화 역시 마찬가지다. 도전적, 진취적 남성성과 소극적, 안정 지향적인 여성성은 분명 많은 사람들을 불행하게 만들었다. 하지만 아이러니하게도 이 문화를 채택한 건 우리 자신이다. 만약 정말로 이 문화가 남성과 여성을 억압하기만 할 뿐 아무런 도움이 되지 않았다면 이 문화는 지금까지 계승되지 않았을 것이다. 아무도 듣지 않은 음악,

읽지 않은 책, 보지 않은 영화들이 문화가 되지 못한 것처럼 말이다. 그렇기 때문에 문화에 대한 질문은 이 질문으로 이어질 수밖에 없다.

"인간은 무엇을 원하는가?"

이 질문에 대하여 누군가는 돈이라고 답할 것이다. 누군가는 사랑이나 가족애를 말할 것이고, 다른 누군가는 학술적 진리나 종교적, 정치적 신념을 말할 것이다. 이 모든 건 인간이 무엇을 원하는지에 대한 답이 될 수 있다. 우리 모두가 인간이기에 누구나 이 질문에 답할 자격이 있다.

하지만 우리가 말한 것들을 우리가 진정으로 원하고 있을 확률은 막상 그렇게 높지 않다. 우리는 우리 자신이 무엇을 원하는지 온전히 알 수 없기 때문이다.

오늘날의 역사 교육에서 친일파는 일신의 영달을 위해 민족 자결권을 팔아넘긴 반역자로 통한다. 그런데 그들 자신도 그렇게 생각했을까? 이광수나 최남선 같은 당시의 친일 지식인들은 친일 행위를 정당화하기 위한 논거로 근대화를 들었다. 일제와 협력함으로써 근대 문물을 받아들이고 국력을 강화해서 자주 독립을 이루겠다는 것이었다. 이는 완전히 틀린 생각은 아니었다. 일제강점기 일본은 토지조사사업을 하고, 철도와 항만, 통신 등 근대적인 사회 인프라를 구축했다. 이 모든 것들은 물론 조선을 효율적으로 수탈하기 위한 것이었지만 어쨌거나 결과적으로 조선에 근대문물을 들여오는 데에 일본이 아주 조금이나마 기여를 했던 건 사실이다.

일제강점기 친일파들의 이러한 주장은 모두 단순한 핑계였을까? 오늘날 우리가 알고 있는 것처럼 그들의 머릿속에는 권력을 보존하고 배를 불리고 싶다는 욕심밖에 없었을까? 아닐 것이다. 적어도 그들 스스로는 조선의 근대화를 위해서는 한일합방을 해야 한다고 진심으로 믿었을 것이다. 트레이드 오프. 세상의 모든 것엔 양면성이 있기에, 따라서 어떤 것도 100% 틀리지는 않기에, 그 손톱만 한 정당성을 부풀려서 자신의 이기심을 정당화하는 건 별로 어렵지 않았을 것이다. 우리는 우리 자신에 대해서 생각보다 잘 모르고, 그렇기에 우리 자신을 속이는 건 생각보다 어렵지 않다.

"인간이 무엇을 원하는가?"라는 질문에 대하여 우리가 내놓은 답을 온전히 믿을 수 없는 건 이 때문이다. 인간의 마음이 거대한 빙산이라면 인간의 이성으로 온전히 이해할 수 있는 부분은 겉으로 드러난 일각에 지나지 않는다고 했던 프로이트의 말처럼 우리의 무의식은 너무나 쉽게 우리의 이성을 속인다. 그렇기 때문에 우리가 진짜 원하는 게 무엇인지를 고찰해보는 건 너무나 어려운 일이다. 당장 우리 자신만 해도 비싼 옷을 사거나 해외여행을 가고 싶을 땐 '어차피 당장 내일 죽을 수도 있는데 하고 싶은 건 하고 살아야지 않겠어?' 하고, 공부가 하기 싫을 때는 '어차피 공부 열심히 해서 좋은 대학, 좋은 직장에 들어간다고 행복해지는 것도 아닌데 꼭 공부를 해야 하나?' 하면서 그럴싸한 핑계를 붙이지 않나?

그래서 동서고금의 학자들은 인간의 이성으로 온전히 이해할 수 없는 무의식의 세계를 관장하는 것이 무엇인지에 대해 몇 가지 가설들을 내놓았다. 종교에서는 그 무언가를 영혼이라고 한다. 선한 영혼은 인간으로 하여금 선한 행동을 하게 만들고 악한 영혼은 악행을 저지르게 만든다는 것이다. 하지만 나는 무신론자다. 영혼의 존재를 믿지 않는다.[9] 그래서 나는 영

---

9 물론 내 생각이 옳다고 장담할 수는 없다. '론'이라 함은 하나의 관점이다. 만유인력의 법칙과 같은 절대적인 법칙이 아니다. 진화론이나 창조론, 상대성이론이 그렇듯 무신론 역시 '론'이다. 아직 충분히 검증되지 않은 하나의 관점일 뿐이다. 하지만 모든 '론'들의 타당성을 검증하는 것이 이 글의 목적은 아니기 때문에 일단 무신론의 관점에서 이야기를 전개하겠다.

혼 말고 다른 걸 제시하려 한다. 그것은 유전자다. 인간은 세포로 이루어져 있고 세포에는 어머니와 아버지로부터 절반씩 물려받은 23쌍의 염색체가 들어 있다. 그리고 염색체에는 외모나 성향, 피부색과 같은 인간이 타고나는 여러 가지 조건들, 즉 유전정보가 기록되어 있다. 우리는 그 유전정보의 토대 위에 각자의 경험과 성취들을 쌓아나간다. 타고난 지능의 토대 위에 학교에서 배운 지식을 쌓고, 타고난 인격의 토대 위에 부모, 친구, 동료들과의 관계를 통해 배운 사회적 규범을 쌓는다. 살아나갈수록, 그리고 많은 것을 익히고 성취할수록 유전적 본능의 흔적은 희미해진다. 하지만 그 와중에도 우리의 유전자에 기록된 태생적 조건들은 변하지 않는다. 우리의 모든 세포에는 여전히 23쌍의 염색체가 들어있고, 그중 절반은 우리 자식들에게 유전된다. 워드 프로세서 프로그램으로 어떠한 내용의 글을 쓰더라도 워드 프로세서 자체가 변하지는 않듯이. 그런 의미에서 유전자란 삶이라는 한 편의 글을 써 내려가는 워드 프로세서라고 할 수 있다.

그렇다면 유전자가 바라는 건 무엇일까? 사실 이 질문은 시작부터 넌센스다. 유전자는 아무런 의지를 갖고 있지 않다. 우리 몸에서 언어의 형태로 표현될 수 있는 의지를 가진 기관은 뇌뿐이다. 유전자는 아무것도 바라지 않는다.

하지만 적어도 비유적인 방식으로는 이에 대한 잠정적인 답을 내릴 수 있다. 내가 제시할 답은 번식이다. 가령 월드컵은 세계에서 가장 축구를 잘하는 국가를 뽑는 대회다. 월드컵 예선, 본선, 16강, 8강, 4강, 결승으로 올라갈수록 축구를 못하는 국가는 떨어지고 잘하는 국가들이 남게 된다. 슈퍼스타 K는 대한민국에서 가장 노래를 잘 부르는 사람을 뽑는 대회다. 전화 예선, 현장오디션, 슈퍼위크, 톱10을 거치면서 노래 실력이 떨어지는 참가자들은 떨어지고 뛰어난 참가자들이 남게 된다. 그렇다면 인류의 역사는 어떠한가? 인류의 역사는 거대한 번식 토너먼트다. 태초에는 분명 지금보다 다양한 유전자들이 있었을 것이다. 이들은 그 안에 포함된 유전 정보를 토대로 다양한 인간들을 만들었을 것이다. 하지만 그들 모두가 후손을 남기지는 못했을 것이다. 번식에 부적합한 유전정보를 가진 이들(가령 못생기거나, 병약하거나, 게으른 이들)은 이성에게 선택받지 못했을 것이고, 그들의 유전자는 후세에 전해지지 못했을 것이다. 그 토너먼트를 거쳐 최종 라운드에 진출한 게 우리, 현생 인류다. 우리의 유전자가 번식을 원했는지는 잘 모르겠지만 어쨌거나 우리의 유전자는 번식에 유리한 유전 정보들을 모으고 또 모아서 오늘날의 우리를 만들어냈다. 따라서 오늘날 우리가 가진 보편적인 특성들은 어떤 식으로든 생존과 번식에 도움이 될 것이다. 이건 슈퍼스타 K 우승자는 노래를 잘 부를 것이고, 월드컵 우승팀은 축구를 잘할 거라는 것만큼이나 명료한 추론이다.

그래서 내가 생각하는 인간 삶의 목표는 번식이다. 살아남고 자손을 남겨서 내 유전자의 한 조각을 먼 후세에까지 전달하는 게 인간, 나아가 모든 생물이 살아가는 이유다. 이러한 생존과 번식의 관점에서 인간 행동의 동기를 설명하는 학문을 진화심리학이라고 한다.

당신이 종교를 갖고 있다면, 혹은 고차원적인 목표를 위해 살아가는(살아간다고 믿고 있는) 인간이라면 진화심리학의 주장을 받아들이기 어려울 것이다. 그리고 나의 주장을 반박하기 위한 몇 가지 반론들을 제기할 수 있을 것이다. 하지만 이러한 반론들은 대개 진화심리학의 관점에서 재반박이

가능하다.

첫 번째로 제기할 수 있는 반론은 이타심이다. 부모는 때로 자식을 위해 목숨을 건다. 부모만큼은 아니지만 형이나 누나도 동생을 위해 자기를 희생할 때가 있다. 만약 인간이 오로지 살아있음을 추구하는 금수와 같은 존재라면 이런 일은 불가능할 것이다. 하지만 유전자의 관점에서는 이 역시 생존과 번식이라는 단어로 설명 가능하다. 부모와 자식은 타인이지만 유전자의 관점에서는 타인이 아니다. 자식은 어머니와 아버지의 유전자를 절반씩 갖고 있다. 즉, 자식은 절반의 어머니고 절반의 아버지다. 마찬가지로 손자, 손녀는 4분의 1의 할아버지, 할머니다. 그렇기 때문에 자식 2명, 혹은 손자 4명을 살리기 위해 아버지나 할아버지가 희생하는 건 유전자의 입장에서는 합리적인 선택일 수도 있다.

물론 이 설명은 완벽하지 않다. 부모는 2명이 아니라 한 명의 자식을 위해서도 자기 목숨을 걸고, 조부모는 때로 부모보다도 손자, 손녀들을 더 예뻐하기도 한다. 이러한 것들을 설명하기 위해 필요한 개념이 번식 가능성이다. 45세 엄마와 15세 딸이 있다고 가정해보자. 딸은 막 월경을 시작했으며 엄마는 50세에 폐경을 할 것이다. 딸도 마찬가지로 15세에서 50세까지 월경을 할 것이다. 그렇다면 엄마에게 남은 가임기간은 5년, 딸은 35년이다. 딸이 번식할 수 있는 기간은 엄마의 7배다. 결혼 여부, 성적 매력도, 건강, 피임, 경제력 등의 변수들이 모두 동일하다고 가정한다면 딸은 앞으로 엄마보다 7배 많은 아이를 가질 것으로 기대할 수 있다. 즉, 딸의 번식 가능성은 엄마의 7배다. 그렇다면 유전자의 입장에서는 엄마가 아닌 딸을 택하는 게 합리적인 선택이 된다. 딸은 절반의 엄마일 뿐이지만 엄마보다 번식 가능성이 7배 높기 때문에 유전자의 관점에서는 딸이 엄마보다 1/2*7, 즉

3.5배 가치 있는 인간이 되는 것이다.

피임, 그리고 가족계획도 마찬가지다. 인간이 살아가는 이유가 번식이라면 인간은 번식할 기회를 절대 포기해선 안 된다. 하지만 인간들은 적절한 자녀 수를 유지하기 위해서 가족계획을 하고, 거기에 맞춰 피임을 한다. 더 많은 자녀를 가질 수 있는데도 그렇게 하지 않는다. 이는 생명의 본질이 번식이라는 주장에 반하는 것으로 보인다.

하지만 여기서 고려해야 할 요인이 있다. 경제력이다. 물론 자녀는 많을수록 좋다. 하지만 문제는 그 자녀를 돌볼 부모의 역량이 무한하지 않다는 것이다. 갓 태어난 인간은 무기력하다. 말을 하지도, 걷지도, 스스로 끼니를 챙기지도 못한다. 그래서 부모의 손길이 필요하다. 부모는 자녀를 키우기 위해 시간과 노력, 그리고 돈을 들여야 한다. 하지만 이런 것들은 유한하다. 유한한 자원을 너무 많은 자녀들에게 배분하다 보면 한 자녀도 제대로 키우지 못하게 될 수 있다. 그래서 인간들은 그들의 자원을 적정 수의 자녀들에게 적절하게 배분하기 위해 가족계획을 한다.

삶의 의미를 추구하는 고상한 사람들이 제기할 수 있는 또 다른 반론은 자아실현이다. 자아실현의 욕구는 인간만이 갖는 고차원적인 욕구다. 동물들은 진리를 추구하고, 자기의 잠재력을 세상에 펼쳐 보이는 데에 관심을 갖지 않는다. 어떤 이들은 이를 근거로 하여 인간은 만물의 영장이라고, 먹고 싸고 새끼 까는 게 전부인 동물들과는 질적으로 다른 존재라고 말한다.

하지만 진화심리학자들은 이것도 번식이란 개념으로 설명한다. 우리는 동물들이 오로지 먹고사는 즉각적인 욕구만을 추구한다고 생각하지만 꼭 그렇지는 않다. 동물들도 인간들처럼 먹고 사는 데에 직접적으로 도움이 되지 않는 일을 한다. 심지어는 생존 가능성을 낮춰가면서까지 그렇게 한다. 대표적인 게 공작새의 꼬리다. 수컷 공작새는 암컷에 비해 화려한 꼬리 깃털을 갖고 있다. 색깔도, 모양도 다채롭다. 하지만 이런 것들은 수컷 공작새의 생존에 도움이 되지 않는다. 화려한 꼬리 깃털을 갖고 있으면 눈에 잘 띄기 때문에 오히려 포식자의 표적이 되기 쉽다.

그런데도 수컷 공작새가 화려한 꼬리 깃털을 달고 있는 이유는 그것이 번식에 도움이 되기 때문이다. 번식하려면 짝을 만나야 하고, 그러려면 상대방에게 자신이 우월한 유전자를 갖고 있다는 걸 증명해야 한다. 당신과 내가 결합해서 태어날 자손은 오랫동안 살아남아 우리의 유전자를 널리 퍼뜨릴 수 있을 것이라는 점을 납득시켜야 한다. 수컷 공작새의 꼬리 깃털은 그런 기능을 한다. 나는 이렇게 눈에 잘 띄는 꼬리 깃털을 갖고도 이제까지 무사히 살아남았다, 나의 생존 능력은 맹수들의 눈에 띌까 두려워 수수한 꼬리 깃털을 달고 다니는 겁쟁이 수컷들과는 근본적으로 다르다. 수컷들은 꼬리 깃털을 통해서 암컷에게 이런 메시지를 전하고 있는 것이다.

인간의 자아실현이라는 것도 다르지 않다. 자아실현을 한다는 건 자기의 가능성을 세상에 펼친다는 뜻이다. 두 글자로 줄이면 성공이다. 그리고 성공하면 더 많은, 혹은 더 우월한 유전자를 가진 배우자와 결합할 확률이 높아진다. 성공함으로써 자식을 잘 길러낼 수 있는 자원을 확보할 수 있고, 성공했다는 자체가 지적, 신체적으로 우월한 유전자를 가졌다는 증명이 되기도 한다. 그래서 인간은 성공을 갈망한다. 수컷 공작새가 화려한 꼬리 깃털로 암컷을 유혹하듯이.

물론 진화심리학의 관점은 절대적인 게 아니다. 아직 밝혀지지 않은 부분들도 많다. 진화심리학이 인간의 이타심을 온전히 설명하려면 마치 보험설계사들이 가입자의 질병 이력, 가족력, 흡연과 음주 습관, 자동차 운전 여부 등을 고려하여 가입자의 기대 수명을 책정하고 이에 따라 보험료를 청구하는 것처럼 경제력, 자녀와 본인의 건강상태, 배우자 유무 등 모든 요소를 고려해서 자녀와 부모 중 어느 쪽이 상대방을 위해 자기 삶을 포기할 수 있을지를 정확히 예측할 수 있어야 할 것이다. 그런 의미에서 진화심리학은 하나의 관점일 뿐이다. 종교나 철학이 인간이 살아가는 이유를 저마다의 관점에서 설명하듯이.

그렇기 때문에 이 글을 읽고 있는 당신이 내 견해에 동의하지 않는다고 해도 이해할 수 있다. 미신 따위에 빠져있는 비합리적인 사람이라고 당신을 폄하하고 싶지도 않고 당신의 생각을 애써 바꾸고 싶지도 않다. 심지어 당신들이 당신들의 두개골을 열어서 인간 삶의 보편적인 동기를 내게 보여준다면 내 생각을 바꿀 의향도 있다. 하지만 안타깝게도 당신이나 나나 그럴 능력은 없다. 그러니 설령 당신이 내 생각에 반론을 제기하고 싶더라도 일단 접어두도록 하자. 인간은 번식하기 위해 산다는 걸 기본 전제로 하여 논의를 전개하도록 하자.

3. 50명의 아버지와 100명의 어머니, 그리고 나머지 50명의 남자들

세상의 절반은 남자다. 그리고 나머지 절반은 여자다. 남아선호사상으로 인해 남성의 비율이 높았던 시대도 있었고, 전쟁으로 남성들이 많이 죽어서 여성의 비율이 높았던 시대도 있었지만 대부분의 경우 남자와 여자의 비율은 1:1에 수렴한다. 그렇다면 우리 조상들의 성비는 어땠을까? 바보 같은 질문처럼 들릴 것이다. 신생아의 성별이 남자 혹은 여자일 확률은 50 대 50이다. 따라서 낙태 등의 방법을 사용하여 한쪽의 출산율을 인위적으로 제한하지 않았다면 우리 조상들의 성비는 1:1일 것이다. 당신은 아마 이렇게 생각할 것이다.

하지만 틀렸다. 우리 조상들의 성비는 1:2다. 남성이 1이고 여성이 2다. 우리 조상 중에는 여자가 남자보다 2배 많았다.

어떻게 그게 가능할까? 옛날에는 남자보다 여자가 두 배로 많이 태어났던 걸까? 그건 아니다. 예나 지금이나 신생아의 성비는 1:1이다. 하지만 우리의 조상은 1:2다.

실마리는 조상이라는 말에 있다. 조상은 단순히 옛날에 살았던 사람을 가리키는 말이 아니다. 옛날에 살았던 사람 중 오늘날의 우리와 유전적으로 관련이 있는 사람을 가리킨다. 옛날에 살았던 사람이라 해도 그가 자식을 남기지 못하고 죽었다면, 즉 우리 중 누구에게도 그의 유전자가 전달되지 않았다면 그는 우리의 조상이 아니다.

그렇다면 조상들의 성비가 1:2가 되는 것도 가능하다. 한 명의 남성과 두 명의 여성이 결합하면 된다. 그러면 나머지 한 명의 남성은 어떤 여성과도 결합하지 못하게 되고, 그는 옛날에 살았지만 누구의 조상도 아닌 사람이 되는 것이다.

이를 규명하기 위해 미국의 유전학자 제이슨 와일더와 연구진들은 현존 인류의 유전자에 남아 있는 조상들의 흔적을 연구했다. 아버지로부터만 물려받을 수 있는 Y염색체 DNA와 어머니로부터만 물려받을 수 있는 미토콘드리아 DNA를 역추적해서 실제로 현존 인류에게 유전자를 전한 조상들의 성비를 유추한 것이다. 그 결과는 1:2였다.

우리 조상들의 성비가 1 대 2였다는 말은 결국 과거에 살았던 남자들의 절반은 자손을 남기지 못하고 죽었다는 말이 된다. 즉, 남자를 차지하기 위한 여자들의 경쟁보다 여자를 차지하기 위한 남자들의 경쟁이 훨씬 치열했다는 걸 의미한다.

그 원인은 번식에서 남녀가 차지하는 역할에 있다. 남자 100명, 여자 100명으로 이루어진 가상의 공동체를 가정해보자. 이들 중에서는 박보검이나 지드래곤처럼 매력적인 남자도 있고, 못생기고 지질한 남자도 있을 것이다. 여자도 마찬가지다. 매력적인 여자와 그렇지 못한 여자가 있다. 그리고 각각의 남녀는 모두 자기가 만날 수 있는 최대한 매력적인 짝을 만나길 원한다. 그렇다면 1등 여자는 1등 남자와 결합할 것이다. 그러면 2등 여자는 어떨까? 2등 남자와 결합할까? 아니다. 2등 여자도 1등 남자와 결합한다. 남자와 여자의 신체적 차이 때문이다. 여자는 한 아이를 임신하면 최소 10개월 동안 다른 아이를 가질 수 없다. 하지만 남자는 다르다. 정자는 매일 생성된다. 남자는 한 여자에게 씨를 뿌린 바로 다음 날에도 다른 여자에게 씨를 뿌릴 수 있다. 1등 여자가 10개월에 걸쳐 한 명의 아이를 낳을 동안 1등 남자는 매일 1명씩 300명에게 씨를 뿌릴 수 있다. 그렇기 때문에 1등 남자의 입장에서 1등 여자와만 결합하는 건 나머지 299번의 기회를 낭비하는 일이다. 그래서 1등 남자는 2등 여자에게 눈을 돌린다. 물론 2등 여자의 입장에서는 자존심이 상할 수 있다. 옛말로 첩, 요즘 말로는 세컨이나 엔조이 아닌가. 하지만 그건 현대의 관점일 뿐이다. 일부일처제와 낭만적인 사랑은 매우 현대적인 관념이다. 살아남아서 자손을 남기는 게 중요했던 전근대사회에서의 상식은 달랐을 것이다. 충분한 경쟁력을 갖추지 못한 남자라면 산모와 아이에게 충분한 물질적 지원을 해줄 수 없을 것이고, 우월한 유전자를 갖지 못한 아이이기에 그 아이 자체의 생존 가능성도 높지 않을 것이다. 결국 그 아이는 죽게 되고, 여자가 투자한 10개월의 시간과 노력은 모두 수포로 돌아가게 될 것이다. 그걸 원하는 여자는 없다. 그래서 2등 여자는 1등 남자를 택한다. 그게 반복된다. 3등 여자도, 4등 여자도 1등 남자를 택한다. 결국 절반의 남자들이 모든 여자를 차지하게 된다. 그렇게 우리 조상의 성비는 1 대 2가 된다.

원시 인간 사회가 일부다처제에 가까웠다는 증거는 인간의 성적 이형성을 통해서도 확인해볼 수 있다. 성적 이형성이란 남녀 간의 평균적인 체격차를 의미하는데 흥미롭게도 특정한 종의 성적 이형성은 그 종이 일부다처제에 가까울수록 높게 나타난다. 남방바다코끼리의 경우 한 마리의 수컷이

50마리의 암컷을 거느린다. 즉 일부오십처제다. 이런 극단적 일부다처제에서는 나머지 49마리의 수컷을 압도할 만큼 강한 수컷만 자손을 남길 수 있다. 그래서 대를 거듭할수록 수컷의 몸은 점점 커진다. 마치 월드컵에서 16강, 8강, 4강으로 올라갈수록 강팀만 남듯이 말이다. 하지만 암컷의 몸은 커지지 않는다. 수컷은 일부(一夫)가 되어야 하지만 암컷은 오십처 모두 자신의 유전자를 후대에 전할 수 있기 때문이다. 고릴라 역시 한 수컷이 여러 암컷과 결합하는 대표적 유인원이다. 그래서 고릴라는 수컷이 암컷보다 2배 가량 크다. 반면 긴팔원숭이는 일부일처제다. 특별히 힘이 세고 체격이 크지 않은 수컷도 자손을 남길 수 있다. 그래서 긴팔원숭이는 암수 간에 체격이 똑같다. 인간의 경우는 어떠한가? 평균적인 남성은 평균적인 여성에 비해 키가 9% 크고, 체중은 20% 정도 더 나간다. 남방바다코끼리나 고릴라처럼 극단적이지는 않지만 분명 유의미한 차이다. 그리고, 이를 증명하듯 원시 인류 사회는 83.39%가 일부다처제였다고 한다. 일부일처제가 보편화된 최근 수십 년 동안에 인간 개체수가 폭증했다는 점을 감안한다면 근대 사회 이전에는 이러한 불균형이 훨씬 더 심했을 것이다.

이러한 입장 차이로 인해 남녀는 서로 다른 전략을 택하게 된다. 남자는 도전해야 한다. 눈부신 사회적 성취를 거둔 남자에겐 무한에 가까운 번식 기회가 주어진다. 29명의 부인을 거느렸다는 고려의 태조 왕건이나, 천 명의 자식을 낳았다는 몽골의 칭기즈칸처럼 말이다. 하지만 도전하지 않고 아무것도 이루어내지 못한 남자에겐 단 한 번의 기회도 주어지지 않는다. 태조 왕건의 부인이 29명이었다는 말은 곧 28명의 남자가 평생 짝을 만나지 못하고 죽었다는 말이기도 하다.

반면 여자들의 입장은 다르다. 특출나지 않아도 짝을 만날 수 있다. 100명 중 가장 매력 없는 여자라 해도 50번째, 평범한 수준의 매력을 가진 남자를 만날 수 있다. 상위 99명의 여자는 어차피 그보다 능력 있는 49명의 남자와 결합할 테니, 50등 남자로서는 100등 여자라도 만나는 것이 최선이다. 그렇게라도 하지 않으면 그의 유전자는 영원히 사라져버리고 말 것이다.

그리고 여자들은 신대륙을 발견하거나 기상천외한 발명품을 만들거나 전장에서 공을 세운다고 해도 얻을 것이 많지 않다. 여자는 한 번 아이를 가지면 최소 10개월 동안 다른 아이를 가질 수 없고, 임신과 출산은 그 자체로 여성의 건강과 생명력에 부담이 된다. 이러한 것들을 고려할 때 평균적인 여자가 낳을 수 있는 아이의 수는 최대 열두 명 정도라고 한다. 경력 단절과 육아의 부담, 경제력 등의 사회 경제적 제약 요건들을 조금도 고려하지 않은, 순수한 생물학적 한계가 이 정도다. 실제로는 그 절반도 버거웠을 것이다.

수십만 년 인류의 역사 동안 남성에게 진취성과 도전정신을 요구하고 여성에게 순응성과 안전지향성을 요구하는 문화가 이어져 온 건 이 때문이다. 인간에게는 번식이라는 가장 근원적인 욕구가 있고, 그 욕구를 달성하기 위해서 남성은 도전해야 한다. 물론 도전은 쉬운 게 아니다. 사업이나 투자를 하다 실패하면 전 재산을 날리고 길거리에 나앉게 되고, 연예인이나 정치가로서 부적절한 행동을 하면 온 국민에게 악플 세례를 받게 되고, 전쟁에 나갔다가 실패하면 적국의 포로가 되거나 창칼에 찔려 죽게 된다. 하지만 남자에게 이 위험은 감수할 만한 가치가 있다. 도전한다면 성공할 수 있는 확률이 조금이라도 있지만, 실패가 두려워 도전하지 않는다면 자손을 남길 기회가 단 한 번도 주어지지 않기 때문이다. 하지만 여자는 다르다. 천신만고 끝에 도전에 성공해도 열두 명의 자손밖에 남길 수 없고(실제로는 말을 타고 정복 전쟁에 나서거나 임원이 되기 위해 야근과 주말 근무를 불사하는 여성일수록 자손을 남길 기회가 더 적을 것이다.) 도전하지 않아도 한두 명의 자손은 남길 수 있다. 그래서 여자에게 도전은 남자에게만큼 매력적이지 않다. 그래서 사람들은 그들의 아들과 딸들에게 이렇게 가르친다. "사내대장부라면 시시한 일에 연연하지 말고 꿈을 크게 가져야지!", "여자의 가장 큰 행복은 남편과 아이들 뒷바라지를 하면서 화목한 가정을 꾸리는 거란다." 그 가르침들이 모여 여러 사람 사이에서 보편적으로 받아들여지는 행동의 패턴, 문화가 된다. 유리천장의 실체란 그것이다.

4. 서로 다르다는 것, 그럼에도 평등해야 한다는 것

방청객1: 90년대 이후 여성 취업률은 꾸준히 증가해왔습니다. 그렇다면 기업의 임원비율도 증가해야 할 텐데 2017년 기준 500대 기업의 여성 임원 비율은 3%에 불과하다고 합니다. 이를 해결하기 위해서는 여성 할당제가 필요하다고 생각합니다.

사회자: 여성 취업률은 꾸준히 늘어왔으나 그에 비해 임원 비율은 늘어나지 않고 있기 때문에 할당제를 시행해서라도 여성 임원 비율을 늘려야 한다는 의견이신데 이에 반대하시는 분이 있으신가요?

방청객2: 결과적인 비율의 높고 낮음만으로 문제의 본질을 판단할 수는 없다고 생각합니다. 임원의 경우 일반 직원에 비해 많은 돈을 받지만 그만큼 많은 일을 합니다. 하루 5~6시간씩 자면서 일주일에 90시간 이상 일을 하기도 합니다. 이런 선택의 기로에 놓였을 때 남성은 일 자체에 대한 성취감이나 타인으로부터의 인정을 추구하는 생물학적 경향이 있기 때문에 계속 자신의 커리어를 발전시키길 택하게 되지만 여성의 경우 30대가 되면 부담이 적은 일을 하면서 아이를 키우고 일과 삶의 밸런스를 추구할지 아니면 계속 직업적 성취를 추구할지 고민합니다. 저는 이러한 근본적 원인에 대한 고려가 필요하다고 생각합니다.

(중략)

김지예 변호사: 방금 말씀하신 이야기들 중에 파시스트들이 주장하던 우생학 비슷한 이야기까지 나와서 대단히 당황스러운데, 눈에 보이는 현상과 절대적 숫자는 굉장히 중요합니다. 어떠한 사회적 집단 사이에 차별과 계급이 존재하느냐를 판단할 수 있는 지표는 그것밖에 없기 때문입니다.

- 100분 토론 813회, 〈여성할당제, 성평등인가? 역차별인가〉, 2019. 2. 13

나는 인간을 비롯한 모든 생명체의 존재 목적을 번식으로 정의하고, 이 목적을 이루는 데에 도전적 남성성과 안전지향적 여성성이 어떻게 도움이 되는지를 설명했다. 당신이 페미니스트라면 지금까지의 논의에 대해 불쾌감을 느꼈을 것이다. 그건 아마 나의 견해가 성차별을 정당화한다고 느꼈기 때문일 것이다. 진화심리학은 남자와 여자의 차이를 본성으로 설명한다. 그런데 본성이라는 말에는 여지가 없다. 어떠한 반론도 허용하지 않는다. 유사 이래 남자들은 정치, 경제, 군사, 문화 등 사회의 주요 분야에서 권력을 독점해 왔다. 여성의 입장에서 이는 시정되어야 할 불평등이다. 하지만 남자와 여자의 본성이 근본적으로 다르다면 얘기는 달라진다. 현재의 남녀 격차는 남성에게 힘을 실어주는 어떠한 사회적 압력도 가해지지 않은 자연스러운 경쟁의 결과가 되고, 여성에게 힘을 실어주어야 한다는 주장은 자연스러운 경쟁의 결과를 인위적으로 조작하는 역차별이 된다. 심지어 성차별을 없애는 게 오히려 여성을 불행하게 만든다는 주장도 할 수 있게 된다. 태생적으로 남성은 지배하기에 적합한 성향을, 여성은 지배받기에 적합한 성향을 타고났다면 여성에게 권력을 주는 건 여성의 본성에 맞지 않는 역할을 억지로 부여하는 것이 될 수 있다.

유사한 사례로 우생학이 있다. 서구 사회에서는 오랫동안 유색인종에 대한 백인들의 차별이 만연해왔다. 물론 인종차별이 나쁘다는 걸 백인들이 몰라서 그랬던 건 아니다. 단순히 피부색이 다르다는 이유로 한 집단이 다른 집단을 억압하고 착취하는 게 도덕적으로 옳지 않다는 건 백인들도 잘 알고 있었다. 모든 인간은 평등하다는 이상과 피부색에 따라 인간을 차별하는 현실, 백인들에겐 이 괴리를 메워줄 학문이 필요했다. 그게 우생학이었다. 이 학문의 요지는 명확했다. 유색인종은 지능이 낮고, 근면 성실하지 않으며, 성적으로 문란한 기질을 타고났다는 것이었다. 태생적으로 우월한 인종과 열등한 인종이 구분되어 있다는 우생학의 주장이 힘을 얻자 모든 인간은 평등하다는 도덕적 이상은 빛을 잃었다. 서로 다르게 태어났으니 다르게 대하는 게 당연하다는 인종차별주의자들의 주장이 오히려 더 타당하게 들렸다.

그래서 페미니스트들은 진화심리학에 반대한다. 이들이 보기에 남성과 여성의 본성은 백지와 같다. 어떤 교육을 받느냐에 따라 남성과 여성은 얼마든지 달라질 수 있으며, 현재의 성별 격차는 오로지 남성우월주의와 가부장제의 억압의 결과물일 뿐, 당연한 것도 영원한 것도 아니다. 이들의 관점에서 진화심리학을 주장하는 사람들은 유태인과 집시 등 열등한 민족을 박멸하여 순수한 아리아인의 세상을 만들자고 했던 나치 독일의 파시스트들과 조금도 다르지 않다.

하지만 내가 진화심리학의 관점을 제시한 건 그런 이유가 아니다. 나는 정치, 경제, 문화, 국방 등 현대 사회에서 힘깨나 쓴다는 대부분의 조직을 남성들이 점유하고 있는 현재의 상황이 정당하지도, 효율적이지도 않다고 생각한다. 남성 못지않게, 어쩌면 그들보다 더 유능한 여성들이 상층부에 오를 수 없다는 점에서 형평성에 어긋나고, 이들의 잠재력을 활용할 수 없다는 점에서 사회 전체의 효율성에도 악영향을 미친다고 생각한다. 개인적으로도 나는 스스로가 그다지 유능한 사람이라고 생각하지 않는다. 내 주변에는 나보다 훨씬 유능한 여성들이 많다. 나는 그녀들이 자신의 성별에 구애받지 않고 높은 수준의 사회적 성취를 이루길 진심으로 바란다.

그럼에도 내가 진화심리학의 관점을 제시한 건, 근본적 문제에 대한 인식이 없이는 근본적 해결도 불가능하기 때문이다. 명제에는 사실 명제와 당위 명제가 있다. 사실은 현실에 대한 기술이다. 여기에는 어떠한 가치판단도 들어있지 않다. 갈릴레오 갈릴레이가 지동설을 주장한 건 지구가 태양 주위를 도는 게 윤리적으로 바람직하다고 생각해서 그랬던 게 아니다. 그냥 돌고 있으니까 돈다고 한 것뿐이다. 반면 당위에는 가치판단이 담겨 있다. 무엇이 옳으니까 해야 한다, 옳지 않으니까 하지 말아야 한다는 것이 당위 명제다.

당위와 사실은 다르기에, 이에 대한 반박 역시 달라야 한다. 사실은 사실로, 당위는 당위로 반박해야 한다. 가령 지동설은 지구가 태양 주위를 돈다는 '사실'에 대한 주장이다. 그렇기에 그걸 반박하려면 지구가 태양 주위를 돌지 않는다는 또 다른 사실을 제시해야 한다. 그런데 당시의 학자들은 그렇게 하지 않았다. 지구가 태양 주위를 돈다는 건 신성모독이라며 반발했다. 그건 적절한 반박이 아니었다. 신성모독이란 가치판단이 들어간 당위의 영역이고, 당위는 사실에 어떤 영향도 미칠 수 없기 때문이다. 지구가 태양을 돈다는 사실에 대해 신이 어떻게 생각하건 지구가 태양을 돈다는 사실은 바뀌지 않는다. 갈릴레이가 종교재판소를 나서며 말했듯, 그래도 지구는 돈다.

유리천장, 그리고 이를 해소하기 위한 여성할당제에 대한 논의도 마찬가지다. 여성에게는 분명 남성과 동등한 사회적 성취의 기회가 주어져야 한다. 하지만 그건 어디까지나 당위다. 그리고 당위는 사실에 대해 어떠한 영향도 미칠 수 없다. 남성과 여성의 본성이 다르다는 주장이 성차별을 정당화할 수 있다고 해서 남성과 여성이 똑같아지는 건 아니다.

그리고 이 둘을 혼동하면 엉뚱한 결론에 도달하게 된다. 앞에서 들었던 예시로 돌아와 보자. 남자 직원 100명과 여자 직원 100명이 일하고 있는 어느 기업에서 10명의 고성과자를 임원으로 승진시키기로 했다. 능력으로 따진다면 당연히 가장 뛰어난 남성 5명과, 여성 5명이 뽑혔어야 했지만 여성 5명 중 3명은 임원이 되면 높은 스트레스와 업무 강도로 인해 육아와 남편 내조를 할 여력이 부족할 것 같다는 이유로 포기했다. 결국 그 자리는 덜 뛰어난 남자 직원 2명과 여자 직원 1명에게 돌아가게 되었다. 결국 표1과 같이 7명의 남자 직원과 3명의 여자 직원이 임원이 되었다. 이는 불평등이다. 또한 비효율이기도 하다. 남자들만큼, 어쩌면 남자들보다도 더 유능할 수도 있는 여자 직원의 능력을 활용하지 못하는 건 회사의 입장에서도, 개인의 입장에서도 손해다.

| 표1: 기존 시스템 | 표2: 여성할당제 | 표3: 유리천장 해소 |

능력순위	임원 승진 의사		능력순위	임원 승진 의사		능력순위	임원 승진 의사	
	남자	여자		남자	여자		남자	여자
1	O	O	1	O	O	1	O	O
2	O	X	2	O	X	2	O	X→O
3	O	X	3	O	X	3	O	X→O
4	O	O	4	O	O	4	O	O
5	O	X	5	O	X	5	O	X→O
6	O	O	6	O	O	6	O	O
7	O	X	7	O	X	7	O	X
8	O	X	8	O	X	8	O	X
9	O	O	9	O	O	9	O	O
10	O	O	10	O	O	10	O	O

하지만 그렇다고 성공을 향한 남성과 여성의 열망이 다르다는 '사실'을 무시한 채 남성과 여성이 평등해야 한다는 '당위'에만 치중하면 어떻게 될까? 표2처럼 될 것이다. 다섯 번째로 유능한 남자 직원과 열 번째로 유능한 여자 직원이 임원에 오르게 될 것이다. 임원 숫자는 5 대 5로 맞춰지겠지만 그보다 더 중요한 형평성과 효율성의 원칙은 지켜지지 않을 것이다. 남자에서 여자로 성별만 바뀌었을 뿐, 또 다른 형태의 비효율, 또 다른 형태의 불평등이 발생하게 될 것이다.

김지예: 지금 2030세대 남성들이 기득권을 가져보지 못한 건 사실입니다. 하지만 그렇다고 해서 2030세대 남성을 4050세대와 분리시켜서 생각하는 건 사회 전체의 맥락을 바라보지 못하는 것이라고 생각합니다.

이준석: 무슨 연좌제입니까?

김지예: 일본의 현 세대들은 전범이 아닙니다. 그런데 우리는 왜 지금 일본에 사과를 요구하고 있는 거죠?

이준석: 일본 2030세대가 전범들의 행동에 대해 반성하고 있다면 저는 그들을 탓하지 않습니다.

- 100분 토론 813회, 〈여성할당제, 성평등인가? 역차별인가〉, 2019. 2. 13

그리고 이러한 정책은 필연적으로 남녀 간에 갈등을 조장하게 된다. 형평성과 효율성 중 무엇 하나 충족시키지 못하는 정책이 최소한의 사회적 공감을 얻으려면 결국 감정에 호소하는 수밖에 없기 때문이다. 위와 같이 여성할당제를 주장하는 이들은 흔히 남자를 일본 제국주의나 흑인 노예를 부리던 백인 농장주에 비유한다. 가난하건 부유하건, 정규직이건 비정규직이건, 기성세대건 청년이건 상관없이 남자들은 모두 비열한 억압자, 수탈자기 때문에 여성들은 힘을 모아서 그동안 당해온 차별에 대한 복수를 해야 한다고 말한다. 하지만 남성이 이에 동의할 리가 없다. 대부분의 남성들은 그러한 기득권을 누려본 적도 없기 때문이다. 그들은 칭기즈칸이나 태조 왕건이 아니라 그들의 명 한 마디에 수천, 수만 명씩 죽어나가던 소모품들이기 때문이다.

그렇다면 우리가 지향해야 하는 바는 무엇인가? 간단하다. 표3과 같이 되어야 한다. 성별에 관계없이 가장 유능한 열 명의 직원이 임원직에 올라야 한다. 그렇게 하려면 어떻게 해야 하는가? 유능한 여자 직원들이 자신의 꿈을 포기하지 않고 계속 도전할 수 있게 해주어야 한다. 그러려면 어떻게 해야 하는가? 여자 직원들이 왜 자신의 꿈을 포기하고 누군가의 어머니, 혹은 아내로 살아가길 택하는지를 알아야 한다. 남성과 여성은 평등해야 한다는 '당위'를 이루기 위해서는 사회적 성취와 그에 수반되는 희생을 바라보는 남자와 여자의 시선이 다르다는 '사실'을 명확히 인지해야 한다.

　내가 진화심리학의 관점을 제시한 건 그것 때문이다. 진화심리학은 남녀의 차이를 본성으로 설명한다. 그런데 그 본성의 근원은 어디인가? 번식이다. 남성은 확률이 매우 희박할지라도 일단 성공을 거두고 나면 무한에 가까운 번식 기회를 가질 수 있고, 도전하지 않으면 한 번의 기회도 가질 수 없다. 반면 여성은 굳이 도전하지 않아도 최소한의 번식 기회를 가질 수 있고, 설령 위험을 감수하고 도전해서 성취를 거둔다 한들 얻을 것이 많지 않다. 그래서 남성은 도전을 통해 얻을 수 있는 보상에, 여성은 도전을 위해 감수해야 하는 리스크에 치중하는 경향이 있다. 그래서 유사 이래 세상을 지배한 왕이나 재상, 위대한 철학자나 발명가, 예술가들은 대부분 남자였다. 이건 사실이다.

　하지만 그게 전부는 아니다. 또 다른 사실이 있다. 그건, 인간은 본성만으로 이루어진 존재가 아니라는 것이다. 메소포타미아, 인더스, 황하, 이집트 지역에서 인류 최초의 문명이 발생한 지 약 5천 년이 지났다. 인간에게는 매우 긴 시간이지만 유전자의 관점에서는 찰나에 가까운 시간이다. 그래서 인간의 본성은 예나 지금이나 크게 다르지 않다. 5천 년 전에 그랬듯 인간은 여전히 밥을 먹고, 짝짓기를 하고, 가족을 이루며 산다. 하지만 그렇다고 5천 년 전의 인류와 지금의 인류가 같은 밥을 먹고, 같은 방식의 짝짓기를 하고, 같은 형태의 가족을 이루는 건 아니다. 본성은 같을지라도 삶을 꾸려나가는 구체적인 모습은 확연히 다르다. 30대 초반에 불과한 나조차도 요즘 10대나 20대를 이해하기 어려울 정도다. 그건 문화가 다르기 때문이다. 5천 년 전의 인간이나 지금의 인간이나 타고난 본성은 같지만 살아가는 환경이 너무나 다르기 때문에 5천 년 전과는 다른 가치관과 생각들을 쌓아가게 되는 것이다.

그리고 현대 사회의 가치관은 점점 인간의 근원적 욕구인 번식보다는 상위 차원의 욕구를 추구하는 방향으로 변해가고 있다. 매슬로우의 욕구단계론에 따르면 인간의 욕구는 다섯 단계로 구분되어 있다. 1단계는 생존의 욕구, 2단계는 안전의 욕구, 3단계는 소속감의 욕구, 4단계는 인정의 욕구, 5단계는 자아실현의 욕구다. 그런데 이 욕구들은 순차적으로 충족된다. 하위 욕구가 충족되지 않은 상태에서는 상위 욕구를 느끼기 어렵다. 만약 당신이 맹수에게 쫓기고 있거나 히말라야에 조난당해 죽을 위기에 처했다면 당신의 머릿속은 살고 싶다는 단 하나의 강렬한 생각으로 가득 차게 될 것이다. 꿈이나 애정, 소속감과 같은 수준 높은 욕구는 미처 들어설 틈이 없을 것이다. 가장 기본적인 욕구인 생존과 안전의 욕구가 충족되지 못했기에 상위의 욕구로 이행할 수가 없는 것이다.

그런데 인류가 생겨난 이래 대부분의 시간 동안 인류는 생존의 욕구조차 충족하지 못한 상태로 살았다. 지금으로부터 약 100년 전, 20세기 초만 해도 세계 인구의 75% 정도가 1일 2달러(물가 상승률을 반영한 수치다.) 미만의 소득으로 생활했고, 평균 수명이 30대 초반이었으며, 약 40%의 아이들이 5세가 되기 전에 죽었다. 특히 우리가 살고 있는 대한민국은 광복 직후 1인당 소득이 연간 42달러로 현재의 800분의 1 수준에 불과했다. 회생의 가능성이 없다고 할 정도로 빈곤한 국가였다. 그래서 당시의 사람들은 상위 수준의 욕구로 이행할 수 없었다. 살아남아야 했고, 나 대신 살아남아서 나의 유전자를 후세에 전해줄 아이를 낳아야 했다. 그땐 그게 제일 중요했다. 그래서 그땐 남자는 도전적, 개방적이어야 했고, 여자는 조신하고 얌전해야 했다.

하지만 지금은 달라졌다. 100년 남짓한 시간 동안 1일 2달러 미만의 소득으로 살아가는 사람의 비율은 세계 인구의 75%에서 9%로 급감했고, 평균 수명은 72세로 두 배 이상 늘었으며, 5세 이하 유아 사망률은 4%로 감소했다. 이제는 아무도 하루에 2달러 미만의 생계비로 살아가지 않고, 아무도 자기가 30대 초반에 죽을 거라 생각하지 않고, 아무도 자기가 낳은 아이가 5살 이전에 죽을지 모른다는 걱정을 하지 않게 되었다.[10]

그래서 사람들은 더 높은 수준의 욕구를 지향하기 시작했다. 현대인들은 단순히 튼튼하고 따뜻한 옷보다는 개인의 정체성을 표현할 수 있는 옷을 입고, 단순히 양 많고 값싼 음식점보다는 감성적이고, 힙한 음식점을 찾는다. 극히 불우한 환경에 처한 사람들이 아니고서는 대부분의 현대인들은 살아남아서 아이를 낳는 것, 그 이상의 무언가를 추구한다.

여성들도 마찬가지다. 인간이 살아가는 유일한 이유가 번식이라면 여성에게는 남성만큼의 사회적 성취를 이루어야 할 이유가 없다. 하지만 인간은 아이를 낳고 유전자를 후세에 전하기 위해서만 살아가는 존재가 아니다. 인간은 각자의 꿈과 이상을 갖고, 그것을 현실에 구현하기 위해 살아가는 존재이기도 하다. 이러한 열망은 남성에게나 여성에게나 똑같이 존재한다. 그렇기 때문에 여성에게는 남성과 동등한 사회적 성취의 기회가 주어져야 한다. 이것이 당위다.

방청객: 여성할당제로부터 여성인 제가 실질적으로 어떤 도움을 받을 수

---

10 팩트풀니스, 한스 로슬링, 김영사

있을지 모르겠습니다. 현재 여성 취업률은 계속 올라가고 있지만 여성 임원이 늘지 않는 건 여성의 커리어가 오래 지속되지 않는다는 것, 경력 단절을 의미합니다. 따라서 여성이 출산과 육아로 인해 일을 하지 못하는 기간 동안 어떻게 전문성을 키워줄 수 있을지에 대한 고민이 필요하다고 생각합니다.

(중략)

최태섭 문화평론가: 2016년 고용형태별 근로실태 조사에서 남녀 임금 격차의 원인으로 "명확한 이유를 설명할 수 없다"가 37.6%, 62.4%는 생산성 차이로 나왔습니다. 그런데 그 62.4%도 자세히 살펴보면 근속년수, 산업군, 연령, 교육년수로 나왔습니다. 이 모든 것들은 경력단절과 관련이 되어 있습니다.

이준석 바른미래당 최고위원: 그렇기 때문에 할당제보다는 경력단절에 대한 대책이 필요한 것 아닙니까?

- 100분 토론 813회, 〈여성할당제, 성평등인가? 역차별인가〉, 2019. 2. 13

그렇다면 무엇을 해야 할까? 가장 중요한 건 아이를 낳고 기르는 여성에 대한 지원이다. 세상은 변했다. 현대의 여성들은 더 이상 누군가의 아내나 어머니로만 살아가길 원하지 않는다. 하지만 세상이 아무리 변해도 여성이 아이를 낳는다는 사실은 변하지 않는다. 특히 한국 사회에는 여전히 아이는 어머니의 사랑을 받아야 올바르게 클 수 있다는 고정관념이 있다. 아이를 친정이나 시부모, 베이비시터에게 맡기고 일에 전념하는 여자는 자기 성공을 위해 자식마저 내버리는 독하고 속물적인 여자 취급을 받는다. 한국 사회의 워킹맘들은 분명 출산과 육아라는, 남성들이 지지 않아도 되는 짐을 지고 있다. 하지만 이러한 짐을 덜어주기 위한 제도적 지원 장치들은 여전히 부족하다. 대부분의 기업에서는 동료들 눈치를 보지 않고 육아휴직을 쓰기도, 휴직 이후 복귀할 때 자신의 자리가 남아 있을 거라고 기대하기도 어렵다. 이런 상황이라면 설령 기업들이 의도적으로 여성을 차별하고 배제하지는 않았더라도 차별한 것과 별로 다르지 않은 결과를 낳게 된다.

그래서 제도의 보완이 이루어져야 한다. 출산한 여성, 그리고 그들의 배우자인 남성까지도 육아휴직을 자유롭게 사용할 수 있어야 하고, 직장 내에도 여성의 육아를 돕기 위한 장치들이 마련되어야 한다. 이러한 정책들은 분명 단기적인 비용을 요구하게 될 것이다. 기업가로서는 당장의 인건비 절감을 위해 임신을 한 여자 직원을 내보내고 다른 직원을 뽑거나 남은 직원들에게 그 직원이 담당하던 업무를 떠맡게 하고 싶은 유혹을 느낄 수도 있다. 하지만 이로 인해 유능한 여자 직원들이 일을 그만두거나 책임과 업무 부담이 적은 직급에만 머무르려 하게 되면 기업가로서는 이들의 역량을 활용할 수 없게 되고, 결국 장기적 생산성은 떨어지게 될 것이다.

그리고 심지어는 출산과 육아로 인한 경력 단절을 겪지 않는 남자 직원들의 생산성에도 악영향을 미치게 될 것이다. 20세기 초까지 인사관리의 핵심 패러다임은 F.W.Taylor가 주장한 과학적 관리론이었다. 생산성을 높이려면 노동자들이 최대의 효율을 낼 수 있는 동선과 작업 방식을 찾아내고 일괄적으로 적용하기만 하면 된다는 이론이다. 찰리 채플린의 영화 〈모던 타임즈〉에 나왔던, 일을 하면서 식사를 할 수 있는 기계, 자동으로 잠옷에서 작업복으로 갈아입혀 주는 기계를 생각하면 된다. 하지만 미국 웨스턴 일렉트릭 사의 호손 공장에서 했던 실험에서는 정반대의 결과가 나왔다. 직원들끼리의 인간관계나 주관적인 만족감 등의 정성적 요소들이 회사의 공식적인 인사 정책이나 작업 시스템보다도 생산성에 더 많은 영향을 미쳤던 것이다. 하버드 대학의 E.Mayo 교수와 연구진은 이러한 연구 결과를 토대로 인간관계론이라는 인사관리의 새로운 패러다임을 만들어냈다.

육아휴직의 문제 역시 마찬가지다. 아이를 가진 여자 직원들이 자신의 커리어를 포기해서 남자 신입사원이 그 빈자리를 채우게 된다면, 당장은 좋을 것이다. 하지만 그 남자 직원 역시 생각할 것이다. 이 회사는 직원을 함께 성장해나갈 동반자가 아니라 절감해야 할 비용으로 생각하고 있다고. 그렇다면 직원 역시 그 회사를 신뢰할 수 없다. 그 회사를 일을 배우고 연봉을 높여 다른 회사로 옮기려는 발판, 혹은 당장의 생계를 해결하기 위해 어쩔 수 없이 다니는 회사로만 생각하게 될 것이다. 이런 회사에 직원들이 헌신하기를 기대하기란 어렵다.

> 방청객1: 과거에 여성분들이 받아 왔던 차별을 시정하기 위해 최근에 많은 인식, 제도적 개선이 이루어지고 있습니다. 그러나 남성이 받고 있는 차별에 대해서는 제도나 인식이 과거의 수준에 머물러 있다고 생각합니다. 대한민국 강력 범죄 피해자의 65%가 남성이지만 피해자 지원단체나 경찰, 공기관에서는 남성 피해 사례를 접수하지 않고 있습니다. 남자가 왜 그래? 넌 남자답지 못해, 네가 못나서 그래, 하는 말로 남성의 피해를 말하지 못하게 하는 사회로부터 남성들 역시 억압받고 있다고 생각합니다.
>
> 사회자: 남성이라면 이래야 한다는 암묵적인 선입견들로 인해 남성들도 차별받고 있다는 의견이신 것 같은데요. 혹시 이에 대해 동의할 수 없다고 생각하시는 분 있으신가요?
>
> 방청객2: 남성들도 피해를 입고 있다는 의견에는 일정부분 동의합니다.

그러나 이러한 피해들은 남성중심적인 가부장제 사회에서 발생하는 차별비용[11]이기 때문에 여성 인권 신장을 통해 함께 해결될 수 있는 문제라고 생각합니다. 데이트 비용의 경우에도 과거에는 남성이 전부 부담했지만 요즘 대학생들은 대개 더치페이를 하고 있습니다. 말씀하신 문제들도 여성 인권 신장을 통해 해결될 것이라 생각합니다.

방청객1: 한 성별의 인권이 신장된다고 해서 다른 성별의 인권이 신장될 거라 생각하는 건 그저 희망적인 관측이라고만 생각합니다.

방청객2: 아까 말씀드린 남성의 범죄 피해에 대한 무감각은 남성은 용감해야 한다, 책임감이 있어야 한다고 하는 남성우월주의에 근거한 것이기 때문에 여성 인권 신장을 통해 남성 역시 이러한 책임감을 벗을 수 있을 거라 생각합니다.

- 100분 토론 813회, 〈여성할당제, 성평등인가? 역차별인가〉, 2019. 2. 13

그리고 이러한 제도의 개선은 남성에게도 긍정적인 영향을 미치게 될 것이다. 앞선 1장 『82년생 김지영』은 세상을 바꿀 수 있을까?'에서 나는 세상이 남성과 여성에게 기대하는 바가 대칭적이라고 했다. 그렇기에 그 기대와 현실의 괴리로 인해 겪게 되는 고통도 대칭적이고, 따라서 한 쪽에 가해지는 고통을 덜어주는 일은 다른 쪽의 고통을 덜어주는 일로 연결될 수 있다는 점을 강조했다.

출산과 육아에 대한 부담을 덜어줌으로써 여성의 사회 진출을 활성화하는 일도 마찬가지다. 남성이 여성에 비해 너무 많은 걸 누리고 있으니까,

---

11 차별 비용이란 워딩은 잘못되었다고 생각한다. 1장에서 말했듯 남성과 여성 중 누가 더 많은 차별을 당하고 있는지는 알 수 없기 때문이다. 하지만 남성이 겪는 차별과 여성이 겪는 차별이 서로 맞물려있다는 견해에는 동의한다.

여성이 불쌍하니까 남자답고 쿨하게 양보해주자는 따위의 이야기를 하려는 게 아니다. 우리 자신의 행복을 위해서 그렇게 하자는 것이다. 여성은 오랫동안 공적 영역에서 소외되어 왔다. 그녀들에게는 과거 시험을 칠 기회도, 전쟁에 나가 공을 세울 기회도, 위대한 학술적 발견을 할 기회도 주어지지 않았다. 남성과 동등한 잠재력을 지녔음에도 그 잠재력을 펼치지도, 심지어는 깨닫지도 못하고 누군가의 아내나 어머니로만 살다 생을 마쳤다.

하지만 그렇다고 공적 영역을 독점한 남자가 행복했는가? 그건 아니다. 아이러니하게도 남성은, 여성이 그토록 오랜 시간 꿈꿔왔던 공적 영역을 전담해야 했기 때문에 불행했다. 유사 이래 대부분의 왕은 남성이었다. 유명한 재상이나 장군, 학자도 대개는 남성이었다. 하지만 왕명 한 마디에 자기와 아무 원한 관계도 없는 적국의 남성들과 싸우다가 비참하고 고통스럽게 죽어야 했던 것도 남성이었다. 한국 100대 기업 임원의 97%가 남성이라고 한다. 하지만 그 자리까지 오르기 위해 야근이나 주말 근무를 하고, 원치 않는 술자리에 참석해서 건강을 해치고, 사랑하는 아이의 학예회나 입학식을 지켜보지 못하는 것도 남성이다. 나, 그리고 이 글을 읽는 남성들 중 대부분은 어느 쪽에 속할까? 이게 그렇게까지 남는 장사라고 생각하는가?

그래서 나는 여성의 사회 진출을 진심으로 응원한다. 승자가 될 자질이 있는 여성들이 제 잠재력을 펼치지 못하는 것도 비극이지만 그럴 의욕도 자질도 없는 남성들이 남성이라는 이유로 억지로 경쟁에 떠밀리는 것도 썩 달가운 일은 아니다.

3장 —————————— **메갈리아,
모두를 위한 페미니즘은
가능한가?**

1. 정의와 평등을 위해 싸우는 투사, 그리고 불만에 가득 찬 사회 부적응자

"너 메갈이니?"

당신이 페미니스트라면, 혹은 여성 인권에 관심이 있음을 대외적으로 표명하고 있다면 아마 이런 말을 한 번쯤 들어봤을 것이다.

그만큼 메갈의 존재감은 상당하다. 페미니즘을 모르는 사람이라도 메갈리아는 안다. 아무 사람이나 붙잡고 페미니즘 하면 떠오르는 단어를 말해보라고 하면 많은 사람은 세 단어 내에 메갈을 언급할 것이다.

어떤 이들은 이것이 페미니즘 운동의 한 조류로서 메갈이 충분한 성과를 거두고 있다는 증거라고 주장한다. 이전까지는 페미니즘에 대해 관심도 없던 사람들이 그래도 메갈의 존재감 덕에 세상에 페미니스트라는, 여성의 권익을 위해 싸우는 사람들이 있다는 걸 인식하게 되었다는 것이다.

하지만 그렇게 단정 짓기는 어려워 보인다. 널리 알려지는 게 항상 좋은 건 아니다. 긍정적인 명성이 알려진다면 사람들은 그 존재에 대해 관심을 갖고, 책이나 인터넷을 찾아보고, 공부해보게 되겠지만 부정적인 명성이 알려진다면 사람들은 오히려 그 존재에 등을 돌리고 설령 그 존재에 긍정적인 측면이 있더라도 외면하게 된다. 그럴 바엔 차라리 알려지지 않는 게 낫다. 그러면 소수의 사람들이나마 그 존재를 편견 없이 바라보고 정당하게 평가하게 될 테니.

그런데 메갈의 이미지는 명예나 명성보다는 악명에 가깝다. 메갈에 대해 들어본 사람은 많지만, 막상 메갈이 무슨 뜻인지 제대로 알고 있는 사람은 드물고, 이들 중 대부분은 메갈에 대해 막연한 거부감을 느끼고 있다. 남성 혐오집단, 여성 우월주의집단, 불평, 불만으로 똘똘 뭉친 사회 부적응자들. 그게 사람들이 메갈에 대해 갖고 있는 이미지다. 이러한 메갈이 페미니즘의 아이콘이 되면서 페미니스트의 이미지도 덩달아 부정적으로 변했다. 그래서 여성들은 여성 인권에 대한 이야기를 할 때 흔히 "페미니스트는 아니지만…"이라는 사족을 붙인다. 메갈, 그리고 페미니스트에 대한 부정적인 이미지 때문에 평등하고 정의로운 사회를 만들어야 한다는 지당한 이야기를 할 때조차도 자기 검열을 해야 한다.

메갈에 대한 평가는 이처럼 엇갈린다. 정의롭고 평등한 사회를 만들기 위해 싸우는 투사, 갈등과 분란만을 조장하는 사회악, 과연 메갈의 진짜 모습은 무엇일까?

어떠한 행동의 적절성을 따지기 위해선 목적, 그리고 수단의 적절성을 따져야 한다. 추구하는 바가 사회 보편의 가치에서 벗어나지 않아야 하고, 그 목적을 이루기 위해 합리적인 수단을 택해야 한다. 몇 가지 예를 들어보자. 기우제의 목적은 풍년이 들게 하는 것이다. 이 목적은 사회 보편의 가치에서 어긋나지 않는다. 물질적 풍요는 모든 인간 공동체가 추구하는 보편의 목표다. 하지만 기우제를 지내는 건 풍년이라는 목표를 달성하기에 적절한 방법이 아니다. 기우제를 지내는 것과 비가 내리는 것 사이에는 과학적으로 아무런 인과 관계가 없기 때문이다. 적절한 수단을 택하려면 품종 개량을 하거나 새로운 영농기술을 도입해야 한다. 반면 아우슈비츠 수용소에서 자행된 독가스 살포는 나치 독일의 입장에서 매우 합리적인 수단이었다. 총이나 칼로 한 명씩 죽인다면 시간과 노력이 많이 들고, 희생자가 반항하거나 도망칠 수도 있고, 이들을 죽인 독일군 병사가 정신적 트라우마에 시달릴 수도 있지만, 독가스를 살포하면 훨씬 적은 비용과 노력으로 유태인을 학살하고 순수한 게르만족의 국가를 만든다는 목적을 달성할 수 있다. 하지만 이는 인간 보편의 가치에 어긋난다. 인간이 인간을, 그것도 특정한 민족이라는 이유만으로 죽이는 건 결코 용납될 수 없는 중범죄다.

빨간 펜으로 이름을 쓰는 행위는 어떨까? 빨간 펜으로 누군가의 이름을 쓰면 그가 죽는다는 속설이 있다. 하지만 이는 과학적 근거가 전혀 없는 미신일 뿐이다. 따라서 누군가를 죽이기 위해 빨간 펜으로 이름을 쓰는 건 적절한 수단이 아니다. 물론 목적 역시 적절하지 못하다. 살인은 어떠한 이유로도 정당화될 수 없다.

		목적	
		적합	부적합
수단	적합	영농 기술의 개선	아우슈비츠
	부적합	기우제	빨간 펜으로 이름 쓰기

1) 목적의 정당성

메갈은 어떨까? 메갈의 당초 목적은 여성 혐오의 근절이었다. 메갈(이하 메갈리아)의 정식 명칭은 메갈리아로 메르스갤러리와 이갈리아의 합성

어이다. 여기서 메르스갤러리는 메갈리아가 처음으로 활동하기 시작한 인터넷 커뮤니티다. 전세계적으로 메르스(중동 호흡기 증후군: Middle East Respiratory Syndrome, MERS)가 유행했던 2015년, 국내에 처음으로 메르스를 들여온 2명의 감염자가 여성이라는 근거 없는 루머가 확산되면서 DC인사이드의 하위 커뮤니티인 메르스갤러리에 여성에 대한 비하와 혐오 발언이 퍼지게 된다. 그리고 이에 반발한 여성 유저들이 이들의 여성 혐오 발언에 반격을 가하면서 메갈리아가 생겨나게 되었다.

> 여성 운전자의 교통사고 증가세가 두드러졌다. 남성 운전자 교통사고는 2014년 17만 5,722건에서 2018년 16만 7,336건으로 4.8% 감소한 반면, 여성 운전자 교통사고는 같은 기간 4만 943건에서 4만 5,597건으로 11.4% 증가했다.
> 경찰청 '운전면허소지자현황'에 따르면, 2018년 기준, 자동차 운전면허 소지자는 총 3,216만 1,081명으로 남성 1,873만 1,410명, 여성 1,342만 9,671명으로 각각 58.2%, 41.8%였다.
> – 헤럴드 경제 박병국 기자, 〈남성은 감소하는데 여성운전자 교통사고는 큰 폭 증가〉, 2019. 10. 23

　여성 혐오의 근절, 이는 사회적으로 정당한 목적이다. 혐오란 단순히 누군가를 미워하고 역겹게 여기는 것을 의미하지 않는다. 사회적인 차별을 유발할 수 있는 부적절한 편견을 의미한다. '김 여사'라는 표현을 예로 들어보자. 김 여사라는 표현에는 여성은 남성보다 운전을 못한다는 편견이 전제되어 있다. 하지만 이는 사실과 다르다. 위 기사에 따르면 2018년 남성

운전자에 의한 사고 건수는 167,336건, 여성 운전자에 의한 사고는 45,597건이었다. 그리고 면허 소지자는 남성이 18,731,410명, 여성이 13,429,671명이었다. 여기서 사고 건수를 면허 소지자수로 나누어 면허 소지자 1인당 사고 건수를 계산하면 여성은 0.003395건, 남성은 0.008933건이 나온다. 오히려 남성의 평균 사고 건수가 2배 이상 높다. 물론 여성의 경우 면허만 따놓고 실제로 운전을 하지 않는 '장롱 면허'의 비율이 남성보다 높고, 남성이 화물운송이나 택시 등 장거리 운전을 더 많이 한다는 점을 감안한다면 차이는 줄어들 것이다. 하지만 이러한 통계 자료를 놓고 봤을 때 여성이 남성보다 운전을 못한다고 단언하기에는 분명 무리가 있다. 그럼에도 위 기사는 '남성은 감소하는데 여성운전자 교통사고는 큰 폭 증가'라는 제목을 썼다. 운전하는 여성이 많아지면서 이에 비례하여 여성 운전자의 사고 건수도 자연스럽게 증가하게 된 걸 마치 여성이 운전을 못해서 사고가 많이 난 것처럼 서술하여 여성 운전자에 대한 부정적인 편견을 강화했다.

그리고 이러한 편견은 여성에 대한 불합리한 차별로 이어지게 된다. 남성보다 운전을 못한다는 편견 때문에 여성은 면허를 따거나 차를 사지 않게 되고, 이로 인해 생활 반경이 좁아지게 되며 생활에 제약과 불편을 겪게 된다. 따라서 '김 여사'는 여성에 대한 근거없는 편견을 조장하는 여성 혐오 표현이다. 이러한 여성 혐오 표현을 근절함으로써 더 평등한 세상을 만드는데 기여하겠다는 메갈리아의 목적은 정당하다.

2) 수단의 정당성

메갈리아는 이러한 목적을 달성하기 위해 미러링이라는 방법을 사용한다. 메갈의 '갈'에 해당하는 이갈리아는 노르웨이의 작가 게르드 브란튼베

르그의 소설『이갈리아의 딸들』에 나오는 가상 사회다. 이 사회는 남자와 여자의 역할이 역전된 사회다. 현실 세계 여성들이 브래지어 속옷을 입듯 이갈리아의 남자들은 음경이 축 늘어지거나 바지 앞으로 튀어나오지 않게 하기 위해 음경 가리개를 하고, 현실의 여성들이 매력적인 여성이 되기 위해 몸매를 가꾸고 화장을 하고 굽 높은 구두를 신듯 이갈리아의 남자들도 시간과 노력을 들여 자기의 외모를 가꾼다.

메갈리아가 이 가상 사회의 이름을 따서 자신들의 이름을 지은 건 여성의 권익을 지키기 위한 그들의 투쟁방식과 가상 사회 이갈리아의 모습이 유사하기 때문이다. 위에 언급한 미러링(Mirroring)은 말 그대로 거울에 비춘다는 뜻이다. 소설『이갈리아의 딸들』이 여성에게 주어지는 부당한 억압과 과도한 책임을 남성에게 그대로 돌려주었듯 메갈리아 역시 남자들이 흔히 쓰는 여성 혐오 표현을 남성 혐오 버전으로 패러디함으로써 남성들에게 여성 혐오의 부당함을 깨닫게 해주겠다는 것이다. 이를 위해 이들은 김치녀를 비틀어 한남충(한국남자충), 씹치남(강조의 접두사 씹+김치남)이라는 표현을 만들었다. 그리고 남자들이 외국 여자들에 비해 한국 여자들의 가슴 크기가 작다고 비하하는 것을 비틀어 6.9cm(한국 남자들의 발기시 음경 길이가 세계에서 가장 짧다며 조롱하는 표현), 갓양남(남자들이 포르노 영상에 나오는 서양 여자들을 백마, 흑마라고 부르는 것을 비튼 표현)과 같은 표현을 만들었다.

미러링이라는 수단은 여성 혐오 근절이라는 목적을 달성하기에 적절한 수단이다. 사람은 타인의 고통을 온전히 느낄 수 없다. 김치녀라는 말을 쓰면 왜 안 되는지, 흑마, 백마가 왜 여성 혐오 표현인지 아무리 설명해줘도 그런 말을 들어본 적 없는 남자들은 어차피 완전히 이해할 수 없다. 머리로는 알더라도 가슴으로 공감하지는 못한다. 공감이 없으니 변하는 것도 없다. 그렇다면 방법은 하나다. 직접 느끼게 해줘야 한다. 역지사지(易地思之). 상대방의 입장이 되어보는 것만큼 좋은 학습법은 없다.

그리고 이들의 미러링 전략은 어느 정도 성과를 거두기도 했다. 몇 년 전만 해도 김치녀라는 표현을 쓰는 남자들이 많았지만, 요즘에는 찾아보기 힘들어졌다. 적어도 공식적인 자리에서나 여자들과 함께 있는 곳에서는 김치녀라는 표현을 쓰지 않는다. 그 표현이 정확히 왜 문제인지는 설명하지 못하더라도 이런 말을 썼다가는 다른 사람들, 특히 여자들에게 안 좋은 이미지를 심어줄 거라는 것쯤은 안다. 이는 분명 큰 성과다.

이렇듯 여성 혐오를 근절하겠다는 메갈리아의 목적, 그리고 이를 위해 채택한 미러링이라는 수단은 모두 나름의 적절성을 갖고 있었다. 하지만 상황은 변화하기 시작한다. 메갈리아 내부에서 다른 입장을 가진 집단이 등장한 것이다. 도화선이 된 건 성 소수자 문제였다. 메갈리아가 남성 성 소수자의 인권을 지지해야 하는지에 대해 집단 내부의 의견 대립이 생기기 시작했다. 한쪽에서는 사회적 약자인 여성의 입장을 대변한다는 점에서 정당성을 얻은 메갈리아가 사회적으로 훨씬 심한 경멸과 배제를 겪고 있는 성 소수자를 모른 척할 수는 없다는 의견을 폈고, 다른 한쪽에서는 성 소수자라고 해도 남성은 포용할 수 없다고 반발했다. 그리고 후자는 메갈리아에서 독립하여 워마드라는 새로운 집단을 만들었다.

성 소수자를 배제할지 포용할지가 그들에게 왜 그렇게 중요했던 걸까? 성 소수자를 배제하겠다는 건 모든 남자를 적으로 돌리겠다는 말과 같기 때문이다. 메갈리아의 주적은 여성 혐오였다. 그렇기에 여성 혐오 발언을 하지 않는 남자라면 적이 아니었다. 미러링이라는 방법을 쓴 것도 그래서였다. 이들의 남성 혐오는 남성들에게 여성 혐오의 부당함을 일깨워주기 위한 것이었지 남성을 공격하기 위한 게 아니었다. 아무것도 없는 곳에 거울을 비춰봐야 아무것도 보이지 않듯, 여성 혐오가 없는 곳에서는 남성 혐오라는 미러링을 할 이유가 없었다. 하지만 워마드에는 그러한 한도가 없었다. 여성 혐오를 하건 말건 남성은 무조건 적이었다. 심지어는 그들보다 더 심한 사회적 차별을 겪고 있는 성 소수자조차도 남자로 태어났다면 적이었다. 이들의 목적은 여성 혐오의 근절이 아니라 남성의 박멸이었다.

그래서 이들은 기존 메갈리아보다 훨씬 과격한 수단을 동원하기 시작했다. 성 소수자를 똥꼬충이라고 비하했고, 6·25 참전 용사는 고기 방패라고 비하했으며, 구의역 지하철 스크린도어 설치 작업을 하다 열차에 치어 사망한 비정규직 노동자에게는 한남충 잘 죽었다며 조롱했다. 심지어는 미대 크로키 수업 도중 남자 누드 모델의 몰카를 찍어 유출하고, 여교사가 남자 초등학생과 성관계를 하는 등의

안중근–윤봉길 모욕 워마드..최고형 처해야
(출처:자주시보 캡처본, 2016. 8. 19)

범죄 행위마저 남성에 대한 투쟁이라는 명목으로 두둔했다.

워마드, 이번엔 '낙태 인증'…태아훼손 사진 올려(출처:서울신문, 2018. 7. 17)

워마드가 택한 '남성에 대한 무조건적 테러'라는 수단은 '모든 남성의 박멸'이라는 목적을 달성하기에 매우 적절한 수단이다. 워마드가 더 자극적이고 모욕적인 방법을 동원하여 남성을 공격할수록 남성은 더 강하게 반발할 것이고, 워마드는 더 수위 높은 테러로 응하게 될 것이다. 그렇게 끊임없이 공격의 수위를 높이다 보면 언젠가 남성 박멸이라는 목적을 달성하게 될 것이다. 남성은 이 사회에서 아무런 발언권도 갖지 못하게 될 것이며, 철저히 여성에게 종속된 삶을 살게 될 것이다. 그게 진정한 의미의 성평등이라면 워마드의 방식은 정당성을 얻게 된다.

그래서 우리는 목적의 적절성에 대해 논할 것이다. 여성의 권익과 행복을 위해 남성은 박멸되어 마땅한 존재인지, 남녀 사이에 공동의 이해관계, 그리고 이에 기반한 합의점을 찾아내는 건 불가능한 것인지에 대해 논할 것이다.

2. 백인 농장주와 흑인 노예, 조선총독부와 독립군, 그리고 남성과 여성

한 지식인은 "한국 페미니즘 운동의 역사가 100년에 가까운데, 이들(메갈)은 그 역사를 아예 모르거나, 무시해도 좋은 것으로 치부하고 있다"고 썼고, 한 팟캐스트 진행자는 "메갈이 진보라면 진보 안한다"면서 "남들한테 욕먹지 않는 페미니즘 운동을 할 수 있는 분들로 다시 태어나 달라"고 말했다. 이들의 말은 '논쟁 일으키지 말고 조용히 페미니즘을 하라'는 것처럼 들리기도 한다. 실제로 이 말들은 여성들 사이에서 '백인들도 노여워하지 않는 흑인 인권 운동', '독재자도 즐기는 민주화 운동'으로 미러링되고 있다.

'개인적인 것이 정치적인 것'이라는 페미니즘 명제를 차치하더라도, 어느 누가 페미니즘 진위 여부를 판단할 수 있는지 묻고 싶다. 그렇게 판단할 권리는 누가 부여했나. 메갈의 페미니즘을 '이상한 페미니즘' 혹은 '가짜'라고 규정짓는 이들이 믿는 '진짜 페미니즘'은 무엇인지도 궁금하다. 진짜와 가짜를 운운할 만큼 페미니즘에 관심이 있는 남성이 이렇게 많았다는 사실도 놀랍기만 하다.

- 여성신문 이하나 기자 [기자의 눈] 〈오빠들이 허락한 페미니즘은 필요없어〉, 2021. 1. 5

백인들도 노여워하지 않는 흑인 인권 운동, 독재자도 즐기는 민주화 운동, 그리고 오빠가 좋아하는 페미니즘. 이 비유를 통해 우리는 워마드를 비롯한 래디컬 페미니스트들의 세계관을 알 수 있다. 이들에 따르면 남성과 여성의 관계는 백인 농장주와 흑인 노예, 독재자와 민주화 투사, 조선총독부와 독립군의 관계와 같다. 여기서 전자는 모두 악이다. 가혹한 수탈자, 압제자, 가해자이다. 그리고 후자는 선이다. 억압받는 자, 피해받는 자, 더 많은 것을 누려야 마땅한 자다. 그렇기에 남성을 포용하는 페미니즘이란 있을 수 없다. 백인 농장주의 권익을 배려하면서 흑인 노예들이 해방될 수 없고, 조선총독부를 몰아내지 않고 대한 독립을 이룰 수 없듯 남성을 공격하지 않고 여성이 행복해지는 건 불가능하다. 그게 이들의 논리다.

남성은 정말 여성을 일방적으로 착취해왔는가? 남성을 박멸하는 것 외에 여성이 행복해질 수 있는 방법은 없는가?

그렇기에 우리는 이 질문을 던져야 한다. 남성의 존재가 악이라면 남성의 박멸이라는 워마드의 이상, 그리고 이를 달성하기 위한 모든 비상식적 행동들은 정당성을 얻게 된다.

2016년, 강남역 살인사건이 있었다. 강남역 근처의 노래방 화장실에서 조현병에 걸린 30대 남자가 20대 여성을 칼로 찔러 죽인 사건이다. 가해자가 "여자들이 나를 무시했다. 나를 비웃었고, 매번 나를 방해했다."라고 진술함으로써 이 사건은 여성 혐오에 의한 살인으로 그 의미가 확대되었고, 여성 혐오에 문제의식을 갖고 있던 많은 여성들이 나서서 피해자를 향한 애도와 공감을 표했다. "여자라서 죽었다.", "남자라서 살아남(男)았다."는 그녀들이 내걸었던 대표적인 슬로건이다.

이 사건이 한 정신이상자에 의해 우발적으로 발생한 사고에서 이 사회에 만연한 여성혐오에 의해 몇 번이고 반복될 수 있는 일상적인 사건으로 확대되자 남성들은 반발했다. 그리고 다음과 같은 슬로건을 내세웠다. "천안함 용사들의 죽음을 기억합시다."

남성들이 "천안함 용사들의 죽음을 기억합시다."를 내세운 건 단순히 천안함 장병들을 애도하기 위한 게 아니었다. 죽음의 경중을 따지기 위한 것이었다. 2002년 서해 교전에서 천안함에 타고 있던 장병 수십 명이 북한군에 맞서 영해를 지키려다 죽었다. 하지만 그 죽음은 월드컵 4강의 열기에 묻혀 버렸다. 반면 강남역 살인 사건의 피해자는 한 명이다. 그리고 친구와 술을 마시다 죽었다. 이 죽음은 수많은 사람의 애도를 받고 있다. 과연 어느 죽음이 진정으로 애도 받아야 할 죽음인가? 이게 남성들이 던진 질문이었다.

이 질문은 폭력적이다. 모든 생명은 그 자체로 귀하고, 죽음은 그 자체로 슬픈 일이다. 몇 명이 죽었건, 어떤 일을 하다 죽었건 다 똑같다. 죽음의 경중을 따지는 건 그 자체로 생명의 고귀함을 모욕하는 행위다.

하지만 남자들의 주장에도 귀담아들을 구석이 있다. 천안함 장병들은 공식적인 절차를 거쳐 죽었다는 것이다. 강남역 시위에 참석한 여성들은 강남역 살인사건이 단순한 사고가 아니라고 주장했다. 모든 남성에겐 여성혐오가 내재되어 있기 때문에 남성들은 언제라도 여성 혐오 살인을 저지를 수 있고, 여성은 언제든 피해자가 될 수 있다고 했다.

그 말이 맞을 수도 있다. 남성들의 잠재의식 속에는 여자는 남자보다 비천한 존재기 때문에 남자를 무시해선 안 되고, 남자를 무시한 여자는 벌을 받아야 한다는 생각이 깔려있을 수도 있다. 하지만 그건 어디까지나 무의식 속에서 일어나는 일이다. 남자를 무시한 여자는 죽어 마땅하다는 말이 법에 적혀 있지도 않고, 그런 말을 입 밖으로 꺼내는 사람도 없다. 속마음이야 어떻건 적어도 이성적으로는 그게 옳지 않다는 걸 모두가 알고 있다.

하지만 천안함 장병들의 죽음은 국가가 공인한 죽음이다. 남자는 군대에 가고, 여자는 안 간다. 그리고 군대에 가면 죽을 수도 있다. 물론 군대에 가서 사망하는 남자의 수는 많지 않지만 그건 순전히 운의 문제다. 만약 북한이 국지적 도발을 넘어 대대적인 규모의 전쟁을 일으킨다면 현역과 예비역 전 장병이 전선에 투입될 것이고, 이들 중 상당수는 죽을 것이다. 이건 사람들의 무의식 속에 존재하는 게 아니다. 국가가 법으로 정해놓은 것이다. 남자는 여차하면 목숨을 걸어서 여자를 보호해야 한다고, 여자의 생명은 남자의 생명보다 귀하다고 국가가 공식적으로 인정한 것이다.

물론 이는 생명의 가치의 문제가 아닐 수도 있다. 대부분의 남자는 대부분의 여자보다 근력과 체력, 공격성이 강하기 때문에 군사적 임무를 수행하기에 더 적합하다. 남자 100명으로 이루어진 군대와 여자 100명으로 이루어진 군대가 전쟁을 벌인다면 당연히 남자로 이루어진 군대가 이길 것이다. 따라서 남자가 군대에 가는 건 그저 사회적 자원을 적재적소에 배분하는 효율성의 문제일 수도 있다.

그렇게 생각한다면 다른 예를 들어보겠다. 영화 〈타이타닉〉에서 타이타닉 호가 빙산에 부딪혀 침몰할 위기에 처했을 때 선내에는 구명보트가 충분히 확보되어 있지 않았다. 전체 승객의 절반을 태우기에도 부족했다. 그래서 일부는 침몰하는 배에 남는 수밖에 없었다. 모두가 알고 있듯 그건 남자였다. 남자는 여자와 아이들을 살리기 위해 죽어야 했다. 이에 이의를 제기한 사람은 한 명도 없었다. 아니, 딱 한 명 있었다. 그는 여주인공 로즈의 약혼남이었다. 영화 속에서 그는 악역이었다. 진심과 배려가 아니라 돈과 권력으로 로즈의 마음을 얻으려 하고, 약자들을 무시하고 괴롭히는 치졸하고 속물적인 인간이었다. 남자가 여자와 아이들을 제치고 살아남으려 하는 건 그런 남자가 아니고서는 할 수 없는 일이었다. 테러사건을 다룬 영화에서도 이런 장면은 자주 나온다. 인질을 잡은 테러리스트들에게 경찰이나 FBI요원들이 제일 많이 하는 말이 "여자와 아이들은 풀어주시오!"다. 과연 이것도 효율성의 문제일까? 남자는 대서양 한가운데에서 난파되어도 살아남을 수 있는 초능력을 갖고 있는가? 남자는 총에 맞아도 죽지 않는 강철같은 몸을 갖고 있는가? 아니다. 남자나 여자나 총알 한 방에 죽는 건 똑같다. 하지만 남자들은 극한의 상황에서 여자를 살리기 위해 자기 목숨을 내놓아야 한다. 앞서 나는 모든 죽음의 가치는 동등하다고 말했다. 실은 거짓말이다. 성인 남자의 생명은 여자나 아이들의 생명만큼 귀하지 않다.

어떻게 이게 가능할까? 래디컬 페미니스트들에 따르면 남성은 독재자, 조선총독부, 백인농장주와 같은 악랄하고 잔혹한 수탈자다. 그런데 왜 이들이 피지배층인 여성을 위해 목숨을 거는가? 식민지 조선에서 강제 징집된 학도병 소년을 위해 목숨을 거는 일본군 장교를 본 적이 있는가? 목화밭 흑인 노예를 구하기 위해 목숨을 거는 백인 농장주, 노조 위원장을 살리려고 대신 죽는 사장이 있을까?

이유는 간단하다. 여자는 남자보다 귀하기 때문이다. 어렸을 적 친구와 소원 들어주기 놀이를 해본 적이 있는가? 가위, 바위, 보를 하거나 달리기 시합을 해서 진 사람이 이긴 사람의 소원을 세 가지 들어주는 식의 놀이 말이다. 여기서 만약 당신이 이겼다면 당신은 친구에게 당신이 원하는 모든 걸 요구할 수 있다. 설날에 받은 세뱃돈을 다 달라고 할 수도 있고, 방학 숙제를 대신 해 달라고 할 수도 있다. 하지만 그건 합리적인 선택이 아니다. 최고의 소원은, 소원 세 가지를 더 들어 달라는 소원이다. 세 가지 소원 중 두 가지는 당신이 원하는 것을, 마지막 하나는 소원을 세 가지 더 들어달라는 소원을 말하면 소원의 개수는 다섯 개가 된다. 그렇게 얻어낸 소원으로 소원을 세 가지 더 들어 달라는 소원을 다시 한 번 말하면 소원은 일곱 개가 된다. 이를 반복하면 당신은 친구로부터 원하는 모든 것을 얻어낼 수 있다.

여자와 남자의 관계도 이와 같다. 당신이 남자 100명, 여자 100명이 모여 사는 가상 국가의 왕이라고 가정해보자. 그런데 어느 해에 가뭄이 들어서 식량 수확량이 200인분에서 100인분으로 급감했다. 왕인 당신은 누구에게 식량을 나누어줄지 결정해야 한다. 당신은 어떤 선택을 내릴 것인가? 당장을 생각한다면 남자 100명에게 식량을 지급하는 게 나을 것이다. 남자의 수는 곧 군사력이고 군사력은 국가 안보와 직결되니 말이다. 하지만 당신이 미래를 내다볼 줄 아는 현명한 왕이라면 다른 선택을 할 것이다. 남자는 군사력을 의미하지만 여자에겐 그보다 더 강력한 능력이 있다. 그건 아이를 낳는 능력이다. 아무리 잘 훈련된 군대라도, 아무리 대군이라도 그 힘에는 한계가 있다. 전장에서 죽을 수도 있고, 늙거나 병들거나 부상을 입어서 쇠약해질 수도 있다. 하지만 아이를 낳을 수 있다면 얘기는 달라진다. 죽은 병사들의 빈자리를 새 병사들로 메꿀 수 있다. 즉, 아이를 낳을 수 있다는 건 절대 죽지 않는 군대를 갖게 되는 것과 같다.

물론 아이는 여자 혼자 낳는 게 아니다. 한 명의 아이를 낳으려면 한 명의 남자와 한 명의 여자가 필요하다. 하지만 두 명의 아이를 낳는다면 이야기는 달라진다. 여자는 두 명이 필요하다. 여자는 (쌍둥이를 낳지 않는다는 가정 하에) 10개월에 한 명의 아이 밖에 가질 수 없다. 즉, 한 명의 여자는 한 명의 아이와 직결된다. 하지만 남자는 다르다. 오늘 한 여자에게 씨를 뿌리고 내일 다른 여자에게 씨를 뿌릴 수 있다. 그렇기 때문에 남자는 한 명만 있어도 된다. 숫자가 커질수록 격차는 커진다. 100명의 아이를 낳으려면 여자는 100명이 필요하지만 남자는 한 명이면 된다. 여자가 한 명의 아이를 낳으려면 300일(10개월)이 필요하지만 남자에겐 하루면 충분하기 때문에 산술적으로 따진다면 300:1의 성비도 가능하다. 그래서 남자의 생명은 여자의 생명만큼 귀하지 않다.

당신이 여자라면, 특히 페미니스트라면 내 이야기가 궤변처럼 느껴질 것이다. 대한민국, 그리고 대부분의 문명 사회를 주도하는 건 남자다. 국회의석의 대다수를 차지하는 것도, 주요 기업이나 정부 기관의 요직을 차지하고 있는 것도, 부의 대부분을 점하고 있는 것도 남자다. 정말 여자의 생명이 남자의 생명보다 귀하다면 어떻게 그럴 수 있는가? 어떻게 소모품에 불과한 남자들이 존엄하고 귀한 여자들보다 강한 권력을 쥘 수 있는가?

이유는 아까와 같다. 아이러니하게도 여자가 남자보다 더 소중한 존재이기 때문이다. 사회적 성공이란 일종의 내기다. 이기면 지위와 명성, 부를 얻고, 지면 나락으로 떨어지는 내기다. 그리고 내기의 보상은 리스크의 크기에 비례한다. 성공한 연예인이나 정치인, 스포츠 스타들은 일반인들이 상상도 할 수 없는 부와 명성을 누리지만 부적절한 언행이나 사소한 실수로 인해 여론의 뭇매를 맞고 악플에 시달리기도 한다. 심한 경우에는 우울증에 걸리거나 자살을 하기까지 한다. 기업가들도 그렇다. 상장기업이나 재벌 기업의 오너들은 엄청난 돈을 벌지만 실패한 사업가들은 투자금을 회수하지 못해 파산을 신청하고 거리에 나앉게 된다. 대출금을 갚지 못해 야반도주를 하는 경우도 있다. 일반 직장인들은 반대다. 그들에게 주어지는 부와 명예는 정치인이나 연예인, 스포츠 스타에 비해 보잘 것 없지만, 안정성은 더 높다. 인사고과가 안 좋아도 최소한의 월급을 받을 수 있고, 부적절한 언행을 하더라도 타격이 적다. 그들을 알아보는 사람이 없기 때문에 어디서든 다시 시작할 수 있다.

당신이 왕이라면 어떻게 할 것인가? 사회가 발전하려면 혁신을 주도할 진취적이고 유능한 인물이 필요하다. 만약 여성에게 그런 인물이 될 기회를 준다면 많은 여성이 그 자리에 오르기 위해 도전할 것이다. 논도 팔고 밭도 팔고 소도 팔고 돼지도 팔아서 과거 시험을 준비할 것이다. 이들 중 몇몇은 성공할 것이다. 엄청난 부귀영화를 누리게 될 것이다. 하지만 대다수는 실패할 것이다. 거리의 부랑아가 되어 배우자를 만나지 못하고 홀로 늙어 죽게 될 것이다. 그건 국가의 입장에서 크나큰 손해다. 여자의 감소는 미래 인구의 감소, 잠재적 국력의 약화를 의미하기 때문이다. 하지만 남자는 다르다. 부랑아가 돼도 상관없고 평생 노총각으로 살다 죽어도 상관없다. 어차피 남자는 다수가 필요하지 않다.

그래서 사회는 남자에게 진취성을 요구한다. 더 많이 성공하고, 더 많은 것을 소유하고, 더 많은 사람의 위에 올라서길 요구한다. 그렇게 하여 궁극적으로는 더 많은 여자와 짝짓기를 하기를 요구한다. "영웅호색(英雄好色)", "용기 있는 자가 미인을 얻는다."와 같은 격언들을 어릴 적부터 내면화하며 남자들은 버려지지 않고 끝까지 살아남아서 자기의 씨앗을 퍼뜨릴 수 있는 남자가 되길 꿈꾸게 된다.

3. 우리가 미워하는 것들,
우리가 진정으로 맞서야 할 것들

1) 목적: 페미니즘은 무엇을 위해, 누구와 싸워야 하는가?

페미니즘을 둘러싼 갈등이 끊이지 않는 이유는 남자와 여자의 관계를 제로섬으로 규정하기 때문이다. 페미니스트들은 남성들이 자신들의 기득권을 유지하기 위해 여성을 조직적, 의도적으로 핍박하고 있다고 생각한다. 그래서 여성 인권을 신장하기 위해선 남성을 공격하는 수밖에 없다고 생각한다. 하지만 남성들의 입장은 다르다. 남성들은 늘 여성을 아끼고, 배려하고, 지켜주라고 배워왔다. 여자를 때리느니 차라리 맞아주라고 배웠고, 편한 의자와 안락한 잠자리를 여자에게 양보하라고 배웠으며, 여자를 위해 돈과 시간을 아끼지 말라고 배웠다. 심지어는 영화 〈타이타닉〉에 나오는 레오나르도 디카프리오처럼, 여자를 위해 자기 생명까지 아끼지 말아야 한다고 배웠다. 그런데 이제 와서 페미니스트들은 남자들을 조선인을 억압하는 일본 제국주의자, 흑인 노예를 착취하는 백인 농장주, 노동자를 쥐어짜는 악덕 고용주와 같다며 비난한다. 그래서 억울하다. 그래서 남자들은 페미니스트를 적으로 돌리게 된다.

만약 당신의 생각도 위와 같다면, 남자와 여자는 서로의 적이라고 생각된다면 가정을 해보자. 이번에도 남자 100명과 여자 100명이 사는 가상 사회다. 하지만 이번엔 당신은 왕이 아니다. 그 국가에 사는 남자 100명 중 한 명이다. 그런데 어느 해에 지독한 흉년이 들었다. 작물 수확량이 평년의 절반 수준으로 급감하여 200명의 인구 중 100명은 굶어 죽어야 하는 상황이 되었다. 그때, 조정에서 공문이 내려왔다. 남자는 25명, 여자는 75명에게만 식량을 지급하기로 하였으니 상위 25위에 들지 못하는 가난하고, 무능하고, 못생긴 남자 75명은 여자를 살리기 위해 희생하라는 내용의 공문이었다.

이번에는 다른 가정을 해보자. 당신의 꿈은 장군이 되는 것이다. 어릴 적부터 기골이 장대하고 맨손으로 호랑이도 때려잡을 만큼 용맹했기에 이 나라 최고의 장군이 되기에 손색이 없다고 생각해왔다. 하지만 당신은 그 꿈을 이루지 못했다. 여자였기 때문이다. 부모님은 당신에게 무예나 병법 대신 꽃꽂이와 자수를 가르쳤고, 여자가 많이 배우면 팔자가 박하다며 서당에도 보내지 않았다. 그리고 당신의 어릴 적 친구들은 어릴 적엔 아버지를 따르고, 커서는 남편을 따르고, 나이 들어서는 아들을 따르는 삼종지도의 삶이야말로 여성의 진정한 행복이라며 당신을 회유했다. 결국 당신은 장군의 꿈을 꺾어야만 했다.

이 두 가지 상황에서 당신은 좌절감을 느낄 것이다. 남자라는 이유로 여자를 위해 희생해야 하고, 여자라는 이유로 자신의 가능성을 펼쳐보지 못한 채 살아가야 한다는 게 너무나 억울할 것이다. 그래서 당신은 분노할 것이다. 여자들은 매번 남자들로부터 배려받고 보호받기만 하는 이기적인 존재들이라고, 남자들은 세상의 모든 권력을 독점하고도 만족하지 못하는 탐욕스러운 존재들이라고 비난하게 될 것이다.

하지만 그 분노는 정당하지 못하다. 문제의 본질을 외면하고 있기 때문이다. 식량 부족으로 인구의 절반이 굶어 죽게 생긴 상황에서 남자가 여자들에게 식량을 양보한다면 누가 이익을 볼까? 일차적으로는 당연히 여자다. 하지만 최종 수혜자는 여자가 아니다. 국가다. 국가가 여성을 우선적으로 보호하는 건 여성의 행복과 삶의 질을 증대시키기 위해서가 아니다. 여자는 미래의 인구와 직결되기 때문이다. 즉, 여성에 대한 국가의 보호는 여성이 아이를 낳는다는 전제 위에서만 작동한다. 반대로 여자들이 자신의 꿈을 포기하게 된다면 이익을 보는 건 누굴까? 일차적으로는 당연히 남자다. 여자들이 출세를 위해 도전하지 않는다는 건 남자들의 입장에서 그만큼 경쟁이 줄어든다는 걸 의미하기 때문이다. 하지만 최종 수혜자는 다르다. 국가다. 사회가 남자들에게 도전 정신과 공격성을 요구하는 건 남자들이 자아를 실현하고 더 행복하게 살아가길 원해서가 아니다. 오히려 정반대다. 남자는 버려도 되기 때문이다. 남자는 새로운 발명품을 만들려다 빈털터리가 돼도, 신대륙을 찾으러 떠났다가 식인종에게 잡아먹혀도 미래의 인구수, 그리고 국력에 아무런 영향을 미치지 않기 때문이다.

그렇기에 페미니스트, 그리고 이에 반발하는 남성들의 분노가 향해야 할 곳은 서로가 아니다. 시스템이다. 인간을 저마다의 목적과 존엄성을 가진 존재가 아니라 국가라는 거대한 기계 장치에 속한 부속품으로 평가절하하는 시스템이다.

한 대변인은 이에 대해 "단 하루 동안 벌어진 일이긴 하지만, 단순한 해프닝이라고 보기 어렵다"며 "출산과 성 역할 문제에 대한 현 정부의 그릇된 인식이 여실히 드러나는 씁쓸한 사건이었다"고 평가했다.
이어 한 대변인은 지도에 담긴 문제를 구체적으로 지적했다. 그는 "출산지도에 가임기 여성의 분포만 표기했다는 것은 출산을 여성의 문제로 국한해서 보는 발상이라고 할 수 있다. 경쟁으로 출산을 장려하려 했다는 변명 또한 어처구니없다. 국가가 여성을 단지 '애 낳는 기계' 정도로 간주했다는 사실이 특히나 개탄스럽다"고 말했다.

- 여성신문 진주원 기자, 정의당 〈출산 지도, 국가가 여성을 애낳는 기계로 간주한 것〉, 2016. 12. 30

2016년 12월 행정자치부에서는 대한민국 출산지도를 발표했다. 말 그대로 출산에 대한 통계수치를 각 행정 구역별로 정리한 시각 자료다. 출산율, 출생아수, 가임기 여성 수, 조혼인율의 네 가지 지표 중 논란이 되었던 건 가임기 여성이라는 지표였다. 가임기 여성이 많은 지역은 짙게, 적은 지역은 옅게 칠한 지도를 보고 여성계에서는 여성을 아이 낳는 기계로 간주하는 시대착오적 발상이라는 비판을 가했다. 결국 출산지도는 내려졌다.

어떠한 기준으로 순위를 매긴다는 건 그 기준이 매우 본질적이라는 뜻이다. 내가 학창시절을 보낸 2000년대 초중반에는 중간고사나 기말고사를 보고 나면 교실 앞 게시판에 학생들의 순위표가 게시되었다. 일등부터 꼴찌까지, 모든 학생의 시험 성적이 내림차순으로 정렬된 표였다. 이 표는 학생들의 많은 반발을 샀고 지금은 없어졌다. 왜일까? 학생들은 다양한 개성을 갖고 있다. 누군가는 공부를 잘하지만 누군가는 운동을 잘하거나 노래를 잘 부르고, 다른 누군가는 배려심이 깊고 타인의 감정을 잘 헤아린다. 그 모든 개성은 존중받아 마땅하다. 그런데 순위표는 이를 무시한다. 학생들의 다양성을 성적이라는 단일한 지표로 환산한다. 운동을 잘하건 인성이 바르건 시험 성적이 좋지 않으면 순위표에서는 모두 무가치한 인간이 된다. 이러한 순위표를 모두가 볼 수 있는 게시판에 붙여놓는다는 건 학교가 학생들의 다양한 개성을 인정하지 않겠다는 말과 같다.

출산지도도 마찬가지다. 모든 인간이 그렇듯 여성들 역시 자기만의 삶의 목표가 있다. 직장인으로서 커리어를 추구하기도 하고, 주변 사람들과 원만하게 지내며 소소한 행복을 누리는 삶을 추구하기도 하고, 자기만의 정치적 신념이나 학문적, 예술적 이상을 추구하기도 한다. 아이를 낳고 키우는 건 그 수 많은 목표들 중 하나일 뿐이다. 그런데 출산지도는 그 다양성을 존중하지 않는다. 아이를 낳을 수 있느냐 없느냐를 갖고 여성의 삶을 서열화한다. 마치 아이를 낳을 수 있는 여성은 훌륭한 여성이고, 아이를 낳을 수 없거나, 개인적인 다양한 이유로 아이를 낳지 않기로 선택한 여성은 무가치한 여성이라도 되는 양.

아이를 낳는 것. 그게 국가가 바라는 것이기 때문이다. 국력은 인구에 비례한다. 인구는 군사력이라는 가장 원초적인 힘으로 환산된다. 그리고 경제적으로도 내수 시장 활성화와 산업 발전, 고용 창출에 도움이 된다. 그래서 국가는 구성원들에게 인구 증가에 도움이 되는 행동 양식을 주입한다. 그게 바로 전통적 성역할이다. 인구 재생산 기능이 없는 남성은 재생산 기능을 가진 여성을 지키고 희생하도록, 인구 재생산 기능을 가진 여성은 남성이라는 안락한 울타리 안에 머물도록 사회화한다. 이러한 과정을 통해 남성과 여성은 전통적 여성성과 남성성을 절대적 진리로 받아들이게 되고, 이러한 이상에 부합하지 않는 면들을 계집애 같다며, 혹은 선머슴 같다며 부정하게 된다. 이로 인해 남성과 여성은 고통받는다.

결국 대한민국 출산지도는 놀라운 게 아니다. 시스템은 언제나 여성을 아이 낳는 기계로, 남성을 여성을 지키기 위한 소모품으로 취급해왔다. 대한민국 출산지도는 이러한 시스템의 폭력성을 조금 노골적인 방식으로 드러낸 사례일 뿐이다.

학교라는 시스템도 그렇다. 학교는 사회화 기관이다. 그리고 사회화라함은 말 그대로 이 사회에 도움이 되는 인간을 길러내는 걸 의미한다. 그런데 세상이 남성과 여성에게 기대하는 역할이 다르다. 남성은 도전적이고 공격적이길, 여성은 수동적이고 조신하고 얌전하길 기대받는다. 그렇기 때문에 학교는 남학생과 여학생을 다른 방식으로 사회화한다.

그런데도 그때는 몰랐다. 왜 남학생부터 번호를 매기는지. 남자가 1번이고, 남자가 시작이고, 남자가 먼저인 것이 그냥 당연하고 자연스러웠다. 남자 아이들이 먼저 줄을 서고, 먼저 이동하고, 먼저 발표하고, 먼저 숙제 검사를 받는 동안 여자아이들은 조금은 지루해하면서 가끔은 다행이라고 생각하면서, 전혀 이상하다고 느끼지 않으면서 조용히 자기 차례를 기다렸다. 주민등록번호가 남자는 1로 시작하고 여자는 2로 시작하는 것을 그냥 그런 줄로만 알고 살 듯이.
　　　　　　　　　　　　　－ 조남주, 『82년생 김지영』, 민음사, 46p.

출석번호는 이러한 사회화 방식의 한 예다. 학창시절 학교에서 출석번호를 매길 때 남학생은 1번부터, 여학생은 뒷 번호부터 배정하는 경우를 흔히 볼 수 있었다. 한 반이 30명이고 남학생이 15명이라면 남학생의 번호가 끝나는 16번부터 여학생을 배정하는 경우도 있고, 학기 중에 전학생이 올 걸 감안해서 아예 30번이나 50번부터 여학생을 배정하는 경우도 있다.

2018년에는 국가인권위원회에서 이러한 관행으로 인해 학생들이 자칫 여학생보다 남학생이 더 중요하다는 선입견을 갖게 될 수도 있다며 문제를 제기하기도 했다.

출석번호를 남학생에게 우선 배정하는 건 어떤 의미를 가질까? 위 소설의 화자가 주장하는 것처럼 좋고 나쁨의 문제는 아니다. 출석번호를 우선 배정받는 건 남학생에게 좋은 일일 수도 있고 나쁜 일일 수도 있다. 만약 남학생이 적극적이고 주목받길 좋아하고 도전적인 성향을 가졌다면 그는 앞번호를 배정받는 데에 만족감을 느낄 것이다. 학교에서 수행평가나 체력검사를 할 때 보통 출석번호 순으로 하기 때문에 앞번호를 배정받은 남학생은 선생님과 급우들의 집중력이 최고조에 달해있을 때 최고의 퍼포먼스를 선보이고 주목과 선망을 받을 수 있을 것이다. 반면 내향적이고 수줍음이 많은 성향의 남학생이라면 다를 것이다. 차라리 뒷번호를 배정받아서 다른 친구들 사이에 적당히 묻어가길 원할 것이다. 즉, 출석번호를 우선 배정받는 게 남학생에게 좋은 일인지 나쁜 일인지는 남학생의 성향에 따라 다르다.

하지만 한 가지는 분명하다. 이러한 출석번호 배정방식이 남학생을 더욱 남학생스럽게, 여학생을 더욱 여학생스럽게 만든다는 것이다. 남자란 무엇인가. 도전하고, 승리하고, 남 위에 올라서야 하는 자다. 남자에겐 종의 재생산 능력이 없기 때문에 굳이 다수가 필요하지 않고, 따라서 성취와 권력으로 자신의 존재가치를 증명해야 한다. 반면 여자란 무엇인가. 안전한 울타리 안에 머물러야 하는 존재다. 여자의 실패와 도태는 곧 잠재 인구의 감소, 그리고 국력의 약화로 이어지기 때문에 국가는 여자가 도전하고 실패하길 원하지 않는다. 그래서 학교는 남학생에게 앞번호를 배정한다.

이를 통해 수줍어하고 두려워하는 나약한 남학생들을 도전적이고 공격적인 남학생으로 키워낸다. 출석번호에는 남학생과 여학생에 대한 이러한 국가의 기대가 담겨 있다.

교복도 그렇다. 최근에는 바지 교복을 입는 여학생들도 늘어나고 있지만 여전히 교복하면 떠오르는 건 남학생의 바지와 여학생의 스커트다. 셔츠와 블라우스도 다르다. 남학생들의 교복 와이셔츠는 성장기 청소년들의 표준 체형을 고려해서 만들어진다. 공부나 일상적인 활동을 하기에 딱히 불편함이 없고, 축구나 농구를 하는 것도 충분히 가능하다. 하지만 여학생의 블라우스는 다르다. 남학생과 여학생의 체형이 다르다는 점을 감안하더라도 여학생의 블라우스는 남학생의 와이셔츠에 비해 지나치게 작고 짧다. 그래서 여학생들은 교복을 입고 편하게 공부하거나 운동을 할 수 없다.

트위터에서 현재 논란 중인 여학생과 남학생 교복의 차이(출처:오펀뉴스, 2017. 7. 3.)

왜 그런 걸까? 그게 국가가 바라는 남성성과 여성성이기 때문이다. 긴 생머리, 매니큐어를 칠한 손톱, 하이힐, 미니 스커트. 여성스러운 복장하면 떠오르는 단어들이다. 이 단어들의 공통점이 무엇인지 생각해본 적이 있는가? 그건 불편함이다. 까까머리 남학생들은 점심 시간에 운동장에서 축구를 하고 수돗가에서 머리에 물을 뿌리며 더위를 식힐 수 있지만 머리칼이 긴 여학생들은 그럴 수 없다. 운동화를 신은 남학생은 축구공을 뻥뻥 차며 운동장을 질주할 수 있지만 굽 높은 구두를 신은 여학생은 그럴 수 없다. 바지를 입은 남학생은 땅바닥에 철퍼덕 주저앉을 수 있지만 스커트를 입은 여학생은 그럴 수 없다. 즉, 여성스러운 복장은 여성의 활동력을 억제하는 역할을 한다.

그리고 이러한 복장 차이는 국가가 원하는 남성과 여성을 길러내는 데에 기여한다. 국가는 종족 번식과 인구 증가에 핵심적 역할을 담당하는 여성들이 운동장에서 공을 차다 넘어져서 무릎이 까진 채로 돌아다니는 걸 원치 않는다. 그래서 학교는 여학생에게 스커트와 블라우스를 입게 한다.

우리가 맞서 싸워야 하는 것은 이런 것들이다. 다양한 개성을 가진 남성과 여성을 도전적, 진취적 남성상과 순응적, 소극적인 여성상에 끼워 맞추려 하는 모든 억압에 대해 저항해야 한다. 전통적 성 역할, 그리고 이를 강요하는 시스템이라는 공공의 적이 있기에 페미니즘이라는 이름 하에서 남성과 여성은 동료가 될 수 있다.

2) 수단: 남성과 여성은 어떻게 서로를 이해할 수 있을 것인가?

래디컬 페미니스트들이 규정한 남녀 관계의 본질은 갈등이었다. 이들이 보기에 여성이 불행한 건 남성들이 그만큼의 행복과 권익을 빼앗아갔기 때문이었다. 여성의 행복을 증진할 수 있는 방법은 남성의 기득권을 빼앗아서 여성에게 돌려주는 것밖에 없었다. 그래서 이들은 남성에 대한 무차별적 공격이라는 수단을 택했다.

하지만 이는 틀렸다. 남성의 불행은 여성 탓이 아니고, 여성의 불행 또한 남성 탓이 아니다. 남성과 여성에겐 시스템이라는 공공의 적이 있다. 그렇기에 남성과 여성은 공존할 수 있다. '오빠가 좋아하는 페미니즘'은 '백인 농장주가 좋아하는 흑인 인권 운동'과 다르다. 남성은 백인 농장주나 조선 총독부, 악덕 기업주가 아니다. 따라서 페미니즘의 목적은 남성의 박멸이 되어선 안 된다. 남성과의 공존과 협력이 되어야 한다.

그렇기에 페미니즘의 수단 역시 달라져야 한다. 남성을 페미니즘 운동의 한 축으로 끌어들일 현실적 방법이 필요하다.

대학생 시절 공모전에 23번이나 당선되면서 공모전의 여왕이라는 타이틀을 얻고 2021년 현재는 기획 교육자로서 커리어를 이어가고 있는 기획 스쿨의 박신영 이사는 저서 『기획의 정석』에서 설득력있는 기획안을 만들기 위한 네 가지 필수요소를 제시했다. 그건 Why – What – How – If다. 이 중 핵심은 첫 번째 요소는 Why, '왜(why) 당신이 내 이야기를 들어야 하는가?'이다. 이 단계에서는 상대방의 문제에 대한 심층적 공감이 필요하다. 사람은 누구나 남의 이익보다는 자기의 이익을 먼저 생각한다. 아무리 거창한 대의명분이 있다고 해도 그 대의명분이 나의 문제로 느껴지지 않는다면, 즉 공감이 가지 않는다면 사람은 행동하지 않는다. 그렇기 때문에 누군가를 설득하려면 상대방의 문제에 대한 공감이 선행되어야 한다. 상대방이 왜 내 이야기를 들어야 하는지에 대한 충분한 설명 없이 무언가를 팔거나 강요하려 들면 상대방은 마음의 문을 닫아버리게 된다.

그런데 페미니스트들이 남성을 설득하는 방식은 정확히 반대다. 이들의 Why는 상대방이 아닌 자신으로부터 시작한다. 남성들이 얼마나 많은 기득권을 누리고 있는지, 여성들이 얼마나 부당한 차별을 당하고 있는지를 말할 뿐 상대방에 대한 공감과 이해는 없다.

이렇게 말한다면 페미니스트들은 이렇게 반론할 것이다. 사회적 약자인 여성이 기득권층인 남성을 왜 공감하고 이해해줘야 하느냐고, 평등한 사회를 만들려면 더 가진 사람이 덜 가진 사람에게 나누어줘야 하는 게 당연하지 않느냐고 말할 것이다.

하지만 현실은 그렇지 않다. 당신들은 자신의 사회적 지위를 이용해 여성의 성을 착취하는 권력형 성범죄자들을 말하지만, 대부분의 남자들에겐 그럴 만한 권력이 없다. 당신들은 그들만의 카르텔을 만들어 사회 최상층부를 독점하는 남성들을 말하지만, 대부분의 남성들은 여성보다 더 고되고 위험하고 더러운 일을 하고 있다. 당신들은 신체적 우위를 이용하여 데이트 폭력을 가하는 남성들을 말하지만, 대부분의 남성들은 어떻게 하면 당신들의 마음을 얻을 수 있을까, 당신들이 좋아하는 책, 음악, 장소, 영화, 음식은 무엇일까를 고민하며 하루를 보내고 있다. 남성들은 자신의 기득권을 지키려고 페미니즘에 반대하는 게 아니다. 아무것도 가진 게 없는데[12] 가진

---

12 물론 이건 남성들의 시각이다. 1장 『82년생 김지영』은 세상을 바꿀 수 있을까?'에서 언급했듯 남성에겐 분명 성적 대상화를 겪지 않는 것, 육아 부담으로부터 비교적 자유로운 것, 밤길을 안전하게 다닐 수 있는 것 등의 특권이 있다. 남성들이 그걸 특권이라고 느끼지 않을 뿐이다. 하지만 여성에게도 그런 정도의 특권은 있다. 군대를 안 가는 것, 선생님이나 상사, 선배로부터의 폭언과 폭행을 겪지 않는 것, 이성을 만날 기회가 훨씬 많은 것 등. 결국 양성이 누리는 특권의 수준은 크게 다르지 않다.

것을 내놓으라고 하니 더 예민하고 방어적으로 변하는 것이다.

　남성이 겪고 있는 문제들에 대한 공감이 선행되어야 하는 이유는 그것이다. 남성이 겪는 문제들에 공감한다는 건 남성으로 살아가는 게 생각만큼 행복하고 편한 건 아닐 수도 있다는 걸 이해한다는 걸 의미한다. 남성이 기득권이 아닐 수도 있다는 걸 인정한다는 건 단순히 남성이 가진 걸 여성에게 퍼주는 걸 넘어서 다른 형태의 성평등을 상상할 수 있다는 걸 의미한다. 남녀관계가 꼭 제로섬 게임일 필요는 없다는 건 어쩌면 페미니즘이 여성뿐 아니라 남성에게도 이득이 될 수도 있다는 걸 의미한다. 이제 여성과 남성은 대화를 시작할 준비가 된 것이다.

　두 번째 단계인 What은 Why 단계에서 언급한 상대방의 문제점을 해결할 수 있는 대안이 무엇(What)인지를 밝히는 단계다. 여기서 우리가 제시할 What은 당연히 페미니즘이다. 하지만 사람들이 흔히 상상하는, 남성이 가진 걸 빼앗아서 여성에게 나누어주는 형태의 페미니즘은 아니다. 남성과 여성에게 강요되는 근거 없는 억압과 편견들을 떨쳐내고 모든 사람이 남자, 혹은 여자답게가 아닌 나답게 살아가는 세상을 만드는 게 페미니즘의 이상이라는 걸 말해야 한다.

　다음으로 세 번째 요소인 How는 이러한 페미니즘의 이상을 실현하기 위한 구체적 대안이다. 여기에서는 일상 생활 속에 녹아들어 있는 여성성과 남성성에 대한 편견이 무엇이 있는지를 언급해야 한다.

　마지막 요소인 If는 기대효과다. 페미니즘의 이상이 실현된 세상의 모습은 여성우월주의 사회나 남성 혐오 사회가 아니라 남성과 여성 모두가 억압과 편견 없이 자유롭게 살아갈 수 있는 사회라는 걸 강조해야 한다.

　이 포맷을 활용하여 남성에게 페미니즘에 대해 소개한다면 이런 식으로 말할 수 있을 것 같다.

- Why: 남자들은 항상 여자들 앞에서 뭐든지 다 아는 척, 두렵거나 힘들지 않고 슬프지 않은 척해야 하는데 그건 너무 힘든 일일 것 같아. 남자들이 자기 안의 섬세함과 부드러움, 약함을 외면해야 하는 건 진정한 남자라면 남을 제압하고 지배해야 한다는 편견 때문이겠지.

- What: 그래서 우리에겐 페미니즘이 필요해. 페미니즘은 여자라고 예쁘고 사랑스러워야 하고 남자라고 강하고 거칠어야 하는 게 아니라 모든 사람은 제각기 타고난 본성대로 살아갈 권리가 있다고 주장하는 사상이야.

- How: 얼핏 남자를 추켜세워주는 것처럼 들리는 표현 속에도 이러한 남성성에 대한 편견이 숨겨져 있는 경우를 흔히 찾아볼 수 있어. 예를 들어 "Boys, be ambitious(소년이여, 야망을 가져라!)"라는 격언은 남자들에게 큰 꿈을 꾸고 도전할 수 있는 용기를 주지만 한편으로는 안정적이고 내적으로 충만한 삶을 살고 싶은 남자들의 소망을 무시하는 말이기도 하지.

- If: 이런 편견이 사라진다면 섬세하고 사려깊은 남자들이 계집애 같다는 오명을 쓰지 않고 자기답게 살아갈 수 있는 세상이 될 거야. 반대로 여성들도 자기만의 야망과 이상을 실현하며 진취적으로 살아갈 수 있겠지. 그렇기 때문에 페미니즘은 남성과 여성 모두를 위한 것이 될 수 있어.

4장 ──────────── **남자는
잠재적 성범죄자인가?**

1. 성범죄자들,
그리고 다수의 선량한 남성들

"남자는 잠재적 성범죄자다."

페미니스트들의 주장 중 가장 많은 논쟁을 불러일으키고 있는 건 아마 이것일 것이다. 나영이 사건에서 버닝썬이나 N번방 사건에 이르기까지 굵직한 성범죄 사건이 일어날 때마다 페미니스트들은 이 슬로건을 꺼내어 들고 있고, 남성들은 이에 대해 반발하고 있다.

페미니스트들이 이런 주장을 펼치는 근거는 성범죄자 중 남성이 차지하는 비중이다. 성범죄자 중에서는 남성이 절대 다수를 차지하고, 피해자는 여성이 절대 다수를 차지하고 있다. 이를 근거로 페미니스트들은 성범죄가 단순히 소수 범죄자에 의해 일어나는 일탈 행위가 아니라 모든 남성이 직간접적으로 연루되어있는 사회 현상이라고 주장한다.

반면 남성들은 일부의 일탈 행위를 선량한 대다수의 남성에게까지 확대하는 건 지나친 일반화라는 반론을 펴고 있다. 성범죄자는 인구 전체를 놓고 봤을 때 극히 소수다. 따라서 설령 이들 중 다수가 남자라고 해도 전체 남자 중 이들이 차지하는 비율은 미미하다. 따라서 문제가 되는 건 소수의 성범죄자일 뿐 대다수의 평범한 남자들은 성범죄와 아무런 관련이 없다는 게 이들의 주장이다.

통계는 흔히 객관적이라고 믿어진다. 객관적이라는 말은 누구의 관점에서 보던지 동일한 결과가 나온다는 말이다. 그런데 이 주장에 대해서는 그렇지 않다. 페미니스트와 이에 반하는 남성들 모두 통계에 기반해서 나름대로 타당성 있는 주장을 펼치고 있지만 둘의 주장은 엇갈리고 있다. 과연 어느 쪽이 맞는 걸까?

아래 이미지는 정규분포 그래프다. 그래프가 의미하는 바는 매우 간단하다. 대부분의 변량은 평균치 주변에 분포한다는 것이다. 가령 한국인의 평균 IQ가 105라면 한국인 중 대부분은 IQ 100~110사이에 분포할 것이고, 극단적으로 높거나 낮은 값, 요컨대 150이상이나 80이하에는 거의 분포하지 않을 것이다. 마찬가지로 성인 남자의 평균 키가 174cm라면 대부분의 남자들은 170~178cm사이에 분포할 것이고, 극단적인 값, 190cm이상이나 160cm이하에는 많이 분포하지 않을 것이다.

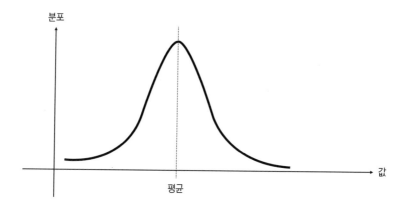

이를 성범죄에 적용해보자. 성범죄를 저지르는 사람은 매우 높은 수준의 공격성과 성적 충동을 가진 사람일 것이다. 그리고 남성은 일반적으로 여성에 비해 공격성과 성적 충동이 강하다. 그렇다면 공격성과 성충동에 따른 남성과 여성의 분포도는 아래와 같이 나오게 될 것이다.

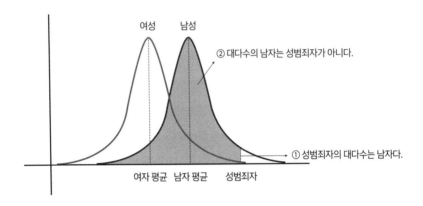

이 그래프에서는 두 가지 함의를 찾아낼 수 있다. 첫 번째는 성범죄자 중 절대다수를 차지하는 건 남성일 것이라는 점이다. 여성은 평균적으로 남성에 비해 낮은 성 충동과 공격성을 보인다. 따라서 여성이 성범죄를 저지를 정도로 극단적인 공격성을 보이는 경우는 매우 드물 것이다. 그리고 두 번째는 남성 전체에서 성범죄자가 차지하는 비율은 미미하다는 것이다. 평균적인 남성의 공격성과 성 충동은 평균적인 여성에 비해 높다. 하지만 성범죄를 저지를 정도로 높지는 않다. 대부분의 남성들은 여성보다는 강하지만 성범죄를 저지르기에는 약한 정도의 공격성과 성충동을 갖고 있다. 따라서 이런 평균적인 남성들이 성범죄를 저지를 확률은 분명 높지 않을 것이다.

페미니스트들과 남성들의 주장이 엇갈릴 수밖에 없는 건 이 때문이다. 페미니스트들은 공격성과 성적 충동이 강한 사람 중 대부분이 남자라는 점에 주목하고 있다. 그렇기 때문에 이들이 보기에 남성은 잠재적 성범죄자다. 반면 남성들은 평균적인 남성의 성적 충동과 공격성이 성범죄자가 될 정도로 강하지는 않다는 점에 주목하고 있다. 그래서 이들이 보기에 남성은 잠재적 성범죄자라는 주장은 지나친 일반화. 아래 왼쪽 그림을 보고 누군가는 오리를 떠올리지만 누군가는 토끼를 떠올리고, 오른쪽 그림에서 누군가는 젊은 여자의 옆모습을 떠올리지만 누군가는 매부리코를 가진 노파를 떠올리듯 남성과 여성은 같은 통계 수치에서 서로 다른 것을 보고, 이에 기반하여 서로 다른 주장을 하고 있는 것이다.

오리일까 토끼일까 오리토끼 착시 실사(출처:동아 사이언스, 2018. 1. 9)

젊은 여자 노파 '이것' 따라 달리 보여(출처:이웃집 과학자, 2018. 9. 27)

2. 우리 모두는
누군가의 잠재적 성범죄자였다

　"남성은 잠재적 성범죄자"라는 페미니스트들의 주장은 아주 틀린 건 아니다. 평균적인 남성들의 공격성과 성 충동은 여성에 비해 확연히 강하다. 하지만 어떤 면에서는 지나친 일반화이기도 하다. 남성들이 여성에 비해 강한 공격성과 성 충동을 가졌다고 해서 그게 성범죄와 직결되는 건 아니다. 그렇다면 이 주장의 적절성을 검증하기 위해 필요한 건 무엇일까? 본질이다. 성범죄자와 평범한 남성 사이에는 정도의 차이가 있을 뿐 본질 자체는 다르지 않다는 것, 그리고 특정한 상황에 놓이게 된다면 평범한 남성들에게서도 성범죄자들만큼의 공격성과 성적 충동이 발현될 수 있다는 것을 증명해야 한다.

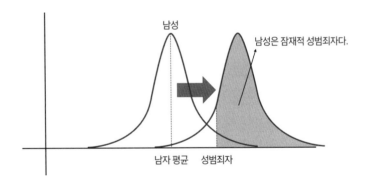

그렇다면 성범죄의 본질은 무엇인가? 자유의지의 박탈이다. 2020년에 'N번방' 사건이 있었다. '박사'라는 인물이 여성들을 협박해서 성 착취 동영상을 촬영하고 그 영상을 텔레그램이라는 SNS 매체를 통해 익명의 수많은 남성에게 불법 유포한 사건이다. 그런데 이 사건에서 특이한 점이 있다. '박사'가 피해자들을 노예라고 지칭했다는 점이다. 노예는 주인을 위해 집안일을 하고, 농사를 짓는 사람이다. 그런데 이 사건에서 피해자들이 '박사'의 집안일이나 회사 업무를 대신 해준 건 아니다. 그런데도 박사는 이들을 노예라고 불렀다. 그러고 보면 노예라는 표현은 유독 성범죄에서만 쓰인다. 살인이나 사기, 절도 사건에서 가해자가 피해자를 노예라고 지칭하지는 않는다.

성범죄는 인간의 자유의지를 박탈하는 행위이기 때문이다. 노예는 주인을 대신해 집안일이나 농장일을 하지만 그것이 본질은 아니다. 가장 중요한 건 자유의지의 박탈이다. 노예는 주인의 명령이라면 무엇이든 따라야 한다. 주인의 허락이 없이는 결혼을 할 수도, 거주 이전을 할 수도, 다른 직업을 가질 수도 없는 게 노예의 삶이다. 성범죄는 이와 닮았다. 모든 사람에겐 성적 자기 결정권이 있다. 원치 않는 상대와 원치 않는 방식의 성관계를 맺지 않을 자유가 있다. 그런데 성범죄자들은 그걸 침해한다. 상대방에게 자유의지라는 인간의 보편적 권리가 있다는 걸 부정한다. 성범죄가 다른 범죄에 비해 더욱 악랄하게 여겨지는 건 그 때문이다.

학원 특강이 있던 날이었다. 정규 수업에 특강까지 듣고 나니 시간이 꽤 늦었다. 하품을 하며 정류장 팻말 아래 서서 버스를 기다리고 있는데 남학생 하나가 김지영 씨에게 눈을 맞추며 안녕하세요, 했다. 얼굴이 익숙하기는 했지만 잘 모르는 사람이었고, 김지영 씨는 그냥 같은 수업을 듣는 학생인가 보다 싶어 어색하게 고개를 끄덕였다. 서너 걸음 정도 떨어져 서 있던 남학생은 조금씩 조금씩 김지영 씨에게 가까이 다가왔다. 남학생과 김지영 씨 사이에 있던 사람들이 제각각 버스를 타고 떠나자 어느새 남학생은 김지영 씨 바로 곁에 서게 되었다.

"몇 번 타세요?"

"네? 왜요?"

"데려다줬으면 하시는 것 같아서."

"제가요?"

"네."

"아닌데요, 아니에요. 가세요."

(중략)

"너 항상 내 앞자리에 앉잖아. 프린트도 존나 웃으면서 주잖아. 맨날 갈게요, 그러면서 존나 흘리다가 왜 치한 취급하냐?"

몰랐다. 뒷자리에 누가 앉는지, 프린트를 전달할 때 자신이 어떤 표정을 짓는지, 통로를 막고 선 사람에게 뭐라고 말하며 비켜 달라고 하는지.

- 조남주, 『82년생 김지영』, 민음사, 67p

성범죄의 본질을 자유의지의 박탈로 규정한다면 대부분의 남자들은 잠재적 성범죄자라는 혐의로부터 자유롭지 못하다. 위와 같은 상황, 남자라면 한 번쯤 겪어봤을 것이다. 위 글의 남학생처럼 내 앞자리에 앉고, 웃으면서 프린트 주다가 왜 치한 취급하냐고 대놓고 말하지는 않았더라도 누군가의 가벼운 호의나 무의식적인 행동을 성적인 관심으로 오해해서 상대방에게 의도치 않게 불편함을 끼쳤던 적은 있을 것이다. 그리고 그때마다 우리는 그녀들을 원망했을 것이다. 왜 받아주지도 않을 거면서 괜한 오해를 살 만한 행동을 했는지, 하면서 말이다.

이건 성범죄는 아니다. 남학생은 김지영 씨의 몸에 손을 대지 않았고, 몰카를 찍지도 않았다. 하지만 잠재적 의미에서의 성범죄에는 해당할 수 있다. 자유의지의 침해라는 성범죄의 가장 본질적인 요건을 충족하기 때문이다. 소설 속 김지영 씨는 자유의지를 가진 한 명의 인간이다. 김지영 씨가 매일 남학생 앞자리에 앉건, 프린트를 줄 때 눈웃음을 짓건 모두 김지영 씨 자유다. 이런 행동을 했다고 해서 김지영 씨에게 남학생의 마음을 받아 줘야 할 의무가 생기는 건 전혀 아니다. 설령 남학생이 김지영 씨의 의도를 오해했다고 해도 김지영 씨가 아니라고 하면 당장이라도 그 말을 받아들여야 한다. 하지만 남학생은 그렇게 하지 않았다. 김지영 씨의 무의식적인 행동들을 임의로 곡해했고, 김지영 씨가 그게 아니라고 반박했는데도 듣지 않았다. 그건 김지영 씨가 인간임을 부정하는 일이다. 김지영 씨를 버튼을 누르면 음악 소리가 나야만 하는 인형으로 취급하는 것이다.

그리고 성범죄는 이러한 인식의 연장선상에 있다. "상대방도 좋아하는 줄 알았다.", "합의된 성관계였다." 성범죄자들이 흔히 하는 변명이다. 이에 대한 근거로는 대개 모르는 남자가 주는 술을 마셨다거나, 모텔에 가자고 하는데 거부하지 않았다거나, 옷을 야하게 입고 밤거리를 돌아다녔다는 말들이 따라붙는다. 이 말들은 공통적으로 상대방의 자유의지를 부정하고 있다. 초면의 남자와 술을 마시거나 노출이 있는 옷을 입는 건 전적으로 여자의 자유다. 그런 행위를 했다고 성관계를 허용한다는 뜻은 아니다. 하지만 성범죄자들은 그 가능성을 배제한다. 자기가 상대방과의 성관계를 원한다는 이유로 상대방의 사소한 행동들을 모두 성관계라는 정해진 결론에 끼워 맞춰 버린다. "너도 즐기지 않았냐, 모르는 남자가 주는 술 받아 마셔놓고 왜 이제 와서 딴소리냐"라고 말하는 성범죄자와 "너도 나 좋아하는 거 아니었냐. 학원에서 맨날 내 앞자리에 앉고 프린트 줄 때마다 눈웃음치더니 왜 이제 와서 딴소리냐?"라고 말하는 평범한 남자들, 이들 사이에 어떠한 접점도 없다고 말할 수 있을까?

3. No means no,
but Cheer up baby

남성에게는 분명 성범죄를 저지를 수 있는 잠재성이 있다. 적어도 여자에 비해서는 그렇다. 여자가 남자의 무의식적인 행동을 자신에 대한 성적 관심으로 착각하는 일, 그리고 그 착각에 기반해서 남자에게 원치 않는 성적 접촉을 시도하는 일은 반대의 경우에 비해 현저히 적다.

"No means no"

그래서 페미니스트들은 이런 슬로건을 내세운다. 누구나 해석할 수 있는 아주 간단명료한 문장이다. 거절은 거절이라는 뜻이다. 여자의 거절은

동의 없는 성적행동은 '성폭력'… '동의'는 어떻게 만들어질까(출처:오마이뉴스, 2020. 2. 20)

튕기는 게 아니라는 뜻이고, 야동에 나오는 여자는 "야메떼(하지마)" 하다가 "기모찌(좋아요)" 하지만 현실의 여자는 그렇지 않다는 뜻이며, 열 번 찍어 안 넘어가는 나무 없다는 말은 옛말일 뿐이라는 뜻이다.

이 슬로건은 성범죄 근절에 많은 도움이 될 것이다. 성범죄자들은 흔히 상대방도 자신과의 성적 접촉을 원하고 있었다는 식의 변명을 한다. 짧은 치마를 입는 것, 밤거리를 혼자 다니는 것, 초면의 남자와 말을 섞고 술을 마시는 것은 성관계에 동의한 것이라고 말한다. 대다수 평범한 남성들도 여자의 거절 신호를 조금 더 박력있고 남자다운 모습을 보여달라는 뜻으로 오해해서 본의 아니게 여자들을 불편하게 하는 경험을, 살면서 한 번쯤 하게 된다. 만약 여자의 거절에는 거절 이외에 아무런 의미가 없고, 여자가 직접적으로 동의 의사를 밝히기 전까진 섣불리 성적 접촉을 해선 안 된다는 게 남자들의 보편적 상식이 된다면 이런 일은 더 벌어지지 않을 것이다.

하지만 정작 남자들은 이 간단한 문장을 받아들이지 못한다. 끊임없이 여자들의 의도를 오해하고 여자들을 불편하게 만든다. 그건 왜일까? 페미니스트들이 말하는 것처럼 남자가 악이라서일까? 남자에게 여자의 의사를 무시할 수 있는 권력이 있기 때문일까?

"너 항상 내 앞자리에 앉잖아. 프린트도 존나 웃으면서 주잖아. 맨날 갈게요, 그러면서 존나 흘리다가 왜 치한 취급하냐?"
몰랐다. 뒷자리에 누가 앉는지, 프린트를 전달할 때 자신이 어떤 표정을 짓는지, 통로를 막고 선 사람에게 뭐라고 말하며 비켜 달라고 하는지.

앞서 인용했던『82년생 김지영』의 사례로 다시 돌아가보자. 아니, 딱 하나만 설정을 바꿔보자. 이번엔 김지영 씨가 남학생을 정말로 좋아하는 상황이다. 페미니스트들의 논리대로라면 이 상황에서 김지영 씨는 남학생에게 Yes를 할 것이다. 먼저 말을 걸고 연락처를 묻고 데이트 약속을 잡고 고백을 할 것이다. 만약 그렇게 하지 않는다면, 남학생이 마음에 드는데도 No를 한다면 여자의 거절은 그저 거절일 뿐이라는 페미니스트들의 슬로건은 모순이다.

하지만 대부분의 김지영 씨들은 그렇게 행동하지 않는다. 대신 남학생이 자기에 대한 마음을 접지 않고 조금씩 다가올 수 있도록 작은 단서들을 준다. 카톡에 귀여운 이모티콘을 쓴다거나, 눈이 마주쳤을 때 수줍은 듯 눈을 내리깔며 머리를 쓸어올린다거나, 웃을 때 남학생의 어깨를 터치한다거나. 때로는 일부러 거리를 두는 전략을 취하기도 한다. 일부러 카톡 답장을 늦게 보내기도 하고, 별다른 약속이 없으면서 있는 척하기도 하고, 괜히 아는 오빠나 자기에게 번호를 물어본 남자 이야기를 꺼내기도 한다.

결국 김지영 씨의 반응은 Yes일 때도 No고, No일 때도 No다. 그렇다면 남학생은 어떻게 대응해야 하는가? 가장 바람직한 건 역시 김지영 씨의 No에 숨겨진 미묘한 뉘앙스의 차이를 감지해서 김지영 씨의 숨겨진 의도가 Yes라면 다가가고, No라면 포기하는 것이다. 하지만 그건 불가능하다. 물론 남학생은 김지영 씨의 마음을 헤아리려 노력할 것이다. 김지영 씨를 좋아하니 더욱 그렇게 할 것이다. 하지만 매우 높은 확률로 그 노력은 실패할 것이다. 남학생은 그가 자라온 환경과 겪어온 이성 관계라는 색안경을 끼고 김지영 씨를 바라볼 것이고, 매일매일의 감정 상태는 그가 바라보는 김지영 씨의 모습을 더욱 더 왜곡시킬 것이다. 그건 남학생이 눈치가 없어서도 아니고 공감 능력이 부족해서도 아니다. 입장 바꿔서 김지영 씨에게 남학생의 마음을 헤아려보라고 해도 마찬가지일 것이다. 남의 마음을 온전히 알 수 있는 사람은 없다.

결국 남학생은 아무것도 확신할 수 없다. 이런 상황에서 남학생은 어떤 선택을 해야 할까? 페미니스트들의 주장대로라면 김지영 씨에게 다가가지 말아야 한다. 상대방의 무의식적인 행동에 마음대로 성적인 의미를 부여하는 건 상대방의 자유의지를 무시하는 행위고 이는 자칫 성범죄로까지 발전할 수 있는 위험성이 있다. 하지만 김지영 씨가 남학생을 좋아하는 상황이라면 다르다. 불확실성을 무릅쓰고 남자답게 먼저 다가가야 한다. 김지영 씨가 먼저 자기 마음을 표현할 때까지 기다리기만 한다면 김지영 씨는 남학생을 겁 많고 소심한 남자라고 생각하거나 아예 자기를 진심으로 좋아하지 않는다고 단정 지어 버릴 것이다.

결국 남자들은 이러지도 저러지도 못하는 상황에 놓이게 된다. 어떠한 행위에 대해 도덕적 평가를 내릴 때 가장 중요한 고려 사항 중 하나가 자유의지의 개입 여부다. 성소수자의 인권을 지지하는 사람들은 동성애가 도덕적으로 찬반을 논할 수 있는 주제가 아니라고 말한다. 동성애자들의 성적 지향은 그들이 자유의지에 따라 결정한 게 아니라 타고난 성향일 뿐이기 때문이다. 재판을 할 때도 위협이나 고문에 의한 진술은 증거로서의 효력이 인정되지 않는다. 극심한 정신적, 신체적 고통을 겪고 있는 상태에서 한 진술은 온전한 자유의지에 의한 진술이라고 볼 수 없기 때문이다.

그렇다면 남자들이 놓인 상황은 어떠한가. 남자들은 늘 불확실성 하에서 행동한다. 거절당할 위험을 무릅쓰고 여자에게 먼저 자기 마음을 드러내는 것, 그렇게 해서 여자에게 확신을 주는 게 남자의 역할이다. 그런데 그러다 보면 필연적으로 누군가의 자유의사를 무시하고 원치 않는 성적 접촉을 시도하게 된다. 하지만 이러한 상황에 대해 그가 할 수 있는 건 아무것도 없다. 상대방의 마음이라는, 자신의 자유의지로 어찌할 수 없는 요인에 의해 그가 하는 행동은 남자답고 로맨틱한 행동이 될 수도 있고 잠재적 성범죄가 될 수도 있다. 이런 상황에서 남자들의 도덕성을 논하는 게 정당한가?

이는 심지어 여성들마저도 불행하게 만든다. 페미니스트들은 성범죄가 남녀의 권력 차이 때문에 발생한다고 주장한다. 그렇다면 당연히 그 불균형을 타파하길 원할 것이다. 여자가 남자와의 관계에서 보다 주도적으로 행동할 수 있는 사회, 남자들이 여자가 무엇을 원하는지를 임의로 판단하지 않는 사회를 만들고 싶어할 것이다.

하지만 현실은 그렇지 않다. 여자들은 자기가 무심결에 했던 말을 남자가 기억해주길 원하고, 자기가 남자에게 냉담하게 대한다고 해도 남자가 자길 떠나지 않길 원하고, 자기가 무엇을 원하는지 대놓고 말하지 않아도 남자가 센스있게 눈치채고 행동해주길 원한다. 적어도 성의 영역에 있어서만큼은 남자만큼 주도적인 존재가 되고 싶어하지 않는다. 그 과정에서 필연적으로 여자의 무의식적 행동을 자기에 대한 호감 표현으로 오해하는 남자들이 생기게 마련인데도, 때로는 그게 성범죄로까지 번질 수도 있는데도 여자들은 사회가 그녀들에게 부여한 수동적 여성상을 폐기하려 하지 않는다. 왜 그런 걸까?

수동적 여성상과 능동적 남성상이 남자와 여자에게 이익이 되기 때문이다. 앞서 여러 차례 언급했듯 어떠한 문화가 오랫동안 지속되었다는 것은 구성원들이 그 문화를 택했다는 뜻이고, 그건 당연히 그 문화가 구성원들 대다수에게 이익이 되기 때문이다.

그렇다면 수동적 여성상과 능동적 남성상을 통해 남성과 여성은 어떤 이득을 얻을 수 있을까? 그건 번식이다. 이를 설명하기 위해서는 먼저 차등적 부모 투자라는 개념에 대한 설명이 필요하다. 말 그대로 자녀라는 결과물을 만들기 위해 아버지와 어머니가 투자하는 자원이 차등적이라는 뜻이다. 이 개념이 중요한 건 투자 자원의 차이가 남자와 여자의 행동 패턴을 결정하기 때문이다. 가령 A와 B가 1억 원짜리 사업을 하기로 했다고 가정해보자. 그런데 이때 A의 투자금액이 100만 원이고, B의 투자금액이 9,900만 원이라면 사업에 임하는 A와 B의 태도는 분명 다를 것이다. B는 투자금액이 많다. 따라서 사업에 실패했을 때 잃게 되는 것도 많다. 그러므로 B는 신중해야 한다. 사업이 안정적으로 운영될 수 있도록 업계의 전망이나 관련 정부 규제, 경쟁사 등에 대한 정보를 면밀히 분석해야 한다. 반면 A는 B만큼 신중하게 접근하지 않을 것이다. 투자한 자원이 적기에 사업이 망한다 해도 잃을 게 적고, 따라서 다양한 요인을 고려할 필요도 없을 것이다.

남자와 여자 사이에서도 비슷한 일이 일어난다. 여자는 번식이라는 공동 사업을 위해 남자보다 훨씬 많은 자원을 투자한다. 먼저 남자와 여자는 그들의 생식세포를 투자한다. 그런데 여자의 생식세포인 난자는 한 달에 하나씩만 생성되는 반면 남자의 정자는 무한히 생성된다. 혈기왕성한 10대-20대 초반의 남자는 하루에 서너 번, 혹은 그 이상도 배출시킬 수 있다. 그렇다고 여자처럼 폐경기가 따로 있는 것도 아니다. 남자의 정자는 평생 동안, 매일 매일 수억 마리씩 생성된다. 즉, 난자는 정자에 비해 희소성이 있는 귀한 자원이다.

또, 남녀는 그들의 시간과 노력을 투자한다. 남자는 씨를 뿌린다. 즉 사정을 한다. 보통 10분 남짓 걸린다. 사정을 하고 나면 남자는 나른함과 피로감을 느끼지만 오래 가진 않는다. 나이와 체질에 따라 다르지만 대개 몇 시간이면 회복된다. 반면 여자는 임신을 한다. 정자와 난자가 결합해 만들어진 수정란을 자궁에 착상시켜서 팔다리 두 개에 눈코입이 달린 하나의 온전한 인간으로 만들어낸다. 여기에는 280일이 걸린다. 그리고 그동안 여자는 일상생활에 극심한 지장을 겪는다. 식사도 신경을 써야 하고, 수면 패턴도 달라지고 예전처럼 운동이나 일에 전념할 수도 없다.

아기를 낳는다고 끝이 아니다. 키워야 한다. 갓 태어난 인간은 무기력하다. 대부분의 동물들은 태어난 지 1~2년만 지나면 스스로 먹이를 구할 수 있지만 인간의 신체적 성숙은 12~18세에나 이루어지고, 스스로 생계를 책임지려면 20살에서 30살 정도는 되어야 한다. 한국과 같이 학력 인플레이션이 심하고 청년의 사회 진출 시기가 늦는 사회에서는 더욱 그렇다. 그 긴 시간 동안 부모는 자녀를 보살펴야 한다. 그런데 이 양육의 과정에서도 대개는 어머니가 아버지보다 많은 공을 들인다. 진화심리학자들은 이를 부성불확실성[13]이라는 개념으로 설명한다. 아버지가 누군지 불확실하다는 뜻이다. 가령 A라는 여자가 아이를 낳았다면 그 아이는 누가 봐도 A의 아이다. A의 몸에서 나왔으니 누구도 의심할 수 없다. 따라서 A는 그 아이가 자신의 유전자를 절반 갖고 있을 거라는 걸 100% 확신할 수 있다. 하지만 남

---

13 여성의 모성애가 본능이 아니라 사회화의 산물이라고 보는 이들도 있다. 하지만 모성애의 근원이 무엇인지에 대해서는 아직 정확히 밝혀진 바가 없으며, 경험적으로도 나는 아이를 낳거나 길러본 적이 없기 때문에 정확히 알 길이 없다. 그렇기 때문에 이 글에서는 일단 진화심리학에 근거하여 모성애를 해석하려 한다.

자는 다르다. 이 아이의 아버지가 나라고 확신할 수 없다. 현대 사회에야 일부일처제가 법적으로 보장되어 있고, 만약의 경우에는 유전자 검사를 할 수도 있지만 원시 사회에는 그런 것들이 없었다. 그런데 만에 하나라도 이 아이가 내 아이가 아니라면, 아내의 유전자 50%와 쌀집 아저씨의 유전자 50%로 이루어진 아이라면 그 아이를 위해 헌신하는 건 그저 남 좋은 일 하는 것이다. 그래서 남자의 마음속 깊은 곳에는 작은 의심이 남는다. '이 아이가 내 아이가 아니라면 어떡하지?' 그 의심 때문에 남자는 여자만큼 자식에게 헌신하기가 어렵다. 그래서 대부분의 가정에서 아버지보다는 어머니가 자녀의 양육에 많은 기여를 한다.

이러한 투자 자원의 차등성은 남녀의 성 규범에 영향을 미친다. 남자는 적은 자원을 투자한다. 그래서 잃을 게 없다. 설령 충분한 경쟁력을 갖지 못한 여자와 짝짓기를 한다고 해도 별 상관없다. 다음번에 더 나은 여자를 만나면 된다. 어차피 임신과 출산, 육아는 여성의 몫이니 뒤돌아볼 필요가 없다. 그래서 남자들에게는 성적 개방성이 요구된다. "용감한 자가 미인을 얻는다.", "영웅은 미색을 밝히는 법이다."와 같은 옛말처럼 성 경험이 많은 남자는 우러름을 받고, 경험이 없는 남자는 선비, 샌님, 지질이라는 조롱을 당한다.

그래서 남자는 적극적으로 짝을 찾는다. 나이트 클럽이나 헌팅 술집, 동호회, 소개팅 어플리케이션 등 남녀가 만날 수 있는 곳에는 언제나 남자들이 절대다수를 차지한다. 단순 성비뿐만이 아니다. 남자는 더 주도적이고 적극적으로 행동한다. 여자에게 먼저 말을 걸고, 연락처를 묻고, 약속을 잡는다. 상대방에게 자신의 경쟁력을 보여주기 위해 대화를 주도하고, 재력이나 사회적 지위를 내보이는 것도 대개 남자다. 혹여라도 낯선 상대와 잠자리를 하게 되더라도 망설이지 않는다.

하지만 여자의 입장은 다르다. 임신과 출산, 육아로 이어지는 일련의 과정에서 남성보다 훨씬 더 많은 자원을 투자하기 때문에 여자는 짝을 더 신중하게 골라야 한다. 유능하고 헌신적인 남자를 만난다면 자기의 아이를 성공적으로 키워낼 수 있지만 무책임하고 나약한 남자를 만난다면 유전자의 존속을 위해 투자한 막대한 자원이 물거품이 될 수 있다.

CHEER UP BABY CHEER UP BABY 좀 더 힘을 내
여자가 쉽게 맘을 주면 안돼 그래야 니가 날 더 좋아하게 될걸
태연하게 연기할래 아무렇지 않게 내가 널 좋아하는 맘 모르게
just get it together and then baby CHEER UP

　　　　　　　　　　　　　　　　- 트와이스, ⟨Cheer up⟩

그래서 여자는 '밀당'을 한다. 평소 관심 있어 하던 남자에게 카톡이 왔다고 가정해보자. 이때 여자가 할 수 있는 건 두 가지다. 적극적으로 관심을 표하거나, 관심 없는 척하거나. 관심을 표하면 둘은 이어질 것이다. 하지만 이는 현명한 짝짓기 전략이라고 할 수 없다. 아직 남자의 진심이 충분히 검증되지 않았기 때문이다. 카톡을 보내는 정도는 여자를 진심으로 사랑하지 않더라도 가볍게 할 수 있는 관심표현이므로 카톡을 먼저 보냈다는 정도로 남자의 마음을 확신할 수는 없다. 그리고 이러한 불확실성 하에서 관계를 시작했을 때 손해를 보는 건 십중팔구 여자다. 그래서 여자는 두 번째 전략을 택한다. 무례하지 않되 사심이 느껴지지 않을 법한 정도의 간격

과 분량으로 답장을 보낸다. 만약 호기심에 가볍게 연락해본 거라면 남자는 구태여 자기에게 관심을 보이지 않는 여자와의 관계를 진전시키려 하지 않을 것이다. 하지만 그게 아니라면, 정말로 여자와 깊은 관계를 맺을 의사가 있다면 남자는 근황을 묻고, 여자가 좋아할 법한 화제를 꺼내며 여자와의 대화를 이어나가려 할 것이다. 여자는 그런 식으로 남자의 마음을 시험한다. 주말에 약속이 없으면서 있는 척하고, 길거리에서 연락처를 물어본 남자, 동호회나 직장에서 자기에게 추근대는 다른 남자의 이야기를 꺼낸다. "이렇게 해도 날 사랑할 수 있어?" 이런 행위를 통해 여자가 확인하고 싶은 건 이것이다.

하지만 이러한 짝짓기 전략은 결국 남자와 여자 양쪽 모두를 불행하게 만든다. 여자는 원치 않는 남자로부터의 불쾌한 성적 접촉에 시달리게 된다. 학교 선배라서, 직장 상사라서, 고객이라서 베풀었을 뿐인 의무적인 친절을 성적 관심으로 오해하는 남자들이 생겨나고, 그중 일부는 스토킹으로까지 발전한다. 남자는 이루어지지도 못할 상대에게 구애를 하느라 정신적, 물질적 에너지를 낭비하게 된다. 후에 여자의 모호한 태도가 내숭이 아니라 우회적인 거절의 표시였음을 깨달았을 때 남자는 상실감과 자괴감을 느끼게 된다. 이는 여성 혐오로 심화되기도 한다. 그럼에도 남자와 여자는 자신들의 전략을 고수한다. 남자가 적극적으로 나서니까 여자는 한발 물러서게 되고, 여자의 의중을 알 수 없으니 남자는 일단 다가가는 수밖에 없다.

  * 물론 현대 사회의 연애는 꼭 임신과 출산을 전제로 하지는 않는다. 현대 사회에서는 부부뿐 아니라 미혼 연인 간, 원나잇, 섹스 파트너 등 다양

한 관계에서의 성관계가 이루어진다. 그렇기 때문에 독자들의 입장에서는 남녀 간의 호감 표현을 섹스, 그리고 임신과 출산으로까지 연결짓는 나의 논리가 다소 올드하다고 느낄 수 있을 것이다.

하지만 이러한 현대적인 관계들에도 그 근본에는 공통적으로 진화심리학의 흔적이 남아있다. '먹고 버린다.'라는 표현을 생각해보자. 이 표현은 남녀가 섹스를 하고 금방 헤어지거나 섹스만 하고 사귀지는 않은 경우에 쓰인다. 여기서 주체는 남자, 객체는 여자다. 먹은 건 남자고 버려지는 건 여자다. 먹고 버린 건 남자에겐 자랑거리지만 여자에겐 수치다. 왜일까? 섹스는 한 쪽이 먹고 다른 쪽이 먹히는 게 아니라 둘이 같이 하는 건데 왜 한 쪽은 승리자, 능력자가 되고, 다른 한쪽은 비련의 여주인공이 되는 걸까?

대학 새내기들에게 선배들이 흔히 같은 학과 CC는 하지 말라는 조언을 하곤 한다. 둘 간의 관계에 대한 소문이 과 선후배들이나 동기들 사이에 퍼져 버려서 헤어지고 나면 학과 생활을 제대로 할 수 없다는 것이다. 그런데 이상하게도 이 조언을 듣는 건 대개 여학생이다. 남학생에게 학과 CC하지 말라고 하는 선배는 없다. 왜 그런 걸까? 두 사람이 만나서 사랑을 하고, 섹스를 하고 헤어지는 일이 왜 남자보다 여자에게 흠결이 되는 것일까?

4. 물리적 거세와 공개 처형,
그리고 골 때리는 그녀들

성범죄를 어떻게 하면 예방할 수 있을까? 이 논의를 하기에 앞서 짚고 넘어갈 것이 있다. 나는 성범죄를 옹호할 생각이 없다는 것이다. 인간 행동은 결정론과 가능론의 관점에서 설명할 수 있다. 결정론은 환경이 인간 행동을 결정한다는 입장이고, 가능론은 주어진 환경을 극복하는 인간의 주체성을 강조하는 입장이다. 나는 이 중 결정론의 관점에서 성범죄를 해석했다. 남녀 관계에서 여자는 대개 모호한 입장을 취하게 마련이기 때문에 남자의 입장에서는 작은 확률에라도 걸어보는 수밖에 없다고 했다. 이 말은 자칫 범죄를 저지른 가해자가 잘못한 게 아니라 직접적으로 거부 의사를 표하지 않은 피해자가 잘못한 것이라는 뜻으로 해석될 수도 있다.

그래서 많은 사람들은 성범죄를 가능론의 관점에서 해석하고 싶어한다. 성범죄는 오로지 범죄를 저지른 개인의 문제이기 때문에 개인이 모든 책임을 져야 한다고 주장한다. 대표적인 게 형량 강화론이다. 나영이 사건, 버닝썬 사건, N번방 사건 등 굵직한 성범죄 사건이 터질 때마다 사람들은 성범죄에 대한 형량을 강화해야 한다고 목소리를 높인다. 수형 기간 연장은 물론이고, 태형이나 물리적 거세, 공개 처형 등 문명 사회에서 용납될 수 없는 수위의 형벌까지도 허용되어야 한다고 주장한다. 그리고 이런 주장들에는 으레 인간으로서 도리를 저버린 자들에게는 인권도 필요없다는 근거가 따라붙는다.

> 성범죄자에 대한 물리적 거세가 논의돼야 한다고 보는 의견도 다수다. 물리적 거세를 거론한 네티즌들은 "화학적 거세는 호르몬 관련 문제로 제2의 논란이 발생할 수 있으니 깔끔하게 물리적으로 거세해야 한다", "성범죄자에 대해서는 화학적 거세는 물론이고 물리적 거세, 사형 등 모든 처벌 방법을 고려해야 한다", "화학적 거세 돈 많이 든다던데 물리적으로 거세하자" 등의 반응을 내놨다.
>
> — CIVIC뉴스 정인혜, 〈성범죄 화학적 거세 대상 확대…강간미수·몰카 촬영범도 포함〉, 2017. 7. 19

형량 강화는 분명 성범죄를 억제할 수 있는 유용한 도구다. 사람들은 어떤 행위를 할 때 그 행위의 득과 실을 따진다. 강렬한 감정에 휩쓸리거나 시간 혹은 인지적 자원이 부족해서 잘못된 판단을 내릴 때도 있지만 그 순간에도 사람은 그 선택이 자신에게 가져다줄 수 있는 득과 실을 고려하여 최대한 많은 이득을 얻을 수 있는 행동을 하려 노력한다. 성범죄도 마찬가지다. 어떻게든 그에게 이득이 된다고 생각하기 때문에 성범죄를 저지르는 것이다. 형량 강화는 이에 대한 반대급부, 손실로 기능한다. 따라서 성범죄에 대해 매우 강력한 형벌을 시행한다면 분명 성범죄는 줄어들 것이다.

하지만 형량 강화론에는 부작용도 있다. 사회 구조의 문제, 그리고 그 사회 구조 속에 속한 우리 자신의 문제로부터 눈을 돌리게 만든다는 점이다. 사람들이 형량 강화에 대한 토론을 벌이는 모습은 내기 당구나 내기 볼링을 떠오르게 한다. 볼링이나 당구 내기를 할 때 사람들은 자기가 얼마나 승산이 있는지를 고려하여 판돈을 건다. 질 것 같으면 조금 걸고 이길 것 같으면 많이 건다. 그리고 많이 건 쪽(대개는 실력이 더 뛰어난 쪽)은 으레 조금 건 쪽을 도발한다. "왜? 이기면 되잖아? 혹시 질까 봐 겁먹은 건 아니지?" 형량 강화론도 비슷하다. 자기는 성범죄와 아무 상관이 없다고 생각할수록, 자기 안에 있는 성범죄의 잠재성을 성찰하지 못하는 사람일수록 수위 높은 형벌을 제시한다. 그리고는 말한다. "왜? 안 저지르면 되잖아? 너도 성범죄 저지를까 봐 걱정돼?"

만약 이들의 주장이 받아들여져 어느 성범죄자가 광화문 이순신 장군 동상 앞에서 군중들에게 돌팔매를 맞고 죽었다고 가정해보자. 사람들은 통쾌해할 것이다. 악마가 처단되고 정의가 구현되었으니 더 이상은 성범죄가 발생하지 않을 거라고 생각할 것이다.

하지만 그 통쾌함 속에서 자신에 대한 성찰은 사라질 것이다. 어머니나 여동생, 애인이나 직장 동료 등 주변 여자들과 평화롭게 공존하고 있는 내게도 성범죄의 가능성이 숨어있다는 사실에 대해선 생각하지 않게 될 것이다.

성찰하니 않으니 변화는 없을 것이다. 계속 누군가의 성적 자유의지를 무시할 것이고, 그걸 로맨스라고 생각할 것이다. 사랑해서 한 일인데 뭐가 잘못이냐고, 사랑이 죄냐고 말할 것이다. 그중 일부는 범죄로 발전하게 될 것이다. 그러면 또 형벌 강화론이 대두될 것이다. 사람들은 또 통쾌해할 것이고 또 금방 잊어버릴 것이다. 그렇게 반복될 것이다.

내가 결정론을 주장하는 건 그 때문이다. 성범죄자들은 괴물이 아니다. 어떤 면에서는 우리와 별다른 바 없는 평범한 사람들이다. 하지만 그 사실이 그들에게 면죄부를 주는 건 아니다. 오히려 그들과 별다르지 않은 우리 자신을 돌아보아야 한다. 우리와 같은 보통 사람이라서 그들을 용서해야 하는 게 아니라, 우리와 다르지 않은 그들이 범죄를 저질렀으니 우리 역시 언제든 범죄의 가해자가 될 수 있다는 경각심을 가져야 한다는 것이다.

그렇다면 무엇을 해야 할까? 축구를 해야 한다. 당신이 생각하는 그 축구 맞다. 발로 공차서 그물에 집어넣는, 여자들이 군대 얘기 다음으로 재미없어한다는 그 놀이 말이다. 황당하게 들리겠지만 축구는 성범죄 예방에 도움이 된다.

내가 이 책의 모든 챕터에서 일관적으로 내세우는 세계관은 인간은 동물이라는 것이다. 태초에 어느 미생물이 있었고, 그 미생물은 돌연변이와 체세포 분열을 통해 다양한 형태의 생물들을 만들어냈다. 이 중 몇몇은 번식을 통해 자신의 유전자를 후대에 전달했지만 나머지는 그러지 못했다. 그 토너먼트를 통해 번식에 유리한 형질들만 모으고 모아서 만들어낸 게 현대를 살아가는 모든 생물들이다. 그런 점에서 인간은 여타의 동물들과 별로 다르지 않다. 인간이 숭상하는 이성이란 큰 덩치나 날카로운 이빨, 날렵한 몸과 같은, 번식에 유리한 여러 형질 중 하나일 뿐이다. 곰은 힘이 센 동물이고, 치타는 날쌘 동물이고, 새는 하늘을 날 수 있는 동물이라면 인간은 머리가 좋은 동물이다. 본질적인 차이는 없다.

그리고 이 세계관의 대척점에는 인간은 신의 창조물이라는 입장이 있다. 이 세계관에 따르면 인간은 신이 자신의 형상을 본떠서 만들어낸 존재다. 고양이의 창조주는 엄마 고양이와 아빠 고양이지만 인간의 창조주는 신이다. 그렇기에 인간에게는 엄마 고양이와 아빠 고양이의 힘으로는 만들 수 없는, 영혼이라는 게 있다. 그래서 인간은 여타의 동물들과는 근본부터 다르다. 동물은 그저 생존과 번식이라는 1차원적 욕구를 충족하기 위해 살아가지만, 인간은 학술적 진리나 종교적 이상, 혹은 정치적 신념을 위해서 목숨까지도 걸 수 있다. 그게 인간의 위대함이다.

그런데 내 주변 사람들에게 나의 세계관을 말했을 때 대개 남자보다는 여자들이 훨씬 더 큰 거부감을 보였다. 남자들은 인간은 동물이며 우월한 유전자를 가진 여자를 만나서 자손을 남기는 것 외에 인생에는 별다른 의미가 없다는 세계관을 받아들이는 데 큰 어려움을 느끼지 않았으나 여자들은 이를 혐오스럽거나 불편하게 생각했다. 이들은 삶은 그렇게 무의미한 것이 아닐 거라고, 어느 초월적인 존재로부터 부여된 고차원적인 삶의 의미가 어딘가에는 있을 거라고 생각했다. 강남순 교수의 저서 『페미니즘과 기독교』에 따르면 통계적으로도 기독교인들의 70%이상이 여성이라고 한다.

어느 쪽이 맞는지는 잘 모르겠다. 나는 태초의 생물을 본 적도 없고, 하나님을 본 적도 없다. 그렇다고 하나님이나 고대 생물의 흔적을 전문적으로 연구하는 사람도 아니다. 하지만 어느 세계관이 어떤 성별에게 도움이 되는지는 확실히 말할 수 있다. 진화심리학적 세계관은 남자에게, 기독교적 세계관은 여자에게 유리하다. 여러 차례 강조했듯 남자는 번식이라는 사업을 위해 적은 자원을 투자한다. 그렇기 때문에 남자는 상대를 신중하게 고를 필요가 없다. 그저 최대한 많은 여자와 짝짓기를 하기만 하면 된다. 그래서 남자는 자신의 몸을 신성화하거나 낭만화해선 안 된다. 동물의 발정이나 누군가를 향해 느끼는 낭만적이고 수줍은 감정이나 본질적으로는 다르지 않다는 걸 받아들여야 한다. 그래야 가벼운 마음으로 여러 여자들에게 씨를 뿌릴 수 있다. 반면 여자는 짝짓기 상대를 신중하게 골라야 하는 입장이다. 그러려면 자신의 몸을 소중하고 신비로운 것으로 여겨야 한다. 자신의 몸을 가벼이 여기는 여자는 무능력하고 불성실한 남자들의 욕망으로부터 자신의 소중한 번식 자원을 지킬 수 없다. 진화심리학이 남자들에게, 기독교가 여자들에게 더 매력적으로 와닿는 건 아마 이런 이유 때문일 것이다.

> 어쩌면 우리는 (오럴 섹스와 자위를 포함해 섹스는 짜릿한 기분을 느끼게 해줄 수 있으며 마땅히 그래야 한다는) 사실만 꽁꽁 숨겨두면 여자아이들이 섹스에 대해 아무것도 모른 채 '순수한' 상태를 유지할 것이라 믿었는지도 모른다. 하지만 오히려 그 반대라면 어떨까. 자신의 신체가 보이는 반응을 이해하고 단순히 섹시함을 흉내내기보다 진정으로 '자신의 섹슈얼리티를 표현'할 수 있게 되면 성관계에 대한 여자아이들의 기대치가 실제로 높아지지 않을까? 자기 자신을 좀더 정확하게 파악하게 되면, 연인관계든 단순히 즐기기 위한 관계든 상관없이 성경험에 더 높은 기준을 적용하게 되지 않을까?
>   - 페기 오렌스타인, 『아무도 대답해주지 않은 질문들, 우리에게 필요한 페미니즘 성교육』, 문학동네, 123p.

그런데 문제는 이러한 세계관이 여성을 성에 대해 무지하게 만든다는 것이다. 남자들은 분명 결함이 많은 존재다. 그들은 무모하고 유치하고 충동적이다. 그런 주제에 근거 없는 자신감에 가득 차있고 건방지며 무례하기까지 하다. 하지만 그런 남자들로부터 여자들이 배워야 할 게 딱 하나 있다. 남자들은 자기가 무엇을 원하는지 잘 안다는 것이다. 남자들은 혼자 있을 땐 야동을 보고, 잠자리에 누워서는 여자랑 섹스를 하는 상상을 하고, 친구들이 모이면 학과에 있는 예쁜 여자 후배나 길을 지나는 예쁜 여자에 대한 이야기를 한다. 그래서 그들은 자신들이 어떤 여자와 어떤 장소에서 어떤 체위로 섹스를 하길 원하는지 너무나 잘 안다. 하루 종일 그 생각만 하는데 어떻게 모르겠는가.

하지만 여자들에겐 한 마리의 동물로서 자신의 본능적 욕망을 직시할 기회가 충분히 주어지지 않는다. 사춘기 소년들이 야동을 보고 자위를 하는 건 자연스럽게 여겨지지만 소녀들이 성욕을 갖는 건 뭔가 야릇하고 망측하게 여겨진다. 남학생이 성관계를 하면 또래들 사이에서 영웅이 되지만 여학생은 걸레라는 수군거림을 듣는다.

그렇게 여성은 동물이면서도 동물이 아닌 애매한 존재가 된다. 인간이라는 동물은 배고프면 배에서 꼬르륵 소리가 나고 배가 부르면 트림이 나도록 설계되어 있지만 여성에게는 이런 생리현상이 경박하고 부끄러운 일로 여겨진다. 모든 영장류는 몸이 털로 뒤덮여 있지만 호모사피엔스의 암컷인 여자들은 털이 나면 족집게로 뽑거나 피부과에 가서 제모 시술을 받는다.

이는 여성의 성적 자기결정권을 약화시키는 결과를 가져오게 된다. 청소년, 특히 여학생들을 대상으로 한 성교육 시간에 가장 많이 등장하는 말이 싫어요, 안돼요. 누군가가 원치 않는 성적 접촉을 시도해올 때 단호하고 강경하게 거부 의사를 밝히라는 것이다. 이는 분명 중요하다. 성범죄의 상당수는 권력 관계 하에서 일어난다. 직장 상사나 학교 선생님, 친척 어른이 성적 행위를 요구해올 때 직원이나 학생, 아이의 입장에서는 거절하기가 쉽지 않다. 그렇기 때문에 싫을 땐 싫어요, 안돼요라고 할 줄 아는 용기가 필요하다.

하지만 여기에는 전제가 필요하다. 좋을 때 좋다고 말할 줄도 알아야 한다는 것이다. 좋을 때 좋다고 말하지 못하면 싫을 때 싫다고 말한다고 해도 상대방의 입장에서는 정말로 싫어서 싫다고 하는 건지, 좋으면서 쉬운 여자처럼 보이고 싶지 않아서 싫다고 하는 건지 알 수가 없다. 설령 직감으로 느낄 수 있다고 하더라도 당신과 섹스를 하고 싶은 누군가는 그 직감을 애써 무시하려 들 것이다.

그런데 사회는 여자아이들에게 자신이 언제 좋은지를 생각해볼 기회를 주지 않는다. 성은 더럽고, 난잡하고, 저질스러운 것이기 때문에 착하고 고결한 아이라면 성을 알아서도, 즐겨서도 안 된다고만 가르친다. 그래서 여자아이들은 성에 대해 막연한 두려움과 거부감을 갖게 된다. 자신이 어떤 남자와 어떤 장소에서 어떤 방식의 섹스를 하길 원하는지 상상하는 것조차 불경한 일로 여기게 된다.

그래서 얼렁뚱땅 성관계를 맺게 된다. 남자 친구가 하고 싶어 하니까, 남들도 하니까, 이 정도는 해줘야 할 것 같으니까, 안 해주면 헤어질 것 같으니까 성관계를 한다. 심지어는 영상을 찍거나 가학적인 성행위를 하기까지 한다. 자기가 그런 방식의 성관계를 원하는지 원하지 않는지도 모른 채로.

같은 사교클럽 회원 몇 명이 장난으로 홀리의 생일에 바이브레이터를 선물한 적이 있었다. 어느 날 집에서 혼자 심심했던 홀리는 바이브레이터

를 한번 써보기로 결심했고, 처음으로 오르가슴을 느꼈다. 홀리는 여름 내내 자신의 몸을 구석구석 탐구하며 보냈다. "완전 최고였어요! 어색함을 무릅쓰면서 다른 사람에게 부탁하지 않고도 제 몸에 대해 전부 배울 수 있었어요."

– 페기 오렌스타인, 『아무도 대답해주지 않은 질문들, 우리에게 필요한 페미니즘 성교육』, 문학동네, 206p.

여성이 축구를 배워야 하는 이유는 그것이다. SBS에서는 2021년 6월부터 〈골 때리는 그녀들〉이라는 예능 프로그램을 시작했다. 여자 연예인들이 나와서 축구를 하는 프로그램이다. 축구 경기 자체로만 본다면 사실 이 프로그램은 그다지 흥미롭지 않다. 남자들은 누구나 학창시절 체육시간이나 점심시간에, 혹은 군대에서 축구를 접하지만, 여자들은 극소수 엘리트 축구선수 지망생들이 아니라면 축구를 해볼 일이 없다. 그래서 이 프로그램에서 난생 처음 축구공을 다루어보는 여성 출연자들의 몸놀림은 너무나도 어설프다. 손흥민이나 박지성 같은 슈퍼스타들의 경기는 말할 것도 없고, 아이들이 학교 운동장에 삼삼오오 모여서 하는 동네축구에도 미치지 못할 정도의 수준이다. 하지만 이 프로그램은 끝내주게 재미있다. 과장을 조금 보태자면 챔피언스리그나 유로 대회보다도 재미있다.

이 프로그램의 진정한 매력은 야성이다. 연예인은 자신의 매력 자원을 상품화하여 돈을 버는 사람들이다. 그래서 연예인들은 자신이 갖고 있는 여러 면모 중 상품가치가 높은 건 과장하고, 적은 건 숨긴다. 배우들은 연기력과 미모를 강조하고, 걸그룹은 섹시한 안무나 사랑스러운 애교를 강조하고, 모델은 개성있는 스타일과 훤칠한 몸매를 강조한다. 그런데 이 프로그램은 그 중 아무것도 보여주지 않는다. 대신 그 모든 것을 소거한, 영장류 암컷으로서의 동물적 본능을 보여준다. 몸이 뜻대로 따라주지 않을 때는 답답함에 "아우, 씨!" 하며 소리를 지르고, 팀원들의 집중력이 해이해지면 비밀 작전을 수행하는 군인들처럼 집중하라며 서로를 독려하고, 골을 넣고 나서는 개선 장군들처럼 얼싸 안고 기뻐하는 모습을 보여준다.

우리가 알고 있는 사랑스럽거나 우아하거나 섹시한 여자 연예인의 모습은 분명 아니다. 하지만 그 헝클어진 머리와 땀에 전 몸, 그리고 거친 숨소리는 어떤 무대, 어떤 드라마나 영화에서도 느낀 적이 없는 울림을 준다. 어떤 연기도 이보다 진정성 있을 수 없고, 어떠한 몸짓도 이보다 섹시할 수 없다.

축구를 통해 배울 수 있는 건 그것이다. 우리는 신이 아니다. 천사도 아니다. 만물의 영장도 아니고, 신이 만들어낸 최고의 걸작도 아니다. 우리는 그냥 '털 없는 원숭이'다. 몸을 격하게 움직이면 땀 냄새가 나고, 밥을 많이 먹으면 트림이나 방귀가 나오고, 숨이 차면 침이 질질 흐르는 게 인간이라는 동물이다.

그러니까 우리는 성이라는 걸 부끄러워할 필요가 없다. 우리는 엄마와 아빠가 섹스를 해서 태어났고, 우리도 똑같은 방식으로 아들딸을 낳을 것이다. 오랑우탄이나 얼룩말, 북극곰이 그랬듯이 말이다. 지난 수십억 년 동안 그랬고 앞으로도 그럴 거다. 그러니까 당당하게 말해라. 섹스하자고. 섹스하고 싶다고.

그리고 이 당당함은 당신들의 성적 자기결정권을 지켜주는 든든한 버팀

목이 될 것이다. 더욱 많은 여성들이 자기의 성욕을 직시하고 당당하게 표현할 수 있게 된다면 남자들 역시 여자의 거절은 정말로 거절일 뿐이라는 것, 만약 정말로 자신에게 호감이 있었더라면 여자 쪽에서도 보다 적극적으로 관심을 표했을 거라는 점을 받아들이게 될 것이다. 이러한 인식이 확산될수록 여자에게 원치 않는 성적 접촉을 시도하는 남자들 또한 줄어들게 될 것이다. 설령 이를 무시하고 성범죄를 저지르는 남자들이 나오더라도 피해자가 적극적으로 거부 의사를 표하지 않았다는 따위의 변명을 하지는 못하게 될 것이다.

5장 ——————— 성매매,
여성에 대한 구조적 착취인가?
개인의 자유로운 선택인가?

1. 백 원이라면 할 거야, 혹은 백 원이라도 안 할 거야
2. 몸이라도 팔아야 하는 이들과 돈으로라도 사야 하는 이들
3. 모두가 알고 있지만, 아무도 입 밖으로 꺼내지 않는 이야기들

1. 백 원이라면 할 거야,
혹은 백 원이라도 안 할 거야

이건 내 친구에게 들은 얘기다. 어느 날 친구가 여자 친구와 함께 길을 걷는데 바닥에 웬 전단지가 굴러다니고 있었다. 아래를 내려다보니 전단지에 인쇄된 반라의 여자가 야릇한 눈빛으로 친구를 쳐다보고 있었다. 성인용 노래방 전단지였다. 전단지를 보고 여자 친구는 내 친구에게 저런 곳에 가본 적이 있냐 물었고, 친구는 없다고 답했다. 그리고 누가 저 돈을 주고 저런 데를 가냐는 말을 덧붙였다.

"백 원이라면 갈 거야?"

농담처럼 던진 이 질문에 친구는 정곡을 찔린 듯 당황했고, 황급히 말을 돌려버리고 말았다. 다행히 여자 친구는 더 파고들지 않았지만 조금은 실망스러운 표정을 지었고, 얼마 뒤 (물론 이 일 때문은 아니겠지만) 둘은 헤어졌다.

여자 친구가 던졌던 질문은 심오한 철학적 함의를 담고 있다. 선은 무엇인지, 그리고 이에 대립하는 악은 무엇인지에 대해 동서고금의 철학자들은 다양한 답을 내놓았다. 그중 대표적인 것으로는 벤담의 공리주의와 칸트의 정언명령이 있다. 두 철학의 차이는 상대성과 절대성으로 요약할 수 있다. 공리주의에 따르면 절대적인 선이란 없다. 선한 의도가 악한 결과를 낳을 수도 있고, 반대로 악한 의도로 한 행동이 좋은 결과를 낳을 때도 있다. 부모가 자식을 위하는 마음은 분명 선하지만 때로는 그 선한 마음이 집착이나 과보호로 나타나기도 하고, 기업인들은 오로지 이윤 추구라는 이기적 동기에 의해 움직이지만 그러한 이기심이 재화와 서비스를 공급하고 일자리를 창출하여 사회 전체의 부를 증대시키는 선한 결과를 낳기도 한다. 혹은 누군가에게는 도움이 되는 행동이 또 다른 누군가에게는 해가 되는 경우도 있다. 여성의 사회 진출을 독려하기 위한 여성 임원 할당제나 군 가산점 폐지는 필연적으로 남성에 대한 역차별 논란을 낳을 수밖에 없고, 최저임금 인상은 비정규직 노동자의 처우 개선에는 도움이 되지만 자영업자에게는 인건비를 증가시켜서 경영을 어렵게 만드는 요인이 되기도 한다. 결국 선이란 상황에 따라, 개개인의 입장에 따라 달라진다. 그렇기 때문에 유일한 기준이 될 수 있는 건 단 하나다. 최대다수의 최대행복. 행복의 총량이 늘어야 한다. 설령 소수의 행복을 어느 정도 희생시키더라도 이를 상쇄할 만큼 다수의 행복을 증가시켜서 사회 전체의 행복의 총량을 늘릴 수 있다면 공리주의의 관점에서 그것은 선한 행동이 된다.

반면 칸트의 철학에 따르면 절대적인 선이란 존재한다. 개인의 입장이나 이해관계와 상관없이 어떤 결과가 나올지라도 인간은 무조건 그 절대적인 선을 따라야만 한다. 결과가 좋게 나오더라도 의도가 그 절대적 선에 부합하지 않았다면 악이고, 결과가 나쁘더라도 절대적 선을 실천하려다 생긴 일이라면 그것은 선이다. 칸트는 그 절대적 선을 일컬어 정언명령이라 명명했다.

가령 선원 10명이 타고 있던 배가 암초에 걸렸다고 가정해보자. 배에는 점점 물이 차오르고 있고, 구명 보트에는 8명밖엔 탈 수 없다. 이런 상황에서 당신이 공리주의자라면 2명을 희생시켜야 한다고 할 것이다. 불치병에 걸려서 살아갈 날이 얼마 남지 않은 사람이건, 흉악범죄를 저질러서 살아 있을 가치가 없다고 판단되는 사람이건, 어떻게든 2명을 추려내야 한다고 주장할 것이다. 10명 모두가 죽는 것보다는 8명이라도 사는 것이 행복의 총량을 증가시키는 방법이니 말이다. 하지만 당신이 칸트주의자라면 다를 것이다. 어떤 상황에서도 인간은 가장 궁극적인 목적이어야 한다고. 설령 다른 사람들을 살리기 위한 것이라 하더라도 인간은 다른 목적을 위해 희생될 수 없다고 말할 것이다.

위의 일화에서 내 친구는 공리주의적 관점을 취하고 있다. 그에게 있어 성매매가 악인지, 선인지는 상황에 따라 달라진다. 성매매 업소는 분명 많은 돈을 주고 갈 만한 곳은 아니다. 경찰에 걸려서 처벌을 받고 사회적 위신이 실추될 수도 있다는 걸 감안한다면 더욱 그렇다. 하지만 만약 '그 돈'이 이 모든 것들을 상쇄할 만큼 적다면, 요컨대 여자 친구가 말했던 백 원이라면 이야기는 달라진다. 성관계를 통해 얻을 수 있는 즐거움의 가치는 백 원을 아득히 초월하기 때문에 돈을 주고 성을 구매하는 건 그의 행복의 총량을 증대시킬 수 있는, 공리주의적 관점에서의 선이 된다.

반면 그의 여자 친구는 칸트주의적 관점을 취하고 있다. 인간의 성을 돈을 주고 취할 수 없다는 건 그녀에게 있어 정언명령이다. 그렇기 때문에 무조건 따라야 한다. 백 원에 살 수 있다 하더라도, 설령 내 친구가 너무나도 성적 매력이 떨어져서 다른 방법으로는 도저히 성관계를 맺을 방법이 없다 손 치더라도 여성의 성을 돈을 주고 사는 건 절대로 있을 수 없는 일이다.

"어떠한 상황에서도 성은 상품화될 수 없는가?"

그러므로 성매매를 둘러싼 논쟁에서 가장 먼저 던져야 할 질문은 이것이다. 성매매 합법화를 주장한다면 당신은 아마 공리주의자일 것이다. 인간은 모두 행복해지길 원한다. 성을 판매하는 게 여성을 불행하게 만든다면, 성을 구매하는 게 남성을 불행하게 만든다면 성을 둘러싼 경제적 거래는 알아서 근절될 것이다. 그런데 현실은 다르다. 세상에는 성적 자원을 파는 여성과 그것을 사는 남성이 있다. 사지 말라고 해도 사고, 팔지 말라고 해도 판다. 그 자체로 여성의 성을 사고 파는 일이 성 판매자와 구매자 양쪽 모두의 행복의 총량을 증가시킨다는 근거가 되지 않을까?

집 안 살림을 해본 사람이라면 누구나 아는 진리가 있다. 밖에서 더 싸게 살 수 있는 물건은 절대로 집에서 만들지 말라는 것이다. 양복점 주인은 자기 신발을 만들지 않고 신발 가게에서 산다. 신발가게 주인은 자기 옷을 만들어 입는 것이 아니라 양복점에서 맞춘다. 농부는 그나마 옷이나 신발 어느 것도 만들지 않고 이 물건을 만드는 사람들을 이용한다. 모든 사람들은 자기가 이웃에 비해 우위에 있는 생산활동에 전념해서 자기가 생산한 물건의 일부를 지불하고, 즉 생산물의 일부에 해당하는 가격을 지불하고 자기들이 필요한 물건을 구입하는 것이 더 이익이라는 사실을 알고 있다.
- 그레고리 맨큐, 『맨큐의 경제학 3판』, 교보문고, 65p.

경제학에서는 이를 비교우위라는 개념으로 표현하기도 한다. 일본과 베트남이 자동차와 쌀이라는 두 가지 재화를 생산한다고 가정해보자. 일본은 공업국가이기 때문에 자동차 만드는 데에 강점이 있다. 반면 땅이 좁고 척박하여 농사를 짓기엔 부적합하다. 만약 일본이 모든 자원을 자동차 생산에 투자한다면 자동차를 10대 만들 수 있고, 모든 자원을 쌀농사에 투자한다면 100가마니의 쌀을 수확할 수 있다. 반면 베트남은 일본만큼 공업이 발달하진 않았지만 넓고 비옥한 평야를 갖고 있기 때문에 하루에 5대의 자동차, 혹은 200가마니의 쌀을 생산할 수 있다.

	1일 생산량		자급자족		비교우위에 따른 분업	
	자동차	쌀	자동차	쌀	자동차	쌀
일본	10	100	5	50	10	
베트남	5	200	2.5	100		200
합계			7.5	150	10	200

이때 선택지는 두 가지다. 첫 번째는 자급자족이다. 일본과 베트남이 각각 절반의 자원은 자동차 생산에, 나머지 절반의 자원은 쌀농사에 투자하는 것이다. 그렇게 한다면 일본은 하루에 5대의 자동차와 50가마니의 쌀, 베트남은 2.5대의 자동차의 100가마니의 쌀을 생산할 수 있을 것이다. 두 국가의 생산량을 합치면 자동차는 7.5대, 쌀은 150가마니다.

두 번째 선택지는 비교우위에 따른 분업이다. 각자가 더 생산성이 뛰어난 분야를 특화시키는 것이다. 베트남은 농업 생산성이 뛰어나고, 일본은 공업 생산성이 뛰어난 국가다. 만약 두 국가가 각기 생산성이 뛰어난 분야에 모든 자원을 투자한다면 일본은 하루에 10대의 자동차, 베트남은 200가마니의 쌀을 생산할 수 있다. 자급자족했을 때에 비해 자동차 생산량은 2.5대, 쌀 수확량은 50가마니 늘었다. 최대 다수의 최대 행복이라는 공리주의적 관점에서의 선이 달성된 것이다.

공리주의자들은 성매매라는 문제 역시 이러한 관점에서 접근한다. 돈과 성은 모든 인간에게 꼭 필요한 자원이다. 돈이 있어야 의식주를 해결할 수 있고, 성은 인간이 갖고 있는 가장 원초적인 욕구 중 하나다. 그런데 이 두 가지 자원은 모든 인간에게 균등하게 분배되지 않는다. 남성은 평균적으로 여성보다 돈을 많이 번다. 정규직으로, 더 오랜 기간 일하며, 소득 수준이 높은 산업 분야에 많이 종사한다. 남자라면 돈을 많이 벌어서 처자식을 부양할 수 있어야 한다는 사회적 인식도 한 가지 요인이 될 수 있을 것이다. 하지만 성에 대해서라면 여성이 더 유리하다. 대부분의 남성은 초면의 여성, 별로 매력적이지 않은 여성과도 기꺼이 성관계를 맺을 의향을 갖고 있기 때문에 여성은 마음만 먹는다면 쉽게 남성과 성관계를 맺을 수 있다. 하지만 남성은 다르다. 여성과 성적 관계를 맺으려면 엄청난 시간과 노력, 감정 에너지를 소모해야 한다. 그런데 꼭 남성과 여성이 자신에게 부족한 자원을 자급자족해야 할까? 남성이 꼭 부족한 성적 매력을 이용해서 성적 파트너를 구해야 할까? 그 과정에서 엄청난 거절과 모멸을 당하면서 자존감이 박살나는 경험을 할 텐데? 여성이 꼭 힘들게 회사를 다녀야 할까? 자신의 성적 자원을 상품화한다면 훨씬 적은 시간과 노력으로 더 많은 돈을 벌 수 있을 텐데? 남성과 여성이 돈과 성이라는 여분의 자원을 교환한다면, 즉 여성의 성을 상품화한다면 둘 다 각자에게 필요한 자원을 더 쉽게 구할 수 있지 않을까? 그렇게 하면 남성과 여성 모두 행복해지지 않을까?

한편 성매매는 절대악이며, 따라서 국가 차원에서 엄중한 처벌을 해야 한다고 여기는 이들도 있다. 이들의 논리는 칸트의 철학을 전제로 한다. 칸트의 정언명령에 따르면 인간은 다른 무엇을 위한 수단이 될 수 없다. 그런데 성매매는 한 인간을 다른 인간의 성욕을 충족하기 위한 수단으로 삼는 행위다. 그렇기에 성매매는 있어서는 안 되는 절대악이다. 설령 성 판매 여성과 성 구매 남성들이 자신의 의지로, 자신의 행복을 극대화시키기 위해 하는 일이라 할지라도 정당화될 수 없다.

미국 등의 국가들은 이러한 논리에 따라 성 구매자와 판매자 양방을 모두 처벌하고 있다. 이들 국가에서 성은 돈으로 거래될 수 없는 소중하고 숭고한 것으로 여겨진다. 따라서 성을 판매하는 여성은 돈을 받고 자신의 존엄성을 팔아넘긴 헤프고 천박한 여자, 성을 구매하는 남성은 자신의 성적 본능을 통제하지 못하는 짐승 같은 남자가 된다. 이러한 논리에 따라 성의 구매자와 판매자 모두를 처벌하는 것을 성도덕적 금지주의라고 한다.

두 관점 중 나는 공리주의적 관점을 취할 것이다. 칸트주의자들의 견해에서 타당성을 발견하지 못했기 때문이다. 칸트의 정언명령에 따르면 인간은 다른 목적을 위한 수단이 될 수 없다. 인간은 언제나 궁극적 목적으로 존중받아야 한다. 그런데 안타깝게도 우리가 살아가는 세상의 모습은 그렇지 않다. 자본주의 사회에서 대부분의 인간은 이미 다른 목적을 달성하기 위한 수단으로 살아가고 있다. 회사원은 회사에 이익을 가져다주기 위한 수단이고, 배달원은 음식을 빨리 갖다 주기 위한 수단이며, 교사나 학원 강사는 지식을 전달하기 위한 수단이다. 사람들은 각자 자기가 가진 자원 중 가장 시장 가치가 높은 것을 활용해서 돈을 벌고 있다. 그리고 그 과정에서 당연히 자신의 자아와 감정을 일정 부분 희생한다. 그런데 성이라는 자원은 왜 특별대우를 받아야 하는가? 성적 자원도 나의 일부고, 문서 작성 능력이나 자동차를 수리하는 능력도 나의 일부인데 왜 후자를 상품화하는 건 합법이고 전자를 상품화하는 건 불법인가?

당신이 칸트주의자라면 이에 대해 몇 가지 반박을 할 수 있을 것이다. 하지만 이 반론들은 공리주의자의 입장에서 봤을 때 대개 타당하지 않다. 첫 번째로 할 수 있는 반론은 성은 아름답고 숭고하다는 것이다. 성적 행위는 일반적으로 사랑하는 사이에서 이루어진다. 그리고 현대 사회에서 사랑은 가장 아름답고 신비로우며 성스러운 감정이라고 여겨진다. 그런데 성을 판매하는 여성들은 돈을 받았다는 이유로 누군가를 사랑하는 감정과 몸짓을 연기해야 한다. 이 얼마나 비극적인 일인가.

하지만 이들의 주장과 달리 사랑이란 감정이 꼭 그렇게 아름다운 것만은 아니다. 성매매 여성은 왜 성을 파는가. 물론 돈을 벌기 위해서다. 그렇다면 돈을 벌어 무엇을 할 것인가. 생활에 필요한 여러 가지 물건이나 서비스를 구매할 것이다. 그렇다면 그것을 왜 구매하는가. 안정적이고 편안한 생활을 하기 위해서다. 즉, 성매매라는 관계에서 성 구매 남성은 성 판매 여성으로부터 성적인 즐거움을 얻는 대신 안전하고 편안한 생활을 제공하는 후견인 혹은 보호자 역할을 수행하게 된다.

한편 정상적으로 여겨지는 연애 관계에서는 이러한 거래 관계가 드러나지 않는다. 사랑에 빠질 뿐이다. 누군가가 생각나고, 그 사람의 안부가 궁금하고, 그 사람을 품에 안고 싶어질 뿐이다. 그래서 사람들은 사랑을 아름답다 말한다. 그런데 남자가 어떤 여자와 그리고 여자가 어떤 남자와 사랑에 빠지는지를 하나하나 뜯어보면 꼭 그렇지도 않다. 남자는 젊고 예쁜 여자를 원한다. 지적 능력이나 생활력이 뛰어나지 않더라도 피부와 머릿결, 몸매가 좋다면 상쇄가 된다. 반면 여자는 사회적 지위가 높은 남자를 원한다. 조금 나이가 많고 못 생겼더라도 직업이나 집안이 좋고 리더십이 있는 남자를 원한다. 사회 생활을 하는 여성이 점점 늘어나고 있는 오늘날에도 결혼을 할 때는 대개 남성이 더 나이가 많고, 연봉과 직급, 학력이 높다. 왜 그런 걸까? 젊고 예쁜 여자는 남자에게 성적 즐거움을 줄 수 있고, 사회적 지위가 높은 남자는 여자에게 안락한 생활을 보장할 수 있기 때문이다. 금전을 매개로 한 직접적 거래가 이루어지진 않지만 성적 즐거움을 누리고 싶고, 편리한 생활을 하고 싶은 욕구는 누구에게나 있다.

　사람들이 성을 둘러싼 거래를 더럽다고 욕하는 건 오히려 그들에게 그러한 거래를 하고 싶은 욕망이 있다는 걸 인정하는 것일 수도 있다. 심리학에는 투사라는 개념이 있다. 자기 안에 있는 죄의식, 열등감, 공격성과 같은 부정적인 감정을 타인에게 돌림으로써 자기 안에 그런 감정이 있다는 걸 부정하려는 심리 기제를 말한다. 내 경험을 말하자면, 나는 예전부터 허세를 부리는 남자를 싫어했다. 여자에게 잘 보이기 위해서 자기의 손톱만한 성취를 부풀리고, 동성 친구를 웃음거리로 만드는 게 싫었다. 그래서 나는 반대로 행동했다. 내가 이룬 것들보다는 이루고 싶은 것들, 내가 가진 것들보다는 결핍된 것들에 대해 말했다. 하지만 그런 나에게도 여자에게 잘 보이고 싶은 욕구가 없었던 건 아니었다. 나는 생각과 지식의 깊이에 가치를 두는 사람이다. 내가 보기엔 자기가 가진 걸 내세우는 사람보다 자기에게 뭐가 부족한지 돌아볼 줄 아는 사람이 사려 깊고 멋진 사람이다. 그러니까 나는 그런 남자가 여자들에게 관심과 애정을 받는 게 맞다고 생각한다. 내가 내게 결핍된 것들을 말한 건 그래서였다. 사려 깊고 겸손한 내 모습을 여자들이 알아주길 바랐다. 결국 나는 내가 욕하던 남자들과 크게 다를 게 없었다. 남자들이 여자들 앞에서 센 척을 하기 위해 자기보다 약한 남자들을 웃음거리로 만들었듯 나도 여자들 앞에서 겸손하고 지적인 모습을 어필하기 위해 그렇지 않은 남자들을 웃음거리로 만들었다. 전략이 달랐을 뿐 그 전략을 통해 달성하려는 목적은 똑같았다. 하지만 그걸 인정하긴 싫었다. 그래서 나는 허세 부리는 남자들을 비판했다. 그들을 비판함으로써 내 안에 그들과 같은 욕구가 숨어있다는 걸 외면하려 했다.

성매매도 크게 다르지 않다. 원래 남자는 여자의 성을 원하고, 여자는 남자의 재력과 사회적 지위를 원한다. 그건 이상한 것도 잘못된 것도 아니다. 하지만 그 사실을 인정하기는 괴롭다. 자기의 사랑만큼은 그런 속물적인 감정이 아니길 원한다. 그래서 사람들은 성 구매자와 판매자를 욕한다. 그렇게 하면 마치 자기는 그런 욕망이 없는 순결한 사람처럼 느껴지니까. 그렇게 자기 자신마저 속이는 것이다.

두 번째로는 성행위는 생명의 탄생과 직결되는 활동이기에 더 진지하고 조심스럽게 다루어져야 한다는 반론을 할 수 있을 것이다. 하지만 이는 시대착오적인 생각이다. 중세 기독교 사회에서는 성행위가 아이를 낳기 위해 어쩔 수 없이 해야만 하는 형식적인 행위로 여겨졌다. 그래서 당시에는 기본적인 형태의 성기 접촉 외에 오럴 섹스나 애무, 자위, 페티시, 성기구 사용 등 성행위의 즐거움을 배가시키기 위한 행위들은 모두 죄악시되었다.

하지만 다양한 피임법이 생겨나면서 성행위와 생명의 연관성은 희미해졌고, 오늘날 성행위는 짝짓기 활동보다는 연인끼리 사랑을 확인하거나 단순히 육체적 쾌락을 즐기기 위한 행위로 인식되고 있다. 성이 신성한 것이기에 조심스럽고 신성하게 다루어야 한다면 결혼 전에 성관계를 하는 많은 연인들, 섹스 파트너 관계나 원나잇 스탠드를 즐기는 사람들을 먼저 잡아가야 할 것이다.

세 번째로는 성매매가 남녀 간의 불평등을 고착화시킬 수 있다는 우려를 제기할 수 있다. 성매매는 구매자의 성욕을 충족시키기 위해 판매자의 성을 이용하는 일이다. 즉 구매자는 목적이고 판매자는 수단이다. 그런데 대부분의 경우 성을 구매하는 건 남자고, 판매하는 건 여자다. 이러한 행위를 허용하는 건 여성의 지위를 남성의 성욕을 충족해주기 위한 수단으로 격하시키는 것과 다름없는 일이다.

그렇게 생각한다면 한 가지 질문을 해보겠다. 만약 어떤 남자가 여성인 당신에게 단돈 10,000원에 성관계를 해주겠다고 한다면 당신은 응하겠는가? 아마 아닐 것이다. 만일 100원이라면? 이번에도 같을 것이다. 역으로 남자 쪽에서 돈을 주겠다고 해도 당신들 중 대다수는 응하지 않을 것이다. 이상하지 않은가? 당신들의 주장처럼 성매매가 성구매자를 목적의 위치로 격상시키는 일이라면 당신들은 그 좋은 기회를 왜 마다하는가? 페미니스트들은 여성이 남성과 동등한 임금을 받고, 남성과 같은 비율로 국회의원이나 대기업 임원 자리에 오르고, 남성처럼 화장을 하거나 구두를 신지 않고도 남의 시선 의식하지 않고 편하게 다니길 원하면서 왜 성을 구매할 수

178

있는 특권은 거부하는가?

가장 쉽게 제기할 수 있는 반론은 역시 도덕이다. 여성은 남성보다 도덕적이기 때문에 돈을 주고 타인의 성을 구매하는 따위의 비도덕적인 짓은 하지 않는다고 말이다. 그런데 정말 그럴까? 성을 구매하는 사람의 대다수가 남성이고 판매하는 사람의 대다수가 여성이라는 사실이 여성이 남성보다 도덕적으로 우월하다는 근거가 될 수 있을까?

칸트는 어떤 행동의 도덕성을 판단하려면 그 행동에 의도가 깃들어있어야 한다고 했다. 도덕적 행동을 하겠다는 의지가 없이 자연스러운 본능에 의해 일어난 행동에 대해서는 그 행동이 도덕적인지 비도덕적인지를 따지는 것 자체가 불가능하다는 이야기다. 가령 호랑이는 육식동물이다. 그는 다른 동물을 살육하고 그 고기로 자신의 배를 채운다. 그에게 목덜미를 물린 사냥감이 고통에 몸부림치고 가녀린 울음을 내뱉어도 멈추는 법이 없다. 반면 사슴은 초식동물이다. 평화로운 초원에서 조용히 풀을 뜯어 먹으면서 산다. 하지만 그렇다고 해서 호랑이는 나쁜 동물, 사슴은 착한 동물이라고 말할 수 있을까? 아니다. 호랑이가 육식을 하고 사슴이 초식을 하는 것에는 아무런 도덕적 의지가 깃들어있지 않다. 다른 동물에게 피해를 주지 않기 위해 사슴이 초식을 하는 것도 아니고, 다른 동물을 괴롭히려고 호랑이가 육식을 하는 것도 아니다. 그들은 그저 그렇게 만들어졌을 뿐이다.

남성과 여성의 경우도 마찬가지다. 여성이 남성의 성을 사는 경우는 반대에 비해 현저히 적다. 하지만 이런 경향성이 여성이 남성보다 도덕적이라는 근거가 되려면 그 안에 도덕적 의도가 깃들어있어야 한다. 여성 역시 돈으로라도 사고 싶을 정도로 남성의 성을 원하지만, 인간으로서 남성의 존엄성을 지켜주기 위해 그 욕망을 억제하고 있는 것이어야 한다. 하지만 현실은 그렇지 않다. 남성의 성욕은 여성과 비교할 수 없을 정도로 강하다. 그래서 남성은 여성과의 성관계를 갈망한다. 충분한 정서적 교감이 없더라도, 상대가 별로 매력적이지 않더라도 기꺼이 받아들인다. 그렇기 때문에 여성의 입장에서는 섹스를 할 남자를 구하는 게 너무나도 쉽다. 여성이 성매매를 안 하는 건 그래서다. 굳이 돈까지 써가면서 남자와 섹스를 할 필요를 못 느끼는 것이지 어떠한 도덕적 이상을 실현하기 위해 성매매를 안 하는 게 아니다.

결국 누군가를 수단화할 수 있는 권력은 남성에게만 있는 게 아니다. 성매매라는 관계에서 여성이 남성에게 성적 즐거움을 주기 위한 수단이 된다면 남성은 여성의 생계를 책임져주기 위한 수단이 된다. 남성은 여성과의 섹스를 위해 기꺼이 돈을 지불하지만 (이벤트를 해주거나 선물을 사주거나 매너 있는 행동을 하지만) 여성은 그렇게 하지 않는다는 건 역설적으로 여성에게 여성으로서의 성적 권력이 있다는 것을 의미한다.(물론 남성에게는 경제적 권력이라는 다른 형태의 권력이 있다.)

분명 내가 생각하지 못한 다른 반론들이 많이 있을 것이다. 하지만 나는 이 문제에 대해 칸트주의의 관점에서 접근하지는 않을 것이다. 우리는 현실을 살아가는 인간들이기 때문이다. 칸트주의자들은 인간은 무한히 소중한 존재이기에 다른 어떤 목적을 위해 희생되어선 안 된다고 말한다. 달콤하고 멋진 말이다. 하지만 안타깝게도 우리가 살아가는 세상은 모든 것이 유한하다. 그렇기에 우리는 제한된 자원으로 최대한 많은 사람들에게 최대한 많은 행복을 제공할 방법을 고민해야 한다. 그렇기에 세상의 어떤 것도 무한히 소중할 수는 없다.

심지어는 사람의 생명조차도 그렇다. 대중교통의 안전 설비를 예로 들어보자. 교통사고가 나면 사람이 죽을 수도 있다. 그리고 칸트주의자들에 따르면 사람의 가치는 무한하다. 그렇다고 무한한 가치를 지닌 생명을 지키기 위해 15인승 마을버스에 항공기 비즈니스 클래스 수준의 안전 설비를 마련해두어야 할까? 그건 아니다. 항공 요금은 수십에서 수백만 원이지만 마을버스 요금은 1,000원 남짓이다. 그리고 운항 중인 항공기에서 사고가 나면 매우 높은 확률로 전원이 사망하게 되지만 마을버스에서는 사고가 나더라도 사람이 죽을 확률은 낮다. 발생할 가능성이 희박한 사고로부터 1,000원을 낸 승객들을 지키기 위해 항공기 수준의 안전 설비를 갖추는 건 수지타산이 맞지 않는 일이다. 버스 회사 사장은 안전 설비 구축에 앞서 이런 점들을 고려할 수밖에 없다.

많은 국가들은 징병제나 모병제를 실시한다. 징병제는 일정 연령대의 청년들을 강제적으로 징집하는 제도고, 모병제는 마치 공무원처럼 국가에서 일정한 돈을 주고 군인을 고용하는 제도다. 이는 국민(주로 남성)의 생명을 국가 안보라는 목적을 달성하기 위한 수단으로 삼는 행위로 칸트의 정언명령에 위배된다. 하지만 그렇다고 모든 국가에서 군대를 없애야 하는가? 그건 아니다. 군대가 없어지면 외국의 무력 도발로부터 자국의 안보를 지킬 수 없고, 결국 전 국민의 안위 역시 위태로워진다. 결국 국가는 군인이 임무를 수행하다가 사망할 확률, 그가 군대에 가지 않았더라면 벌 수 있었을 돈의 총액 등을 고려하여 군인의 생명의 가치를 평가할 수밖에 없다.

전근대 국가에서 행해졌던 야만스러운 관행들조차도 본질적으로는 다르지 않다. 고대 로마의 원형 경기장에서 로마인들은 굶주린 맹수와 검투사의 대결을 보며 열광했다. 이는 다수(관객들)의 즐거움을 위해 소수(검투사)의 생명을 희생시키는 야만적인 행위다. 하지만 오늘날에도 고대 로마의 검투사들처럼 자기 생명을 수단으로 삼아 타인에게 즐거움을 주고, 그 대가로 돈을 버는 이들이 있다. 신체 분리 마술이나 수족관 탈출 마술을 하는 마술사들, 액션 영화에 나오는 스턴트맨들이 그런 예다. 칸트주의에 따르면 이런 직업들은 다 없어져야 한다. 하지만 현실은 그렇지 않다. 검투사가 굶주린 사자와 싸우다 죽을 확률은 매우 높지만, 마술사가 수족관 탈출 마술을 하다 죽을 확률은 낮기 때문이다. 관객들, 그리고 마술사들은 마술사가 마술을 하다 죽을 확률과 그 마술을 통해 얻을 수 있는 관객의 즐거움을 저울질해서 마술사의 생명의 가치를 유한하게 책정하고 있는 것이다.

성도 마찬가지다. 성은 소중하다. 그러니 진지하게 다루어야 한다. 하지만 어떤 상황에서도 거래의 수단이 될 수 없을 정도로 무한히 소중한 건 아니다. 공리주의의 관점에서 성매매가 사회 전체의 행복의 총량을 감소시킨다면 이를 규제하는 게 옳겠지만 성은 무한히 소중하니 어떤 경우에도 상품화가 될 수 없다는 의견에는 나는 동의할 수 없다. 그렇기 때문에 앞으로의 논의는 칸트주의의 관점을 배제하고 공리주의의 관점에서 전개하도록 하겠다.

2. 몸이라도 팔아야 하는 이들과
돈으로라도 사야 하는 이들

지금까지 나는 공리주의와 칸트주의의 관점에서 성매매라는 현상을 분석했다. 그리고 앞으로의 논의에서는 칸트주의를 배제하겠다는 결론을 내렸다. 칸트주의자들은 인간이 무한히 소중한 존재이기에 다른 무엇을 위한 수단이 될 수 없다고 말하지만 실제로 우리가 살아가는 세상은 모든 게 유한하기 때문이다.

하지만 그렇다고 해서 당장 성매매 합법화를 주장하려는 건 아니다. 공리주의적 입장에서 성매매 합법화에 반대하는 이들도 있기 때문이다. 공리주의자들에 따르면 선이란 사회 전체의 행복의 총량을 증가시키는 행위다. 그리고 앞서 나는 당사자 간의 자유로운 거래는 사회 전체의 행복을 증진시킨다고 했다. 하지만 늘 그런 건 아니다. 판매자와 구매자 간 힘의 불균형으로 인해 한쪽이 원치 않는 거래를 억지로 해야 하는 경우도 있을 수 있고, 판매와 구매 당사자들은 거래를 통해 이익을 얻지만 사회 전체에는 악영향을 미치는 경우도 있을 수 있다. 만약 그렇다면 공리주의적 관점에서 성매매를 사회 전체의 행복의 총량을 감소시키는 악으로 규정하는 것도 가능하다.

스웨덴, 노르웨이, 캐나다 등의 국가에서는 이러한 논리에 따라 성매매를 금지하고 있다. 이들은 성매매 합법화에 반대한다는 점에서는 앞서 언급한 칸트주의자들과 유사하나 한편으로는 차이점도 있다. 칸트주의자들은 인간의 성은 고귀한 것이기에 어떠한 상황에서도 거래의 대상이 될 수 없다고 본다. 그들에게는 성, 그리고 인간을 수단화하는 행위 자체가 악이다. 그렇기 때문에 칸트주의자들의 입장에서는 성을 판매하는 여성이나 구매하는 남성이나 둘 다 처벌받아야 한다. 반면 공리주의적 관점에서 성매매에 반대하는 이들은 도덕주의적 관점에서 성매매에 반대하지는 않는다. 성매매가 구매자와 판매자 양쪽의 행복을 증진시킬 수 있다면 성을 거래하는 일도 허용될 수 있다고 본다. 하지만 이들이 보기에 그건 불가능하다. 성을 거래하는 일은 남성의 행복을 증진시키기 위해 여성의 성을 일방적으로 착취하는 행위이기 때문이다. 그래서 이들 국가에서는 성을 구매하는 남성은 처벌을 받지만 판매한 여성은 성을 착취당한 피해자로 규정되어 처벌받지 않는다. 이러한 관점을 신금지주의 혹은 노르딕 모델이라고 부른다.

이번에는 이들의 주장과 근거에 대해 검토해볼 것이다. 만약 성을 둘러싼 거래가 남성과 여성을 둘 다 불행하게 만든다면, 혹은 남성의 행복을 어느 정도 증진시키지만 그보다 훨씬 심각하게 여성의 행복을 침해한다면 성매매는 공리주의적 관점에서 근절되어야 할 사회악이라는 결론을 내릴 수 있을 것이다.

1) 성매매는 여성을 착취하는가?

성매매가 사회 전체의 행복의 양을 증가시킨다고 볼 수 있는 가장 강력한 근거는 성을 둘러싼 거래가 오로지 당사자들의 자유의지에 따라 이루어진다는 것이다. 만약 남성들이 군대를 가듯 여성들도 일정 기간 동안 의무적으로 성을 판매해야 한다면 성매매는 남성의 성적 쾌락을 위해 여성을 착취하는 행위가 될 것이다. 여성들 중에서는 자신의 성을 상품화할 의향이 있는 여성도 있지만 그럴 의향이 없는 여성도 있을 테니 말이다. 하지만 현실 세계에서 이루어지는 성매매에는 그런 강제성이 없다. 인신매매 같은 극단적인 경우를 제외한다면 모든 건 여성의 자유다. 성매매 합법화는 단지 여성에게 선택지를 하나 더 주는 것뿐이다. 싫으면 안 하면 된다. 그렇게 본다면 성매매가 여성에게 딱히 피해가 된다고 볼 근거는 없다.

하지만 여성이 스스로 성 판매를 하기로 결정했다고 해서 성 판매가 여성의 삶에 도움이 된다는 결론을 내릴 수 있는 건 아니다. 다른 선택의 여지가 없어서, 자신의 삶에 도움이 되지 않는 선택지인 걸 알면서도 어쩔 수 없이 선택하게 되는 순간들도 있기 때문이다. 산업 혁명 이후 노동자들의 상황이 그랬다. 산업 혁명 이전까지 제조업의 핵심은 장인이었다. 당시의 장인들은 A부터 Z까지, 제품을 만들어내기 위한 모든 공정에 직접 관여했다. 그래서 그들은 그들이 만드는 물건에 대한 모든 것을 마스터해야 했다. 그들은 말 그대로 장인(Master)이었다. 그러나 산업 혁명 이후 상황은 바뀌었다. 한 명의 장인이 전담했던 복잡한 공정이 누구나 금방 익힐 수 있는 일련의 단순 반복 노동들로 세분화되면서 비숙련 노동자들이 자기만의 노하우와 기술을 갖고 있던 장인을 대체하게 되었다. 당연히 자본가의 입장에서는 언제든 대체될 수 있는 비숙련 노동자들에게 높은 수준의 대우를 해줄 이유가 없었다. 그래서 노동 환경은 점점 열악해졌고, 임금은 점점 줄었으며, 근로 시간은 점점 늘어났다. 당시 대부분의 노동자들은 일주일을 일해도 일주일 생활비를 벌 수 없었다고 한다. 아무리 일을 열심히 해도 가난의 늪에서 벗어날 수 없는, 심지어는 더 가난해지는 악순환에 빠지게 된 것이다.

당시 노동자들은 자신의 삶을 직접 선택했다. 그만두려면 언제든 그만둘 수 있었다. 어떤 자본가도 그들을 억지로 일하게 시키지 않았다. 하지만 당시 노동자들의 선택을 온전한 자유의지에 의한 선택이라 볼 수는 없다. 다른 선택지가 없었기 때문이다. 당장의 기본적인 의식주를 해결하기에도 부족한 임금과 열악하고 비위생적인 근로 여건, 가혹할 정도의 노동 강도. 그걸 원하는 사람은 없다. 하지만 그런 일자리밖에 없다면 얘기는 달라진다. 그런 일이라도 해야 한다. 당시 노동자들의 상황은 그랬다. 그들에겐 당장 굶어 죽는 것과 천천히 말라 죽는 것밖에 선택지가 없었다. 그건 자유의지에 의한 선택이라 볼 수 없다.

몇 번의 수사에 동행하며 나와 거의 논쟁에 가까운 입씨름을 했던 한 경찰은 '사실 조사계에 오는 사기 고소 건의 80퍼센트 이상이 선불금 사건'이라고 말했다. 업주들이 성매매를 시작하는 여성들에게 건네는 돈을 선불금이라 하는데, 이 돈은 대부분 업주와 알선업자 등이 주고받으며 그 계산 방식도 알선업자들 마음대로였다. 막상 일을 하는 여성들은 차용증을 작성하고 함께 일하는 여성들의 연대보증까지 서지만 선불금을 직접 받아보지 못한 경우가 대부분이었다. 업소에서 업소로 이동할 때마다 이자와 소개료 등 수많은 비용이 얹어져서 선불금은 몇 개월 사이에 몇 천만 원에서 1억을 넘기기도 했다. 그러나 업주가 성매매 여성을 고소하면 이 모든 맥락은 삭제되고 여성들은 거액의 돈을 당겨 쓰고 도망친 '탕치기' 선수들로 몰린다. 선불금 때문에 스무 살도 되지 않은 여성들이 상습 전과자가 되어 있는 경우도 있었다.

- 신박진영, 『성매매, 상식의 블랙홀』, 봄알람, 14p.

성 판매 여성들의 삶 역시 그런 관점에서 이해할 수 있다. 성매매 여성 중 누구도 평생 그 일을 하겠다고 마음먹고 시작하지는 않는다. 잠깐이면 될 거라고, 급한 돈만 해결하고 나면 자기 사업을 하거나 정상적인 직업을 가질 수 있을 거라고 생각한다. 그런 희망을 갖는 건 역시 성매매가 돈이 되기 때문이다. 2021년 기준 최저 임금은 8,720원이다. 월급을 300만 원 정도 받는 직장인이 하루 8시간, 주5일, 한 달에 160시간을 일한다고 가정하면 시급으로 2만 원이 조금 안 될 것이다. 그런데 성인용 노래방에서 도우미를 부르는 비용은 한 시간에 10만 원을 넘어간다. 업주가 반을 떼어간다고 해도 5만 원이 남는다. 여성이 어리고 예쁘다면, 물가가 비싼 지역이라면, 팁을 받는다면 수입은 더 늘어날 것이다. 편의점이나 카페에서 아르바이트를 했더라면 꿈도 못 꾸었을 돈이고, 명문대를 나와서 대기업에 들어가거나 전문직 종사자가 되더라도 만져보기 힘들 정도의 돈이다. 실제로 많은 업주들은 이런 식으로 경제적 어려움에 처한 여성들을 성매매에 끌어들인다.

하지만 상황은 생각대로 흘러가지 않는다. 우선 선불금이라는 게 있다. 홀복(유니폼)과 구두, 화장품을 사는 비용, 숙소를 구하는 비용, 알선업자에게 지급되는 수수료 등이 모두 여성이 업주에게 갚아야 할 빚으로 계산된다. 많은 돈을 버는 것 같지만 그 빚을 갚을 때까지 수입은 마이너스다. 그동안의 생활비는? 당연히 빚이다.

워낙에 시급이 높은 일이니 당장 빚이 있더라도 열심히 일해서 메꾸면 될 것 같지만 그마저도 여의치 않다. 편의점이나 카페 아르바이트의 경우 손님이 없고 매출이 안 나오더라도 앉아만 있으면 근로 시간으로 인정되지만 성 판매 여성은 초이스를 받아야 한다. 아무도 그녀를 초이스하지 않는다면 하루 종일 대기실에 앉아 있어도 한 푼도 벌 수 없다. 그럼 초이스를 받으려면 어떻게 해야 하는가? 당연히 예뻐야 한다. 예뻐지려면 성형 수술을 하고, 미용실에서 세팅을 받고, 비싼 옷을 입어야 한다. 이 모든 게 또 빚이다. 심지어 단골 손님이 외상 금액을 갚지 않거나 컴플레인을 걸어서 화대를 지불하길 거부하면 그만큼 급여에서 차감하는 경우도 있다고 한다.

그렇게 시간이 흘러간다. 그럴수록 탈성매매는 점점 어려워진다. 일반적인 직업들은 경력이 쌓일수록 직급과 연봉이 올라가지만 성매매는 반대다. 성을 구매하는 남자들은 어리고 예쁜 여자를 원한다. 그러나 여성의 젊음과 아름다움은 영원하지 않다. 누구나 나이가 들면 늙고 추해진다. 즉, 성적 매력이 떨어진다. 그리고 성적 매력이 떨어지면 다른 방식으로 그 격차를 메워야 한다. 더 적은 돈을 받으며, 더 수위가 높고 위험한 일을 해야 한다. 그러다 보면 성을 판매하는 일의 비용(성병이나 임신의 위험성, 잦은 음주와 불규칙한 생활로 인한 건강 악화, 우울증과 대인기피증 등)이 편익(돈)을 초과하는 순간이 온다. 성 판매가 온전히 자기 자신의 의지에 의한 행위가 되려면 그렇게 되었을 때 여성은 언제든 성 판매를 그만둘 수 있어야 한다. 우리가 일반적인 회사에 사직서를 낼 때처럼 말이다.

하지만 그땐 이미 늦었다. 빚은 이미 눈덩이처럼 불어나 있고, 그 빚을 갚기에 자신의 시장 가치는 떨어져 있다. 그렇다면 선택지는 하나밖에 남지 않는다. 성 판매를 처음 시작할 때 꿈꿨던, 번듯한 직장과 가정을 갖는 일이 평생 이루어지지 않을 거라는 걸 알면서도 성 판매를 계속하는 수밖에 없다. 아무리 열심히 일해도 가난의 구렁텅이를 벗어나지 못할 줄 알면서도 그 일을 그만둘 수 없었던 18세기 유럽의 노동자들처럼 말이다.

이러한 관점에서 본다면 성을 판매하기로 한 여성들의 선택은 온전한 자유의지에 의한 선택이 아니다. 그녀들은 불평등한 사회 구조로 인해 발생한 피해자들일 뿐이다. 이것이 노르딕 모델, 그리고 페미니스트들의 관점이다.

하지만 남성의 입장에서는 여전히 의문이 남는다. 성 판매 여성은 대개 취약계층이다. 취약계층 여성들은 유복한 집안 출신 여성들에 비해 학업 성취도가 높지 않고, 따라서 좋은 직업을 구하기 힘들다. 그래서 성매매의 유혹에 쉽게 빠져들고 이후에 힘든 삶을 살게 된다. 하지만 취약계층은 여성만 있는 게 아니다. 남성 중에서도 불우한 환경에서 자란 이들이 많다. 그리고 이들 중 상당수는 취약계층 여성들처럼 힘들고, 위험하고, 소득이 적은 일을 하게 된다. 그보다 편하게 많은 돈을 벌고 싶어하는 이들은 자연히 불법적인 일에 손을 대게 된다. 건달이 되거나 불법 도박, 마약 등에 관련한 일을 하게 된다.

페미니스트들의 논리를 남성들에게 똑같이 적용한다면 건달이나 불법 마약상 역시 사회 구조의 피해자다. 그렇기 때문에 이들은 법적 처벌을 받아서는 안 되며, 오히려 지원금과 교육, 심리상담을 통하여 탈건달 혹은 탈마약을 유도해야 한다.

하지만 그렇게 생각하는 사람은 아무도 없다. 건달이나 마약상, 불법 도박장 운영자는 누가 봐도 범죄자다. 아무도 이들을 두둔하지 않는다. 그런데 왜 성 판매 여성은 특별 대우를 받아야 하는가?

결국 모든 건 개인의 선택이다. 지금은 산업혁명 시대가 아니다. 현대 여성들의 삶에는 충분히 많은 선택지가 주어져 있다. 충분한 수준의 공교육, 충분한 일자리, 충분한 복지 제도가 갖추어져 있다. 그 많은 선택지들 중 성매매를 선택한 건 자신이다. 적어도 지금의 삶보다는 성을 판매하는 게 더 나을 거라고 생각했으니 그 선택을 한 것이다. 그건 잘못된 선택이었다고? 그건 어쩔 수 없다. 그렇게 친다면 건달이나 마약 사범도 불평등한 사회 구조의 피해자다.

2) 성매매는 남성을 소외시키는가?

다음으로 해야 할 것은 성 구매가 남성의 행복에 어떤 영향을 미치는지를 논하는 일이다. 공리주의는 사회 전체의 행복의 총량이 얼마나 증가했는지를 통해 선과 악을 판단한다. 만약 성매매가 성 판매 여성을 불행하게 만들지 않더라도 그 이상으로 구매 남성을 불행하게 만든다면 성매매는 악일 것이다.

페미니스트들은 성 구매가 결국에는 남성까지도 불행하게 만든다고 주장한다. 돈을 매개로 한 성관계를 통해서는 성의 진정한 즐거움을 누릴 수 없기 때문이다. 성관계는 단순히 남성의 성기를 여성의 성기에 삽입하는 행위가 아니다. 상대방으로부터 존중과 인정을 받고 있다는 걸 확인하는 행위다. 여성은 아무나와 성관계를 맺지 않는다. 듬직하고 자상하고 헌신적인 남자, 이 남자에게 미래를 맡겨도 되겠다는 확신이 드는 남자와 성관계를 맺는다. 그렇기 때문에 남자가 어떤 여성과 성관계를 맺었다는 건 그녀로부터 믿음직스럽고 강인한 남자로 인정받았다는 증거다. 처음 여자와 성관계를 맺은 남자들이 친구들 앞에서 자기의 무용담을 자랑스럽게 늘어놓는 것도, 성 경험이 많은 남자가 남자들 사이에서 알파 메일(alpha male:우두머리 수컷)로 여겨지는 것도 아마 이런 이유일 것이다.

구매자들은 성매매 여성을 멸시하며 '돈 받고 몸이나 파는 주제에'라고 생각한다. 그러나 그 생각은 스스로에게도 함정이다. 그 역시 그 '돈'이 없으면 아무것도 아닌 것이다. (중략) 거대 규모의 성매매 시장은 남성들에게 '돈만 있으면 너도 주인이 될 수 있다'는 망상을 심어준다. 그러나 대체 누구의 주인인가. 성 구매자는 섹스에서 소외된 시장의 노예일 뿐이다.

－ 신박진영, 『성매매, 상식의 블랙홀』, 봄알람, 123p.

하지만 성매매에는 그것이 없다. 몸과 몸이 맞닿는 감각적 쾌락을 느낄 수는 있겠지만 보다 중요한, 한 사람의 남자로 인정받았다는 만족감을 느낄 수는 없다. 그렇기 때문에 돈을 매개로 한 일방향적 성관계는 정서적 교감을 바탕으로 한 성관계를 절대로 대체할 수 없다. 성매매를 하면 할수록 오히려 자신은 돈을 내지 않고서는 누구의 마음도 얻을 수 없는 무가치한 존재라는 자괴감에 빠지게 될 뿐이다. 이러한 비정상적 성관계에 익숙해지다 보면 오히려 여성과의 의사소통 능력이 감퇴하고, 자존감이 떨어져서 정상적인 성관계를 맺기가 더욱 어려워질 수도 있다. 이런 이유로 페미니스트들은 남성 자신들을 위해서라도 성매매를 합법화해서는 안 된다고 주장한다.

하지만 이들이 생각하지 못하고 있는 것이 있다. 여성으로서는 이해도 납득도 할 수 없을 정도로 남성의 성욕이 강하다는 사실이다. 돈을 매개로 한 성관계를 통해서 더 나은 인격체가 되고 장기적으로 더 행복한 삶을 살 수 있을 거라고 기대하는 남자는 아무도 없다. 한순간의 성욕을 충족시키기 위해 돈으로 여성의 성을 사는 건 목이 마르다고 바닷물을 퍼마시는 것과 다를 바가 없는 행동이다. 하지만 너무나 목이 말라서 단 한순간도 견딜 수가 없다면 얘기는 달라진다. 이후에 찾아오게 될 허탈함과 자괴감, 소외감이 아무것도 아닌 것처럼 느껴질 정도로 당장의 성적 욕망이 강하다면 남성으로서는 돈을 주고라도 그 욕망을 충족시키는 게 자신의 행복을 극대화시키는 선택이 될 수 있다.

> 나 자체로 온전하게 살아간다는 것은 나의 행복의 주도권이 타인이 아닌 나에게 집중되어 있다는 거죠. 남자가 나에게 주는 행복이 없더라도 그냥 내가 뭔갈 이루고 성취하는 맛으로 사는 겁니다. 삶의 기쁨을 가변적이고 예측 불가능한 타인에게 맡기는 것이 아니라, 내가 얼마든지 노력하고 통제할 수 있는 영역(자아실현의 영역)에 두는 것입니다. 거기에서 기쁨을 찾는 거죠. 남자에게 잘 보이기 위해서 드는 노력은 나의 외모를 가꾸는 것이 대부분인데 솔직히 거기서 진정한 기쁨을 찾기는커녕 가끔 현타가 올 때도 있거든요. 그런 노력보다 성공을 향한 노력이 백배 낫다고 느껴지기도 하더군요.
> — 네이버 블로그 '내 안의 정육점'의 포스팅 〈섹스가 발전시킨 세상 24212155〉에 달린 댓글

나는 경제적으로는 남성이 여성보다 우위에 있지만 성적으로는 여성이

우위에 있다는 것을 전제로 하여 논리를 전개하고 있다. 당신이 여성, 특히 페미니스트라면 이에 반감을 느낄 것이다. 그것은 아마 섹스 상대를 쉽게 구할 수 있다는 게 대단한 혜택으로 느껴지지 않기 때문일 것이다. 위에 인용한 글과 같이 성공, 그리고 그 결과물로 주어지는 경제적 풍요는 자신에게 귀속되는 것이다. 재능을 발견해서 키워내는 것도, 그 결과물을 누리는 것도 온전히 나의 몫이다. 내 재능, 내 노력, 내 돈이다. 하지만 사랑받는 건 다르다. 남이 나를 사랑해야 한다. 그리고 남이 나를 사랑하게 만들려면 남이 보기에 예뻐야 한다. 성공은 초점이 나에게 맞춰져 있지만 사랑은 남에게 맞춰져 있다. 사랑은 돌아서면 그만이지만 돈과 권력은 남는다. 그래서 여성은 남성보다 적은 노력을 하고도 더 쉽게, 많이 사랑받을 수 있다는 것을 권력이라고 생각하지 않는다.

하지만 남성의 입장은 다르다. 여자가 보기엔 한없이 하찮아 보이는 섹스라는 것에 남자는 온 생을 건다. 이건 비유적인 표현도, 과장도 아니다. 진짜다. 대북관계가 경직되어 있었던 1980년대, 남한과 북한은 서로의 진영에 삐라(Flyer, 전단지)를 살포했다. 그런데 남한에서 북한으로 날려보내는 삐라에 제일 많이 들어있었던 게 비키니를 입은 여자 사진이다. 이상하지 않은가? 삐라를 보내는 목적은 명확하다. 경계 초소 근무를 서는 북한 군인들을 남한으로 귀순하게 만들기 위한 것이다. 그렇다면 삐라에 들어갈 내용은 당연히 남한의 장점이 되어야 할 것이다. 즉결 총살을 당하거나 아오지 탄광에 끌려갈 위험을 무릅쓰고 남한에 오게 만들려면 북한에서는 절대로 누릴 수 없을 정도로 아주 큰 장점을 제시해야 할 것이다. 그런데 그게 겨우 비키니를 입은 여자다. 88올림픽도 아니고, 자유민주주의도 아니고, 휘황찬란한 서울의 야경도 아니고 겨우 비키니를 입은 여자다.

북한 군인들도 바보가 아니다. 남한에 간다고 모든 여자들이 비키니를 입고 시내를 활보하진 않을 거라는 것도 알고 있었을 것이고, 그 삐라에 실린 모델과 같은 미인이 자신과 사귀어줄 리가 없다는 것도 알고 있었을 것이다. 그런데도 당시 많은 북한 군인들은 그 허무맹랑한 전단지를 보고 철책선을 넘었다. 죽을 고비를 몇 번씩이나 넘겨가면서, 정든 고향과 가족들을 버려가면서. 만약 그 삐라가 북한 여군들을 겨냥한 것이었다면 근육질 남자 사진 따위를 실었을까? 아닐 것이다. 그 대신 분위기 좋은 레스토랑이나 해외 여행지에서 찍은 사진, 갤러리아 명품관 같은 것들이 실려있었을 것이다. 남자에게 여자란 그런 의미다. 목숨을 걸고서라도 쟁취해야 할 만큼 소중하고 진지한 것이다.

또 최근 몇 년간 일본에서는 초식남이 심각한 사회 문제로 대두되고 있다. 경제 성장이 둔화하고 양질의 일자리가 감소하면서 젊은 남성들이 사회적 성공과 결혼을 포기하고 프리터족(정규직 일자리를 구하지 않고 비정규직으로 당장 필요한 돈만 벌면서 사는 사람들)이나 니트족(일을 하지도, 교육을 받지도 않는 사람들)으로 개인의 취미활동만 즐기면서 살아가고 있다는 것이다.

그런데 여기서 흥미로운 건 사회적 성공과 결혼의 상관관계다. 페미니스트들은 사랑은 타인에 의존해서 얻어내는 것이지만 성공은 자기 자신의 잠재력을 발견하고 표출해내는 일이기 때문에 여성이 갖고 있는 성적 권력보다는 남성이 갖고 있는 경제적 권력이 훨씬 가치있는 것이라고 말한다. 만약 그 말이 맞다면, 일본의 초식남들은 왜 결혼을 포기하면서 사회적 성공까지 같이 포기하게 되었을까? 사회적 성공이 자아실현의 기쁨을 얻기 위한 것이라면 결혼은 하지 않더라도 자신의 자아를 발견하고 꿈을 펼치면서 당당하게 살아야 하는 것 아닌가? 여성들이 갖고 있는 성공한 커리어 우먼, 골든 레이디에 대한 로망처럼 말이다.

남자들에게 성공이란 그런 의미가 아니기 때문이다. 고등학교 때 우리 반 급훈은 "10분 더 공부하면 마누라 얼굴이 바뀐다."였다. 예쁜 여자를 만나고 싶다면 공부를 해서 사회적 성취를 이루라는 말이다. 유치해 보이는, 페미니스트의 입장에서라면 불쾌하기까지 할 이 문장은 혈기왕성한 10대 청소년들을 책상 앞에 붙잡아놓을 수 있는 가장 강력한 동기부여였다. 지금 내 생각도 크게 다르지 않다. 나는 지금 제약 회사에서 영업직으로 일하고 있다. 하지만 이건 나의 재능, 그리고 그 연장선에 있는 꿈과 아무런 상관도 없는 일이다. 그저 돈을 벌려고 하는 일이다. 여자를 만나려면 돈이 있어야 하고, 지금 내가 할 수 있는 일 중 제일 돈이 되는 일이 이것이니까 하는 것이다. 세상에 여자가 없었더라면 나는 회사에 다니지도 않았을 것이다. 재테크와 저축을 하지도 않았을 것이다. 과외나 아르바이트를 해서 최소한의 생계비만 벌고 나머지는 글을 쓰거나 취미활동을 즐기는 데에 쏟아부었을 것이다.

남자에게 여자란 그런 의미다. 여성에게 성매매란 남성의 성욕 충족이라는 목적을 위해 여성을 수단화하는 행위이지만 이미 모든 남성은 여성을 위해 살아가고 있다. 그들에게 삶의 목적은 여성이고, 자기 자신의 삶은 수단이다. 돈도, 명예도, 사회적 성취도, 심지어는 삶 그 자체조차도 여자에 비한다면 한없이 무가치하다.

그렇기 때문에 성매매는 남성을 불행하게 만들지 않는다. 페미니스트들은 돈을 매개로 한 성관계로는 성의 온전한 즐거움을 느낄 수 없다고 주장한다. 그건 맞는 말이다. 사랑이 전제되지 않는 성관계는 순간의 감각적 쾌락을 충족시켜줄 수 있을 뿐이다. 그 쾌락이 지나간 후에 남성은 돈이 아니면 누구의 마음도 얻지 못하는 무가치한 존재라는 자괴감과 허탈감에 시달려야 한다. 하지만 그건 남성에게 전혀 문제가 되지 않는다. 섹스를 하지 못하는 삶이 그것보다 훨씬 더 끔찍하기 때문이다.

3) 성매매는 여성의 사회적 지위를 떨어뜨리는가?

결국 성매매는 판매자도, 구매자도 불행하게 만들지 않는다. 물론 돈으로 성을 거래하는 게 권장할만한 행동은 아니다. 돈을 매개로 한 성관계는 구매자의 자존감을 떨어뜨려서 이성과 정상적인 교류를 하기 어렵게 만들고, 판매자의 경제적 자립심도 약화시킨다. 결국 구매자와 판매자는 성매매의 늪에서 빠져나오지 못하게 된다. 하지만 그건 어디까지나 제3자의 시각이다. 당사자들이 당장 너무나 외롭고, 너무나 돈이 필요하다면 돈을 주고라도 성관계를 맺는 게, 혹은 성을 팔아서라도 돈을 버는 게 그들의 삶에 도움이 되는 일일 수 있다. 각자의 행복을 증대시킬 수 있는 선택지가 무엇인지는 각자가 선택하면 된다.

하지만 그렇다고 성매매가 사회 전체의 행복의 총량을 증가시킨다고 장담할 수는 없다. 고려해야 할 또 하나의 요인이 있다. 그건 성을 판매하지 않는 여성들이다. 성매매가 성 판매 여성과 구매 남성의 행복 증진에 도움이 되더라도, 그 이상으로 나머지 여성들의 삶의 질을 크게 훼손시킨다면 성매매는 사회의 행복의 총량을 감소시키는 공리주의 관점에서의 악이 된다.

이는 페미니스트들이 성매매 합법화에 반대하는 강력한 논거 중 하나다. 페미니스트들은 성매매가 여성의 지위를 격하시킨다고 주장한다. 여성을 돈만 주면 언제든 섹스를 할 수 있는 존재로 인식하게 만든다는 것이다.

이러한 우려는 타당하다. 성매매 합법화는 여성의 지위를 격하시킬 가능성이 높다. 남성의 입장에서는 성매매가 정상적인 (것으로 여겨지는) 연애와 결혼의 대체제가 될 수 있기 때문이다. 연애나 결혼을 할 때 남성은 여성보다 많은 돈을 쓴다. 결혼을 할 때는 물론이고, 처음 만난 사이에서도 데이트 비용은 남성이 더 많이 부담하는 게 상식으로 여겨진다. 그건, 여성이 남성을 원하는 것 이상으로 남성이 여성을 원하기 때문이다. 대부분의 남성은 대부분의 여성을 원하지만 대부분의 여성은 대부분의 남성을 원하지 않기 때문에 경쟁자들을 제치고 여성의 마음을 얻기 위해서 남성은 돈을 써야 하는 것이다. 그런 의미에서 남성이 여성에게 쓰는 돈은 일종의 투자다.

하지만 그 투자의 결과는 확실하지 않다. 많은 돈을 쓰고도 여자의 마음을 얻지 못하는 경우가 있는가 하면 한 푼도 쓰지 않았는데도 여자의 마음을 얻는 경우도 있다. 그래서 남자의 입장에서는 정확히 얼마를 투자해야 할지가 모호하다. 심지어는 이런 모호함을 이용하는 여성들도 있다. 남성이 제공하는 친절과 호의는 누리되 남자의 마음을 받아들이지도, 거절하지도 않는 모호한 스탠스를 유지하는 것이다. 그러면 남자는 아직 실낱같은 희망이 있으니 계속 여자에게 투자하는 수밖에 없다. 이런 관계를 지속할수록 남자는 손해를 보지만 여자는 이득을 본다. 소위 어장관리라는 것이다.

반면 성매매는 확실하다. 인풋도 확실하고 아웃풋도 확실하다. 정해진 돈을 내면 정해진 여성과 정해진 수위의 성적 교감을 할 수 있다. 물론 성매매가 연애나 결혼의 완벽한 대안이 될 수는 없다. 연인이나 부부 사이의 성관계는 정서적 교감을 바탕으로 하는 반면, 성매매를 통해서는 감각적 쾌락밖에 느낄 수가 없기 때문이다. 하지만 남성들 중에서는 정서적 교감에 큰 의미를 두지 않는 이들도 있다. 돈이 많을수록, 그리고 정서적 교감에 서툴고 둔감할수록 더 그럴 것이다. 이런 이들에게는 성매매가 썩 매력적인 선택지가 될 수 있다.

만약 성매매가 합법화된다면 이런 남성들은 결혼이나 연애를 하지 않게 될 것이다. 연애나 결혼을 원하는 남성이 줄어들면 여성을 얻기 위한 남성의 경쟁은 덜 치열해질 것이다. 그러면 연애나 결혼을 할 때 여성이 누리던 우위가 사라질 것이다. 더럽고 문란한 '창녀'들 때문에 순결한 여자들이 손해를 보는 것이다.

이처럼 성매매는 성을 판매하지 않는 여성의 행복도를 떨어뜨린다. 성을 판매하는 여성보다는 판매하지 않는 여성이 훨씬 많기 때문에, 성매매는 소수의 행복을 증진시키는 대가로 다수의 행복을 저해하는, 공리주의적 관점에서 악이 될 수도 있다.

> 성노동이 여성인권을 하락시킨다는 주장은 제겐 같은 여성으로 인정 못하겠다는 얘기로밖에 안 들리거든요. '성적으로 문란한 여성이 순결한 여성에게 피해를 준다'는 식의 사고방식에 동의할 수가 없어요. 그 사람 직업이 어떻든 같이 갈 생각을 해야죠. 여성단체를 중산층 운동이라고 매도하는 것도 옳지 않아요. 내부적으로 다퉈봐야 남성권력을 강화시키는 역효과밖에 없잖아요. 그래서 저는 그런 주장에 별로 대응을 안 해요. 서로 존중하지 않으면 발전이 없죠.
> — 밀사, 연희와 지승호의 대자보, 『성노동자, 권리를 외치다』, 철수와 영희, 113p.

하지만 나는 페미니스트들이 이런 주장을 하는 건 자기모순이라 생각한다. 페미니즘은 단순히 여성에게 더 많은 혜택을 주자는 사상이 아니다. 여성에게 주어지던 수동성, 순응성이라는 고정관념을 벗어던지고 여성도 남성처럼 주체적으로 살아갈 수 있어야 한다는 게 페미니즘의 요지다. 1장에서 페미니스트들이 출산과 육아로 경력이 단절된 김지영 씨의 아픔에 공감했던 것도, 2장에서 유리천장을 딛고 상층부에 진출하는 여성들이 많아져야 한다고 했던 것도, 4장에서 자기 내면의 동물적 욕망을 긍정해야 한다고 했던 것도 모두 그런 이유다.

그런데 남자들이 사회적 성취를 이루기 위해 도전하고 자기의 욕구와 감정을 적극적으로 표현할 수 있는 건 역설적으로 그들이 성적으로 가치가 없기 때문이다. 가만히 있는 남자, 아무것도 이루지 못한 남자, 도전하지 않는 남자에게는 어떤 여자도 눈길조차 주지 않기 때문에 남자들은 도전하고 성취하는 것이다.

그런데 페미니스트들은 여성의 성은 돈으로 거래될 수 없는 소중한 것이라고 주장한다. 그 말은 여성에게 가해지던 전근대적인 억압들을 철폐하지 말자는 말과 같다. 유사 이래 여성은 많은 억압을 받아왔다. 그런데 그 억압들의 기저에 깔린 생각은 여성은 소중하다는 것이었다. 능력만 된다면 평생 동안 수백 수천 명의 아이를 가질 수 있는 남성과 달리 여성은 번식력이 한정되어 있고, 임신과 출산에 훨씬 더 많은 공을 들인다. 그래서 여성의 성은 늘 귀하게 다루어져 왔다. 학창시절 남녀 공학에서 남학생들은 화장실에 가서 체육복을 갈아입지만 여학생들은 교실에서 갈아입는 것도, 재난이나 전쟁, 테러와 같은 상황에서 남자보다 여자를 우선 구하는 것도 모두 그러한 이유다. 그런데 이러한 보호와 배려의 이면에는 늘 구속과 억압이 있다. 여성은 소중한 성별이기 때문에 인생을 건 도전이나 모험을 할 수 없었고, 성적인 욕구를 마음껏 표출할 수도 없었다. Trade off. 원래 세상에 공짜란 없는 법이다.

그런데 페미니스트들은 여성을 더 소중하게 대하라고 말한다. 물론 그게 여성을 더 행복하게 만들 수는 있다. 남성이 여성을 돈 주고도 살 수 없는 신성하고 고결한 존재로 대한다면, 더 아껴주고 지켜주고 배려해준다면 여성은 그 안에서 안락함을 누릴 수 있을 것이다. 하지만 그런 방식으로 여성이 자유로워질 수는 없을 것이다. 당신이 진정 페미니스트라면, 여성이 자기의 야망과 가능성을 실현하며 자유롭게 살길 원한다면 그런 말을 해선 안 된다.

3. 모두가 알고 있지만,
   아무도 입 밖으로 꺼내지 않는 이야기들

　당신이 페미니스트라면 지금까지의 논의에 대해 격한 반발심을 느낄 것이다. 성 판매 여성은 개인의 행복을 위해 능동적인 선택을 한 것이 아니라 남성 위주의 불평등한 사회 구조로 인해 벼랑 끝에 몰리게 된 것이다. 그렇기 때문에 선량한 피해자인 이들에게는 지원과 격려를, 더러운 성욕을 충족하기 위해 한 인간의 존엄성을 짓밟은 남성들에게는 법적 처벌을 해야 한다. 성매매 합법화는 성 판매 여성, 나아가 여성 전체의 인권을 깎아내리는 결과를 가져오게 될 것이다. 아마 이렇게 말하고 싶을 것이다.

　일리 있는 지적이다. 실제로 독일이나 네덜란드 등의 국가에서는 남성의 성적 행복 추구권을 보장하고 어엿한 노동자로서 성 판매 여성의 권익을 지키겠다는 취지 하에 성매매를 합법화하였으나 의도했던 성과를 거두지는 못했다. 구소련 붕괴 이후 상대적으로 소득 수준이 낮은 동유럽 지역의 여성들이 이들 국가로 대거 이주해왔고, 별다른 생계 수단이 없었던 이들은 자연히 성매매로 내몰리게 되었다. 성매매 여성의 공급이 늘어나자 경쟁은 심해졌고, 여성들은 더 많은 손님을 받기 위해 더 적은 돈을 받고 더 강도가 높은 일을 할 수밖에 없게 되었다. 이에 비례하여 업주의 '갑질'

도 더욱 심해졌다. 성매매 합법화는 구매 남성의 행복을 증진시켰을지는 모르지만 판매 여성에게는 전혀 도움이 되지 않았다.

그런데도 내가 성매매 합법화에 반대하는 성도덕적 금지주의와 노르딕 모델의 주장을 적극적으로 반박한 건, 그동안 성매매에 대한 남성의 솔직한 입장을 드러내려는 시도를 한 사람이 아무도 없었기 때문이다. 이 글을 쓰기 위해 나는 성매매에 대한 여러 권의 책을 읽었다. 그 책들 중에는『길 하나 건너면 벼랑 끝: 성매매라는 착취와 폭력에서 살아남은 한 여성의 용감한 기록』,『언니, 같이 가자!』와 같이 실제 성매매 여성들의 경험을 담은 책들도 있었고,『성매매, 상식의 블랙홀』과 같이 이론적, 논리적 측면에서 성매매라는 현상을 분석한 책도 있었다. 그런데 이 책들은 공통적으로 여성의 입장만을 내세우고 있었다. 성 판매 여성들이 얼마나 불쌍한지, 성 구매 남성들이 얼마나 더럽고 폭력적인지만을 말할 뿐, 남성의 성욕의 문제를 언급한 책은 하나도 없었다. 심지어 사례들도 이미 40~50대가 되어버린, 탈성매매를 한지도 한참이나 지난 여성들의 이야기들뿐이었다. 남성 지인들과 술 마실 때 듣던 이야기, 인터넷 남초 커뮤니티에서 돌아다니던 이야기들은 하나도 없었다.

그건 아마 성매매 합법화를 옹호한다는 자체가 엄청난 도덕적 부담을 짊어져야 하는 일이기 때문일 것이다. 한국 사회는 성에 보수적이다. 한국 사회에서 성욕을 솔직히 드러내는 사람은 흔히 경박하거나 배움이 짧은 사람 취급을 받는다. 성매매라면 더할 나위가 없다. 성 구매 남성은 성스럽고 아름다운 사랑이라는 감정을 돈으로 산다는 점에서 도덕적 질타의 대상이 되고, 돈이 아니고서는 감히 여성의 마음을 얻지도 못하는 지질한 남자라는 점에서는 경멸의 대상이 된다. 그래서 다들 쉬쉬한다. 통계상으로 남성의 절반(사실 더 많을 것이다. 성매매에 대한 설문에 모든 남성들이 솔직하게 응했으리라 기대하기는 어렵다.)이 경험했다는데 대놓고 말하는 사람은 아무도 없다.

9일 언론 보도와 온라인 등에 따르면 강원도 원주의 집창촌인 학성동 희매촌에는 성매매 업소와 종사자가 5년 새 2배 가까이 늘었다고 전해진다. 원주 희매촌은 학성동에 도시재생사업이 추진되면서 내년 말까지 벽화거리와 문화공원 등이 조성돼 폐쇄 수순을 밟을 전망이다. 그럼에도 인근 성매매 집결지가 사라지면서 최근 몇 년 새 원주로 몰려들었다는 분석이 나온다. 희매촌에서 일하는 성매매 종사자 A 씨는 강원도 춘천의 집창촌 난초촌이 지난 2013년 사라지면서 원주로 옮겨 왔다. 그녀는 당시 춘천시가 만든 조례에 따라 직업 훈련비 등 1,600만 원을 받았지만 지원금을 받은 40여 명 여성 대부분이 다른 곳에서 다시 성매매를 한다고 말한다.

A 씨는 "거기(춘천)서는 이제 없어지는 바람에 여기로 왔다"라며 "(지원금) 1,600만 원 가지고 그걸 주고 그만하라는 건 말이 안 된다"고 털어놨다.

현재 성매매 종사자가 늘어나고 있는 원주시도 2,000여만 원의 탈성매매 지원금 조례를 운영하고 있다. 그러나 다른 지역으로 이전하는 경우에도 받을 수 있는 데다 사후 관리 체계도 미흡하다.

결국 탈성매매를 지원한다는 취지와 무색하게 세금은 세금대로 나가고, 장소만 달라지는 성매매가 계속 이어지고 있다는 지적이 커진다. 관련 전문가는 "그냥 돈으로 해결될 문제가 아니다"라며 "자활하도록 계속 돕지 않으면 되게 어렵다"고 지적한다. 이 소식을 접한 누리꾼들은 "전국민 재난 지원금 줄 돈은 없고 이럴 돈은 있냐", "성매매 종사하던 여성들이 한 달에 200만~300만 원 받으며 일반 회사를 다닐 수 있겠나", "차라리 (성매매) 합법화하고 세금을 걷자" 등의 다양한 의견을 내놨다.

- 파이낸셜 뉴스 한영준 기자, 〈성매매 종사자, 지원금 주는 원주로
몰린다? "2배로 늘어"〉, 2021. 7. 9

남성들이 목소리를 내지 않으니 정책은 자연히 성 판매 여성들, 그리고 이들을 지지하는 페미니스트들의 입장만을 반영해서 만들어지게 된다. 현재 한국 사회는 성 판매 여성들을 자유의지에 따라 성을 판매하는 직업인이 아니라 사회 구조적 문제로 인해 어쩔 수 없이 성을 판매하게 된 피해자로 보는, 노르딕 모델의 관점을 채택하고 있다. 이에 따라 성 판매 여성들이 새로운 생계 수단을 찾을 수 있도록 법적, 경제적, 심리적 지원을 하고 있다. 성 판매 여성 중 상당수가 탈성매매를 원하면서도 경제적 자원과 인적 네트워크, 생계 수단의 부재로 인해 어쩔 수 없이 성매매를 계속하고 있다는 점을 고려한다면 이는 바람직한 정책이다.

하지만 수요자, 즉 남성의 문제를 고려하지 않았다는 한계점도 있다. 성 판매 여성은 생계를 해결하기 위해 성 판매를 시작한다. 따라서 이들을 탈성매매로 유도하려면 당연히 성 판매 외에 다른 생계 수단을 제공해주어야 한다. 그런데 이는 쉬운 일이 아니다. 이들이 다른 일을 해서 벌 수 있는 돈과 성 판매로 벌 수 있는 돈의 격차가 너무나 크기 때문이다. 이들은 대개 교육 수준이 높지 않고, 특별한 기술을 갖고 있지 않으며, 성 판매 여성으로 일하는 동안 경력과 인적 네트워크가 단절되어 있다. 이런 점들은 성 판매 여성들이 새 삶을 시작하는 데에 걸림돌이 된다. 하지만 그렇다고 성 판매 여성들에게 무작정 성 판매를 대체할 만한 고소득 일자리를 제공해줄 수도 없다. 오랜 기간의 노력과 경쟁을 통해서만 얻어낼 수 있는 소수의 안정적이고 소득 수준이 높은 일자리를 성 판매 여성을 구제한다는 명목으로 우선 할당해주는 건 공정한 경쟁의 원칙을 위배하는 일이기 때문이다. 결국 여성의 입장에서는 힘들고, 장기적 비전도 없는 일을 하며 적은 돈을 버는 것과 성 판매로 많은 돈을 버는 것 사이에서 선택을 해야 한다. 탈성매매를 하겠다는 의지가 여간 강하지 않고서는 전자를 선택하기가 쉽지 않다. 그래서 위에 인용된 기사에서처럼 지원금만 받고 성 판매를 계속하는 여성들이 생겨나게 된다.

결국 문제는 수요다. 남성은 강렬한 성욕을 갖고 있다. 하지만 그 성욕을 충족하기에 수컷으로서 그들의 경쟁력은 너무나 보잘것없다. 그래서 남성들은 많은 돈을 내고라도 여성과 성관계를 맺고 싶어 한다. 그래서 성 판매 여성(그리고 업주)은 남성으로부터 많은 돈을 받는다. 그래서 교육과 소득 수준이 높지 않은 여성은 성 판매에 쉽게 유입되고, 이를 그만두지도 못하게 된다. 그렇기 때문에 성 구매에 대한 남성의 수요를 줄여야 한다. 남성이 여성을 갈망하지 않게 되면 성 판매 여성의 수입이 줄어들게 되고, 그러면 여성들은 자연히 성 판매가 아닌 다른 직업을 찾게 될 것이다.

그런데 이에 대해 페미니스트들이 제시하는 해법은 '금욕'이다. 그냥 참으면 될 거라고 생각한다. 하지만 어림없는 일이다. 고양이처럼 단체 중성화 수술을 시키거나 호르몬을 투여하지 않는 이상 성욕은 절대 줄어들지 않는다. 한 사람의 남자로서 감히 단언하건대, 남성의 성욕은 여성이 상상조차 할 수 없을 정도로 강하고, 그 뿌리 또한 깊다. 그들은 태초부터 여성과의 관계를 원하도록 만들어졌고, 문화는 이러한 본성을 더욱 강화한다. 그런데 안타깝게도 그들 중 대부분에게는 그 넘쳐나는 성욕을 해소시킬 기회가 주어지지 않는다. 여성의 성욕은 남성에 비해 보잘것없이 작고, 그 작은 기회들은 돈과 권력, 성적 매력을 갖춘 소수의 알파 메일이 독차지하게 된다. 그러니 경쟁력을 갖추지 못한 남성으로서는 돈을 주고라도 여성을 사는 수밖에 없다.

그렇기 때문에 성매매에 대한 남성들의 수요를 줄이려면 대안적인 성욕 해소의 수단을 마련해주어야 한다. 포르노건, 성인용품이건, 혹은 공상 과학 영화에 나오는 섹스VR이나 섹스 로봇이건 뭐라도 제공해주어야 한다. 하지만 페미니스트들은 이 모든 것에 반대한다. 금욕 하나면 될 거라고 생각한다. 그녀들에게는 성욕이 그렇게 중요한 문제가 아니기 때문에 남성들 역시 그럴 거라고 생각한다. 하지만 그 방법이 통할 리가 없다. 남성들은 여전히 여성을 원하고, 성 판매 여성은 그 덕에 많은 돈을 번다. 그래서 성매매는 없어지지 않는다. 하지만 페미니스트들은 이 문제가 남자들이 자제력이 부족해서, 여자를 온전한 인간으로 인정하지 않아서 생기는 거라고만 생각한다. 그래서 계속 뜬구름 잡는 소리만 한다. 그 악순환 속에 남녀 간에 골은 깊어져만 간다.

내가 성매매 합법화를 옹호하는 입장에서 글을 쓴 이유는 그것이다. 성매매를 합법화한 국가들도 있고, 금지한 국가들도 있지만 그 어느 국가도 성 판매 여성들의 인권과 남성의 성적 빈곤 해결이라는 두 마리 토끼를 잡진 못했다. 합법화한 국가들은 성 판매 여성의 권익을 지키지 못했고, 불법화한 국가들은 남성의 성적 빈곤을 해결하지 못했다. 그러니까 성매매를 합법화해야 할지 불법화해야 할지는 나도 모른다. 인류 역사상 가장 오래된 직업이라는데 내가 뭘 어떻게 하겠는가.

하지만 딱 한 가지 확실한 게 있다. 양측의 입장을 고루 반영하지 못한 정책은 실패할 수밖에 없다는 것이다. 성매매에는 판매 여성과 구매 남성의 이해관계가 얽혀 있고, 양측의 요구는 경중을 따지기 어려울 정도로 절실하다. 어느 쪽도 무시할 수 없다. 그렇기 때문에 합법화를 하려면 성 판매 여성에게 최소한의 권익을 보장해주어야 하고, 불법화하려면 구매 남성에게 보다 덜 직접적이고 폭력적인 방식으로 성욕을 충족시킬 방법을 제공해 주어야 한다. 그러려면 당연히 양측의 입장을 온전히 이해해야 한다.

그런데 한국 사회에는 구매 남성을 악마화하는 페미니스트, 그리고 자신은 그런 남자가 아님을 과시해서 이득을 챙기려는 위선적 지식인들이 있을 뿐, 평균적인 남성의 시각은 없다. 그러니 양측의 입장을 두루 반영한 정책이 나올 리가 없다.

돌 맞을 각오하고 이 글을 쓴 이유는 그것이다. 이 글은 성매매 합법화라는 결론을 내기 위한 글이 아니다. 합법화 혹은 불법화에 대한 논의를 시작하기 위한 글이다. 페미니스트들의 입장에서는 당혹스러울 것이다. 분노와 역겨움을 자아내는 이야기일 수도 있다. 하지만 안타깝게도 이 역겨운 이야기가 세상의 나머지 절반이 갖고 있는 솔직한 생각이다. 어떻게 받아들일지, 그리고 어떤 합의점에 도달할지는 여러분의 몫이다. 이제 논의를 시작하자.

6장 ——————— **설거지 이론,
남성형 비혼주의자의 탄생인가?**

1. 짝, 스트레인저,
  그리고 나는 솔로

2021년 가을, 나는 데이팅 예능 프로그램 '나는 솔로'에 나갔다. 처음 보는 6명의 여자, 그리고 남자들과 데이트도 하고, 술도 마시고, 고기도 구워 먹으며 4박 5일의 시간을 보냈고, 마지막 날에는 최종 선택을 했다. 내가 선택한 여자는 3번, 정순(가명)이었다. 그녀가 내 마음을 받아주길 기대하고 선택한 건 아니었다. 마지막 날 아침, 그녀는 이미 내게 4박 5일 동안 진심을 다해주어 고맙지만 나를 선택하긴 어려울 것 같다는 말을 했다. 그렇기 때문에 내가 그녀를 선택한다고 해도 그녀와 맺어질 가능성은 없었다. 하지만 나는 그녀를 선택했다. 내가 선택한 여자니까 최대한 잘해주고 싶었고, 여기서 마지막으로 해줄 수 있는 건 내게 주어진 한 표를 그녀에게 쓰는 거라고 생각했기 때문에 선택했다. 그게 멋있고, 남자다운 거라고 생각했다.

그런데 다른 남자들은 그렇게 하지 않았다. 커플이 된 남자 1번 영수(이하 모두 가명)와 6번 정식은 선택을 했지만 나머지 세 명의 남자는 굳이 커플이 되지 못할 걸 알면서(대부분의 경우 마지막 날쯤 되면 본인이 커플이 될지 안 될지 이미 안다.) 선택하지는 않았다. 손해를 본 선택을 한 건 나뿐이었다.

그렇게 촬영을 마치고 집에 돌아와서 여느 때처럼 '나는 솔로'를 봤다. 4기인 나보다 먼저 촬영한 2기의 영상이었다. 여기에서도 남자들은 선택하지 않았다. 6명의 남자 중 커플이 된 남자 1번 영수와 4번 영철, 6번 종수(종수는 방송에서는 순자에게 거절당했지만 촬영 이후 커플이 되었다고 한다.)는 선택을 했지만 나머지 3명은 선택을 포기했다. 생각해보니 1기도 그랬다. 7명 중 두 명은 커플이 되었고, 세 명은 아무도 선택하지 않았다. 자기가 사랑하는 여자를 빛내주기 위해 기꺼이 '차여주기로' 한 건 순박하고 여자를 대하는 데에 서툰 이미지였던 남자 2번 영호와 6번 종수뿐이었다.

문득 궁금증이 생겼다. 이 프로그램은 수년 전 유행했던 예능 프로그램 '짝'의 스핀오프다. 제작진도 같고 기본적인 포맷도 같다. 몇 명의 남녀가 일주일 남짓한 시간 동안 같은 공간에서 생활하고, 대화하고, 제작진이 준 미션을 수행하면서 서로를 알아간다. 그 과정에서 몇몇 남녀 사이에는 사랑이 싹트고, 마지막 날 서로를 선택한 이들은 연인이 된다. 그런데 짝 때는 이렇지 않았다. 남자들은 여자의 마음을 얻기 위해 최선을 다했다. 음식도 만들어주고, 이벤트도 해주고, 언성을 높이거나 눈물을 보이기도 하고, 망가지는 것도 서슴지 않았다. 설령 그녀가 자신을 선택하지 않을지라도 남자들은 최선을 다해 자기의 진심을 표현했다. 그땐 그게 멋있는 거였다.

심지어 '스트레인저'때만 해도 이렇지 않았다. '스트레인저'는 '나는 솔로'의 파일럿 프로그램으로 2020년 10월부터 3개월 동안 방영되었다. 2021년 7월부터 방영된 '나는 솔로'와 불과 9개월 차이였다. 그런데 이때만 해도 남자들의 태도는 '짝'과 크게 다르지 않았다. 아무도 선택하지 않는 남자는 거의 없었다.

그래서 통계를 내봤다. 먼저 '스트레인저'와 '나는 솔로' 1~4기에 나왔던 출연자들을 최종 선택 결과에 따라 '성공', '실패', '포기'로 구분했다. '성공'은 내가 택한 이성이 나를 택해서 커플이 된 경우, '실패'는 내가 택한 이성이 다른 이성을 택하거나 아무도 택하지 않아서 커플이 되지 못한 경우(방송에서는 거절당했으나 방송이 끝난 이후에 이어진 경우는 실패로 보았다.), '포기'는 아예 아무도 선택하지 않은 경우였다.

그런데 놀라운 결과가 나왔다. 먼저, 여성은 크게 변하지 않았다. '스트레인저'가 '나는 솔로'로 바뀌는 9개월의 시간 동안 커플 매칭에 '성공'한 여자는 21→33%, '실패'한 여자는 7→8%, 선택 자체를 포기한 여자는 71→58%로 변화했다. 그때나 지금이나 여자들은 남자에게 거절을 당하느니 아무도 택하지 않는 걸 택했다. 반면 남성은 매우 극적인 변화를 보였다. '실패'는 65→19%로 급감했고, 포기는 20→50%로 늘었다. 2021년 7월의 남자들은 불과 9개월 전의 남자들에 비해 3분의 1만큼도 실패하지 않았고, 그 대신 2.5배 더 많이 포기했다. 그들은 자기를 사랑하지 않는 여자를 빛내주기 위해 패배자가 되느니 차라리 아무것도 하지 않는 걸 택했다. 커플 매칭에 성공한 남자들이 15→31%로 늘어나지 않았다면, 포기를 택한 남자는 더 늘어났을지 모른다.

	남						여					
	스트레인저			나는 솔로			스트레인저			나는 솔로		
	성공	실패	포기	성공	실패	포기	성공	실패	포기	성공	실패	포기
1기	1	6	0	2	2	3	1	0	4	2	0	5
2기	0	4	3	2	1	3	0	0	4	2	1	2
3기	2	3	1	2	1	4	2	1	2	2	1	3
4기	0	0	0	2	1	3	0	0	0	2	0	4
비율	15%	65%	20%	31%	19%	50%	21%	7%	71%	33%	8%	58%

2021년의 남자들에게 무슨 일이 생긴 걸까? 2020년의 남자들에겐 없었고, 2021년의 남자들에게는 있는 건 무엇일까? 궁금해하던 중 설거지론이라는 말을 접했다. 설거지론이란 한마디로 이성으로서의 사랑이 아니라 돈과 사회적 지위에 의존해서 여자를 만나는 건 남이 먹고 남긴 식기를 설거지하는 일과 다르지 않다는 말이다.

이 이론은 앞에서 여러 차례 언급했던 '차등적 부모투자'이론으로부터 시작한다. 여성은 아이라는 결과물을 만들어내기 위해 그녀들의 공동 사업자인 남성에 비해 훨씬 많은 자원을 투자한다. 한 달에 하나밖에 만들어지지 않는 난자라는 희소한 생식 세포와 280일의 시간을 투자하고, 이후의 육아에서도 남성보다 더 많은 공을 들인다. 그래서 여자는 신중하다. 특출난 경쟁력을 가졌거나 오랫동안 헌신적인 모습을 보여준 남자가 아니라면 여간해서 성적 관계를 맺으려 들지 않는다. 하지만 남자의 입장은 다르다. 투자한 자원이 적기 때문에 잃을 것도 없다. 그래서 여자만큼 신중하지 않다. 오늘 처음 본 여자라도, 별로 매력적이지 않아도 마다하지 않는다. 그래서 여성은 짝짓기를 할 남성을 구하기가 매우 쉽다.

하지만 남성은 어렵다. 세상의 반은 남성이고, 나머지 반은 여성이지만 섹스를 원하는 남성과 여성의 비율은 반반이 아니다. 남성이 훨씬 많다. 그리고 그 얼마 되지 않는 기회들은 당연히 외모가 출중하고, 사회적 지위가 높고, 여자의 마음을 다루는 법을 잘 아는 알파 메일에게 돌아간다.

그렇다면 이러한 조건들을 갖추지 못한 평범한 남성들은 어떻게 할 것인가? 답은 간단하다. 사회적 지위를 높여야 한다. 명문대를 졸업하고 대기업에 들어가서 열심히 돈을 모아야 한다. 그렇게 부족한 성적 매력을 경제력과 학벌, 사회적 지위로 보충해야 한다. 평범한 남자들은 그렇게 해야 여성을 만날 기회를 얻을 수 있다.

그래서 평범한 남자들은 열심히 산다. 남들 놀 때 공부하고, 남들 술 마시고 여행 다닐 때 일을 하고, 남들이 백화점 가서 쇼핑할 때 저축을 한다. 그렇게 노력하다 보면 명문대에도 들어가고 대기업에도 들어가고 통장 잔고도 쌓인다. 그러다가 결혼 적령기가 되면 여자 친구가 생긴다. 남자는 행복하다. 항상 동경해오던 그녀로부터의 진심 어린 사랑에 영혼마저 충만해짐을 느낀다. 젊은 날에만 느낄 수 있는 즐거움과 설렘, 그리고 추억들을 포기한 보람이 있다고, 이제 행복해질 일만 남았다고 생각한다. 그래서 결혼을 결심한다.

그런데 그녀가 변하기 시작한다. 남자는 대기업에 다니면서 많은 돈을 번다. 하지만 그 돈은 통장을 잠시 스쳐서 아내에게로 들어가고, 자기 손에 쥐어지는 건 달랑 20만 원 남짓한 용돈이다. 한 달 30일 중 주말을 제외하면 약 20일, 주말에 한 푼도 쓰지 않는다고 가정해도 하루에 쓸 수 있는 돈은 대략 만 원. 점심시간에 제육볶음이나 돈까스 한 그릇을 사먹기에도 빠듯한 돈이다. 돈이 없는 남자는 까마득히 어린 후배에게 술이나 커피를 한 잔 사줄 때도 벌벌 떨고, 아내에게 아쉬운 소리를 해야 한다. 후배들은 공처가 혹은 짠돌이라며 남자를 은근히 무시한다. 그렇게 아낀 돈으로 아내는 자기 생활을 즐긴다. 문화 센터에 다니고, 친구들과 골프를 치고, 여행을 다니고, 명품을 산다. 육아와 남편 내조에 전념하겠다며 직장을 그만두었지만 육아에도, 가사에도 최선을 다하지 않는다. 전업주부이면서 자기가 독박육아, 독박가사를 하고 있다며 투덜대고, 남편에게 은근히 책임을 넘긴다.

그제야 남자는 무언가가 잘못되어가고 있다는 걸 느낀다. 그녀는 나를 정말 사랑하는 걸까? 분명 나를 사랑하는 것 같았는데, 이 여자와 함께라면 어떤 어려움이라도 함께 이겨낼 수 있을 것 같았는데, 그 모습은 뭐였지? 그 사이 그녀가 변하기라도 한 걸까? 아니, 그렇지 않다. 그녀는 변하지 않았다. 원래부터 그녀는 그를 한순간도 사랑하지 않았다. 그녀가 사랑했던 건 그가 가진 돈, 그리고 그 돈으로 누릴 수 있는 안정적인 생활이지 그 남자가 아니었다. 그런 그녀가 그를 사랑하는 척했던 건, 그렇게 해야 그와 결혼을 해서 그가 산 차를 타고, 그의 카드로 쇼핑을 하고, 그가 산 집에서 살 수 있기 때문이었다.

그는 그녀를 원망한다. 속물적인 여자를 만나 인생이 꼬여버렸다며 친구에게 탄식과 푸념을 늘어놓는다. 그러다 문득 깨닫는다. 그녀도 원래부터 그런 여자는 아니었을 거라는 것을. 분명 그녀도 스무 살 땐 달랐을 것이다. 사랑 하나면 다 된다고 생각했을 것이다. 사랑하는 사람과 함께라면 반지하 단칸방에서 라면을 끓여 먹어도 행복할 거라 믿었을 것이다. 그러니까 남자친구에게 헌신했을 것이다. 여행을 가자면 여행을 가고 외박을 하자면 하고, 섹스를 하자면 섹스를 했을 것이다. 남자친구가 돈이 없으면 아르바이트라도 해서 데이트 비용을 냈을 것이다. 남자친구가 밤늦게까지 연락이 안되도, 다른 여자와 술을 마시고 놀아도, 심지어 모욕적인 말이나 폭력적인 행동을 해도 아무 말 못했을 것이다. 지금 당신이 그렇게 하듯이 말이다.

하지만 점점 변했을 것이다. 지난 연애에서 자기가 상처를 받았던 건 역설적이게도 자기가 그 남자를 너무나 사랑했기 때문이란 걸 알았을 것이다. 남자, 아니 인간이라는 동물은 너무나 간사해서 진실하고 헌신적인 사람은 하찮게 여기고 무섭고 폭력적으로 대하는 사람은 존엄하게 여긴다는 걸 깨달았을 것이다. 그러니까 자신도 하찮은 사람이 아니라 존엄한 사람이 되겠다고 결심했을 것이다. 그렇게 하기 위해서는 자신을 두려워하고 숭배해줄 사람이 필요했을 것이다. 연애를 못해 본 사람. 그녀가 세상에 흔하디 흔한 여자 중 한 사람인 걸 모르는 사람, 그녀가 짓는 표정 하나, 뱉는 말 한마디에 몸을 바들바들 떠는 사람, 그런 그녀를 위해서라면 뭐든지 바칠 준비가 된 사람, 스무 살 때의 자기 자신처럼 서툴고 순수한 사람.

경제적인 문제에 대한 고민도 있었을 것이다. 스무 살 때는 누구나 큰 꿈을 꾼다. 드라마에 나오는 커리어 우먼처럼 대기업에 들어가서 팀장도 달고, 성과급도 받고, 프로젝트 그룹도 맡으면서 멋지게 살 수 있을 거라고 생각한다. 하지만 스펙을 쌓고, 이력서를 넣고, 사회생활을 할수록, 삶이라는 복권을 긁으면 긁을수록 내게 주어진 패는 꽝 밖에 없다는 걸 알게 된다. 자신은 지극히 평범한 재능과 운을 타고난 사람이라는 걸, 그러니까 드라마에서 본 커리어 우먼처럼 되지 못할 거란 걸 깨달을 것이다. 하지만 차마 직장 생활을 그만두지는 못할 것이다. 당장 부모님 용돈을 드리고, 카드 값을 내고, 자취방 월세를 낼 돈이 없기 때문이다. 그래서 그녀는 자기 대신 사회 생활을 해줄 사람을 찾게 된다. 자기보다 훨씬 많은 돈을 버는 유능한 사람, 그 돈을 자기한테 다 갖다 주면서도 불평 한마디 할 줄 모르는 우직하고 책임감 있는 사람.

그 평범한 남자가 당신이다. 당신의 아내가 잘나가는 알파 메일과 연애를 하고, 섹스를 하고, 술 마시고, 해외 여행 다니면서 노는 동안 공부와 일만 한 사람. 그래서 돈을 잘 버는 사람. 하지만 여자에 대해선 아무것도 모르는 사람. 당신은 그녀를 만나기 위해 많은 것들을 포기했지만 그녀는 당신을 만나기 위해 아무것도 포기하지 않았다는 것도, 지금 당신 앞에 여왕처럼 군림하고 있는 그녀가 어느 잘 생기고 잘 노는 남자에게는 너무나 헤프고 쉬운 여자였다는 것도 모르는 사람.

니가 지금까지 쌓아온 재산과 학벌, 지위, 남은 여생 전부를 바쳐서 얻은 여자는 가장 찬란하고 빛날 때 공짜였다!
- 나무위키 〈설거지론〉 중

설거지론은 많은 남자가 외면해왔던 그 진실을 아프게 꼬집는다. 예로부터 남자는 여자의 구원자였다. 춘향전의 이몽룡은 기생의 딸인 춘향이를 구해주었고, 신데렐라에 나오는 왕자님은 계모와 언니들에게 구박을 받던 신데렐라를 구해주었고, 시크릿 가든에 나오는 김주원은 가난한 액션배우 길라임을 구해주었다. 유능하고 권력 있는 남자가 무력하고 순진한 여자를 구해주는 건 당연한 일이었다. 신분과 권력, 경제력의 차이가 클수록 그 사랑은 더 진실되고 아름답게 여겨졌다. 그래서 남자들은 열심히 일하고 공부하고 돈을 모았다. 성에 갇힌 공주를 사악한 마녀로부터 구해주는 왕자님이 되기 위해서.

그런데 언젠가부터 그걸 거부하기 시작했다. 2021년의 이몽룡은 춘향이를 생각하며 공부를 하지도, 춘향이를 아내로 맞아들이기 위해 남원고을로 돌아오지도 않는다. 그 대신 묻는다. 나는 한양에 올라가 과거 급제를 해서 암행어사가 되었는데 너는 왜 그대로 기생이냐고, 그런 너를 내가 왜 구해줘야 하냐고.

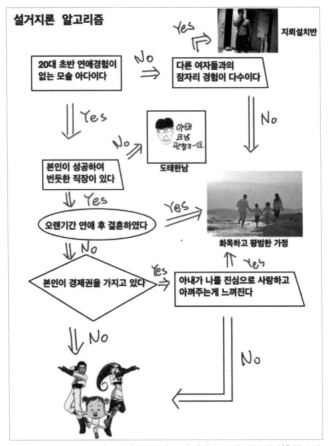

온라인 강타한 '설거지론' 이어 '짬처리론' 등장…'젠더 갈등' 답이 없다(출처:오편, 2021. 10. 30)

2021년의 '나는 솔로'와 2020년의 '스트레인저', 그리고 그보다 한참 전의 '짝'은 그런 차이라고 생각된다. 2021년 이전에는 희생하는 남자가 멋진 남자였다. 내가 데이트 비용을 더 많이 내는 것, 내가 먼저 나가서 여자를 기다리고, 에스코트하는 것, 좋은 자리를 여자에게 양보하는 것을 억울하게 생각하지 않았다. 그건 남자로서 여자에게 당연히 베풀어야 하는 호의고 아량이었다. 그래서 그 시절(시절이라 하기에도 민망할 만큼 짧은 시간이다.)의 남자들은 희생을 했다. 설령 그녀가 날 사랑하지 않더라도, 그녀로부터 아무것도 돌려받지 못할지라도 그녀를 위해 모든 것을 주었다. 그땐 그게 멋있는 거였다.

그런데 2021년의 남자들은 달라졌다. 희생을 거부하기 시작했다. 여자도 나를 택하지 않을 거라면, 여자가 나를 승리자로 만들어주지 않을 거라면 굳이 내가 희생해서 여자를 승리자로 만들어줄 필요가 없다고 느끼기 시작했다. 그런 희생을 해봐야 헛수고라는 걸 깨닫기 시작했다. 지금의 아내를 만나기 위해 공부를 하고, 돈을 모았지만, 그 아내로부터 아무런 진심 어린 마음도 돌려받지 못한 수많은 설거지남들처럼 말이다.

2. 비혼주의,
그리고 설거지론

그런데 왜 하필 2021년일까? 설거지론의 핵심은 여자를 위해 희생하거나 손해보지 않겠다는 것이다. 남자가 수십 년 동안 노력해서 얻은 재력과 학력, 사회적 지위에 여자가 그에 상응하는 노력 없이 무임승차하는 걸 막겠다는 뜻이다.

그런데 역사적으로는 이랬던 적이 없다. 여자는 자기보다 높은 사회적 지위를 가진 남자와, 남자는 자기보다 지위가 낮은 여자와 결혼하는 게 당연한 것이었다. 여자들은 늘 결혼 제도를 통해 신분 상승을 이뤄왔다. 신데렐라는 백마 탄 왕자님과 결혼했고, 효녀 심청은 용왕과 결혼했으며, 춘향은 이도령과 결혼했다. 아무도 그걸 이상하게 생각하지 않았다.

다가온 너의 생일은 초라한 내게 부담이 되는 이 밤 / 날 찾는 너의 전화도 품속에 숨긴 비겁한 내 맘 / 한 아름 선물하고 싶어 하지만 주머니엔 먼지만 남아 / 새하얀 편지 위에 적었어 축하해 널 사랑해 / oh 못난 내 사랑아 고작 이것밖에 못하겠니 yeah / 내 눈물들이 내게 따지듯이 내게 너를 사랑할 자격도 없다고 하잖아
- 버즈, 〈사랑은 가슴이 시킨다〉

이런 인식은 최근까지도 크게 다르지 않았다. 위 노래 가사에서 화자는 사회적 지위가 낮은 남자다. 여자 친구의 생일에 그럴싸한 선물을 해줄 수도 없을 정도로 가난한 남자다. 물론 남자는 그녀를 진심으로 사랑한다. 사랑하는 만큼 더 많이 표현하고, 배려할 것이다. 하지만 현실은 그렇게 만만치 않다. 대부분의 여자는 최소한 자기보다는 돈을 많이 벌고, 직장이 안정적인 남자를 만나길 원한다. 그녀 역시 마찬가지일 것이다. 더 사회적 지위가 높은 남자를 만나서 근사한 레스토랑에 가고 비싼 선물을 받고 안정적인 생활을 하길 원할 것이다. 하지만 남자에겐 그럴 능력이 없다. 그래서 남자는 자책한다. '내겐 너를 사랑할 자격도 없다'고.

결혼을 전제로 한 만남이라면 이러한 경향은 더욱 극명하게 드러난다. 결혼 정보 회사 듀오에서 2019년 6월부터 2021년 5월 사이에 결혼을 한 2,910명의 남녀를 표본으로 하여 발표한 '2021년 혼인통계 보고서'에 따르면 결혼에 성공한 남성의 연평균 소득은 6,300만 원으로 4,000만 원인 여성에 비해 1.5배 이상 높았다. 특히 부부 중 남성이 여성보다 소득수준이 높은 경우는 82.2%로, 반대인 13.7%에 비해 6배 많았다.

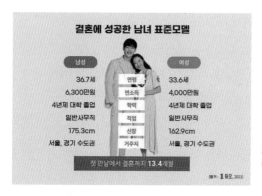

2021 초혼 성혼회원 표준모델
(출처:듀오 홈페이지)

이처럼, 사회적 지위의 측면에서 본다면 결혼은 늘 남자에게 손해였다. 바보 온달과 평강공주에 얽힌 설화, 이효리와 이상순 부부와 같은 극히 예외적인 케이스가 아니라면 여자는 늘 자기보다 지위가 높은 남자와 결혼을 했다.

그렇다면 남자들은 왜 그랬을까? 여자들은 모두 남자를 통해 팔자를 고쳐보려 하는 속물들이고, 남자들은 그런 여자들의 기대를 충족해주는 매너 있고 스윗한 왕자님들이었던 걸까? 그리고 지금의 남자들은 왜 달라졌을까? 사악한 마녀와 흉포한 용으로부터 여자를 구해주었던 백마 탄 왕자님들이 왜 지금은 퐁퐁남이라는 조롱을 듣게 된 걸까?

1) 결혼 제도의 발생

나는 경제학적 관점에서 이 질문에 대한 답을 제시할 것이다. 당신이 로맨틱한 사랑을 믿는 사람이라면 아마 이에 대해 불쾌감을 느낄 것이다. 경제적 관계에서 사람은 철저히 이기적이고 타산적이다. 사장은 적은 월급을 주면서 많은 일을 시키고 싶어하지만, 직원은 적은 일을 하면서 월급을 많이 받길 원하고, 판매자는 제품의 성능보다 비싼 값에 물건을 팔길 원하지만 소비자는 좋은 제품을 싸게 사길 원한다. 하지만 사랑이란 그런 감정이 아니다. 받는 게 아니라 주는 것으로도 충만해질 수 있는 감정이다. 상대방으로부터 그 마음을 온전히 돌려받지 못한다고 하더라도, 심지어는 돌려받지 못할수록 더 깊어지고 애절해지는 게 사랑이다.

하지만 안타깝게도 결혼이라는 제도를 처음 탄생시키고 수천 년 동안 유지 시켜온 건 애당초 사랑이라는 감정이 아니었다. 이기심에 기반한 교환관계였다. 먼저 남성은 부성불확실성을 해소하길 원했다. 원시 인류는 짐승을 사냥하거나 나무에 열린 과일을 따먹고 살았다. 식량공급은 늘 부족했고, 불안정했다. 굶주림을 면할 정도의, 혹은 그보다도 못한 수준의 식사가 제공되었다. 잉여생산물을 모아서 사유재산을 축적하는 건 꿈도 못꿀 일이었다.

그런데 농업혁명이 일어났다. 짐승을 쫓아다니지 않고도 풍족한 식량을 안정적으로 공급받을 수 있게 되었다. 식량 공급이 안정화되자 잉여생산물이 발생했고, 그것을 축적하는 자들이 생겨났다. 사유재산과 계급이 발생한 것이다.

그러자 비로소 부성불확실성이 문제가 되기 시작했다. 원시 사회의 아이들은 공동체의 재산으로 키워졌다. 그래서 누가 누구의 아버지인지가 중요하지 않았다. 내가 구해온 식량이 남의 아이를 위해 쓰이겠지만 남이 구해온 식량이 내 아이를 위해 쓰이기도 할 것이기 때문이다. 그런데 농업 혁명 이후의 아이들은 사유재산으로 키워졌다. 그래서 누가 누구의 아버지인가, 어떤 아버지가 어떤 아이에게 귀중한 사유재산을 투자할 것인가가 중요해졌다. 그런데 그걸 알 수 없었다. A라는 여자가 아이를 낳았다면 그 아이의 어머니는 당연히 A이지만 아버지가 누구인지는 알 수가 없었다. 만약 내가 물심양면으로 지원을 아끼지 않고 키워낸 아이가 다른 남자의 아이라면 나는 피 한 방울 섞이지 않은 남의 아이를 위해 귀중한 자원을 낭비한 셈이 된다. 그래서 남자는 부성불확실성을 해소하길 원했다.

한편 여성은 안정적인 생활을 보장받길 원했다. 원시 공동체에서 남성은 사냥을 하고 여성은 채집을 했다. 남자들이 큰 짐승을 잡아온 날은 온 부족이 모여 잔치를 벌일 수 있었지만 그런 날은 많지 않았다. 허탕을 치고 돌아온 날들도 많았다. 그래서 그땐 여자들의 채집 경제가 중요했다. 채집 경제가 있었기에 원시인들은 풍족하지는 않지만 굶어죽지는 않을 정도의 식량을 안정적으로 공급받을 수 있었다.

그런데 농경과 목축이 시작되면서 달라졌다. 풍족한 고기와 곡물을 안정적으로 공급받을 수 있게 되었다. 무거운 농기구와 억센 가축을 다룰 수 있는 남자의 근력이 중요해졌고, 여자들의 채집 경제는 중요성을 상실했다. 여성의 역할은 아이를 낳고 키우는 일, 즉 농사일에 필요한 노동력을 생산해내는 일에 국한되었다. 여성은 남성의 경제력에 의존하지 않고는 독립적인 생활을 꾸려갈 수 없게 되었다.

결혼 제도가 등장한 배경은 이것이다. 결혼이란 무엇인가? 검은 머리가 파뿌리가 될 때까지 서로만을 바라보겠다는 약속이다. 즉, 평생 동안 서로 이외에 어떤 이성과도 성관계를 맺지 않겠다는 내용의 계약이다. 이를 통해 남성은 부성불확실성을 해소할 수 있었다. 남성은 여성이 낳은 아이의 아버지가 누구인지 알 수 없지만 그 여자가 나 이외에 다른 남성과 섹스를 하지 않기로 계약을 맺었다면 얘기는 달라진다. 그 아이가 내 아이라는 걸, 따라서 내 경제적 자원이 엉뚱한 남자의 아이를 위해 낭비되지 않을 거라는 걸 확신할 수 있다. 한편 여성은 남성의 경제적 자원을 독점 공급받을 수 있다. 부성 불확실성의 문제가 해소되면서 남성은 안심하고 여성과 그녀가 낳은 아이를 위해 자신의 경제적 자원을 투자할 수 있게 되었다.

그리고 이러한 결혼 제도를 뒷받침하는 보조장치로서 순결 이데올로기가 대두되었다. 결혼은 부성 불확실성이라는 문제를 상당 부분 해소해주었다. 하지만 완전히 해결하지는 못했다. 여전히 남성은 여성을 원했고, 여성은 마음만 먹으면 남편이 아닌 다른 남자와 성관계를 맺을 수 있었다. 그렇게 태어난 아이를 남편의 아이인 것처럼 속이는 건 어려운 일이 아니었다. 요즘에야 유전자 검사로 친자 확인을 할 수 있지만 과거엔 그런 것도 없었으니 말이다. 그래서 순결 이데올로기가 필요했다. 부성불확실성이라는 문제를 근본적으로 해결하기 위해서는 여성들 스스로 성을 즐기는 여자는 더럽고 문란한 여자라는 가치관을 내면화해서 자발적으로 다른 남자와의 성적 접촉을 피하게 만들어야 했다. 그래서 당시에는 결혼 전까지 누구와도 성관계를 맺지 않은 순결한 여자, 결혼 이후에도 다른 남자에게 눈을 돌리지 않을 거라는 게 증명된 여자가 최고의 신붓감으로 인정받았다.

결혼이라는 제도의 본질은 이것이다. 현대인들은 결혼을 사랑이라는 낭만적인 감정에 기반한 관계라고 생각하지만 역사적으로 결혼은 늘 이해타산에 기반한 관계였다. 남성은 자신의 경제적 자원을 활용해서 최대한 예쁘고 젊고 순결한 여성을 얻길 원했고, 여성은 자신의 생식 자원을 활용해서 최대한 부유하고 강한 남성을 얻길 원했다. 결혼이란 이러한 양자의 필요를 충족하기 위한 전략적 파트너십이었다.

2) 비혼주의의 등장

그런데 그 균형이 깨지기 시작했다. 먼저, 산업구조가 변화했다. 농업, 그리고 공업 위주였던 산업구조가 서비스와 지식 산업 위주로 재편되었다. 이제 남성 특유의 위계 질서와 힘보다 여성 특유의 꼼꼼함과 수평적 의사소통이 더 빛을 발할 수 있는 시대가 되었다. 이제 현대의 여성들은 과거의 여성들처럼 남성의 경제력에 기대지 않고도 자기 삶을 꾸려갈 수 있게 되었다. 이로 인해 여성이 결혼 제도로부터 얻을 수 있었던 이득은 대폭 축소

되었다.

하지만 결혼 제도로부터 남성이 얻을 수 있는 것들, 즉 부부 관계에서 여성이 남성에게 해주어야 하는 것들은 여전히 남았다. 먼저, 가사노동이 있다. 아래에 인용된 통계청의 설문조사에서는 아내와 남편이 집안일을 공평히 나눠서 하고 있다는 응답이 60대 이상 7.6%, 50대 10.6%, 40대 17.9%, 30대 30.4%, 20대 이하 44.5%로 나왔다. 젊은 세대로 갈수록 집안일을 남녀 상관없이 공평하게 분담해야 한다는 인식이 보편화되고 있는 것이다. 이는 경제 활동에 참여하는 여성이 늘어나고, 성평등적 가치관이 확산된 결과다. 하지만 한편으로는 여전히 집안일은 남자보다는 여자의 몫이라는 인식이 지배적이기도 하다. 같은 자료에 따르면 집안일을 아내가 전적으로, 혹은 주로 책임지고 있다는 응답이 60대 이상 91.2%, 50대 88.1%, 40대 80.4%, 30대 65.7%, 20대 51.4%로 나왔다. 젊은 세대로 갈수록 줄어들고 있긴 하지만 20대에서도 여전히 절반을 넘는다. 반면 남편이 전적으로, 혹은 주로 책임지고 있다는 응답은 20대에서도 4.0%에 불과했다. 이를 통해 집안일은 아내가, 바깥일은 남편이 해야 한다는 전통적 성역할 고정관념은 아직까지도 유효하다는 것을 알 수 있다.

대분류	분류	아내가 전적으로 책임지고 있다	아내가 주로 책임지고 남편이 약간 돕는 정도이다	아내와 남편이 공평하게 나눠하고 있다	남편이 주로 책임지고 아내가 약간 돕는 정도이다	남편이 전적으로 책임지고 있다
연령별	20대 이하	24.7	26.7	44.5	3.8	0.2
	30대	20	45.7	30.4	3.4	0.5
	40대	22	58.4	17.9	1.4	0.2
	50대	25.5	62.6	10.6	1.2	0.2
	60대 이상	33.2	58	7.6	1.1	0.1
학력별	중졸 이하	32	61.6	5.4	1	0.1
	고졸 이하	32.8	56.1	10	1	0.2
	대졸 이하	21.8	56.1	19.7	2.1	0.3
	대학원 이상	21.3	51.9	24.3	2.5	0.1

서울시 가사노동 분담률 통계, 통계청, 2020

그리고 무엇보다 중대한 건 역시 임신과 출산이다. 과학기술의 발달은 임신과 출산이 여성의 몸에 미치는 부담을 획기적으로 경감시켰다. 요즘에는 아이를 낳다가 산모 혹은 아이가 사망하는 일은 거의 발생하지 않는다. 여성이 덜 고통스럽게 아이를 낳고, 하루빨리 건강을 회복해서 일상으로 돌아오게 하기 위한 방법들이 지금 이 순간에도 끊임없이 개발되고 있다. 하지만 임신과 출산은 여전히 여성의 몸에 큰 부담을 준다. 출산을 하고 나면 골밀도가 낮아져서 골다공증에 걸릴 위험이 높아지고, 신체 균형이 흐트러지며 노화가 촉진된다. 이는 임신과 출산 이후에도 자신의 커리어를 이어나가며 건강하고 정력적으로 살아가길 원하는 현대의 여성들에게 큰 부담이다.

육아로 인한 부담도 빼놓을 수 없다. 갓 태어난 인간은 철저히 무기력하다. 혼자 걸을 수도, 밥을 먹을 수도, 말을 할 수도 없다. 그래서 종일 곁에서 돌봐줄 사람이 필요하다. 그리고 대부분의 경우, 그건 엄마다. 여전히 한국 사회에서는 아이는 엄마의 사랑을 받아야 제대로 클 수 있다는 생각이 지배적이기 때문에 아이를 친정 부모나 베이비 시터에게 맡기고 직장에 나가서 일을 하는 여성은 돈밖에 모르는 속물적이고 이기적인 여자 취급을 받는다. 그래서 많은 여성들은 출산 이후 자신의 커리어를 포기하게 된다.

이처럼 결혼 제도로 인해 여성이 얻을 수 있는 건 줄어들었지만 희생해야 할 건 여전히 남았다. 여성은 남성에게 의존하지 않고도 생활을 꾸려나갈 수 있게 되었지만, 남성은 여성 없이 아이를 낳고 기르는 방법을 아직 찾아내지 못했다. 그래서 결혼은 여성에게 있어 밑지는 장사가 되었다. 문명이 발생한 이래 수천 년 동안 결혼제도가 유지되어온 건 결혼을 통해 남성은 여성의 생식자원을, 여성은 남성의 경제력을 얻을 수 있다는 상호 호혜성 때문이었으나 이제는 그 균형이 깨졌다.

한국보건사회연구원이 내놓은 2006년의 한 보고서를 보면 여성 응답자의 29.9%는 '독신의 삶을 즐기려는 경향이 늘어나서' 결혼을 미룬다고 말했다. 이어 '결혼에 따른 각종 의무와 역할이 부담스러워서'(14.8%), '꼭 결혼해야 한다는 생각이 약해져서'(12.7%) 등이 뒤를 이었다. 반면 남성 응답자는 30.9%가 '직장을 구하지 못하거나 안정된 직장을 갖기 어려워서'라고 대답해 경제적인 이유를 첫 순위로 꼽았다. 일부는 '결혼 생활을 유지할 정도로 수입이 충분히 보장되지 않아서'(14.7%)라고 답하기도 했는데 이 역시 같은 이야기로 보인다.

- 윤단우, 위선호, 『결혼 파업, 30대 여자들이 결혼하지 않는 이유』,
모요사, 107p.

그래서 비혼을 주장하는 여성들이 나타나기 시작했다. 결혼은 한 쌍의
남성과 여성이 하는 것이다. 그렇기 때문에 두 사람 다 결혼을 원해야 한
다. 한쪽이, 혹은 양쪽 모두가 결혼을 원치 않는다면 두 사람은 부부가 될
수 없다. 그렇다면 한국 사회에서 최근 몇 년간 결혼과 출산에 관련된 지표
가 악화되고 있는 이유는 무엇일까? 남성이 결혼을 하기 싫어하는 걸까?
아니면 여성이 싫어하는 걸까? 아니면 혹시 둘 다 싫어하는 건 아닐까? 그
건 여성인 것으로 보인다. 부정문에는 '안 부정문'과 '못 부정문'이 있다. '안
부정문'은 의지의 부정이다. 하려면 할 수는 있지만 굳이 하고 싶지 않다는
뜻이다. 반면 '못 부정문'은 능력의 부정이다. 하고 싶지만 여건이 좋지 않
아서 할 수 없다는 뜻이다. 이를 위 인용문에 나온 결혼적령기의 남성과 여
성들이 결혼을 망설이는 이유들에 적용해본다면 남성들이 결혼을 하지 않
는 건 '못 부정문'에 가깝다. (하고 싶지만) 직장을 구하지 못하거나 안정된
직장을 갖기 어려워서, (하고 싶지만) 결혼생활을 유지할 정도로 수입이 충
분히 보장되지 않아서 '못'하는 것이다. 반면 여자들이 결혼을 하지 않는 건
'안 부정문'에 가깝다. 여성들은 (결혼을 하려면 할 수 있지만) 독신의 삶을
더 즐기고 싶어서, (하려면 할 수는 있지만) 결혼에 따른 각종 의무와 역할
을 지고 싶지 않아서, (하려면 할 수 있지만) 꼭 결혼해야 한다는 생각이 약
해져서 굳이 '안' 하는 것이다.

결혼하기가 점점 어려워지는 세태에 대처하는 모습을 통해서도 이러한

입장 차이를 재확인할 수 있다. 남자들은 아직 의지가 있다. 여건이 따라주지 않아 결혼을 못하고 있을 뿐이다. 그렇기 때문에 남성들은 여건을 타협해서라도 결혼을 하려고 한다. 나이가 들어서 결혼 시장에서 경쟁력이 떨어졌거나, 한국 여자의 눈높이를 충족시킬 수 있을 정도의 경제력을 갖추지 못한 남자들은 국제결혼을 한다. 말이 안 통하고, 문화가 다른 타국의 여성과 결혼을 해서라도, 패배자라는 조롱을 감수하고라도 남성은 어떻게 해서든 결혼을 하려고 한다. 그런데 여성은 다르다. 의지가 없다. 그래서 타협하지 않는다. 마땅한 상대가 없으면 결혼을 하지 않는다. 오히려 비혼 선언을 하고, 비혼에 대한 책을 쓰고, 비혼에 대한 커뮤니티를 만들어서 더욱 적극적이고 공격적으로 결혼 제도에 반대한다.

이처럼 결혼을 원치 않는 여성들이 많아지자 자연히 순결 이데올로기도 붕괴되었다. 결혼을 할 이유가 없어졌으니 좋은 신붓감이 될 이유도 자연히 사라졌다. 그리고 피임기술의 발달과 낙태 합법화에 대한 논의는 이러한 변화를 더욱 가속화시켰다. 이제 여성은 문란하고 더러운 여자라는 비난을 받을 걱정도, 원치 않는 임신과 출산으로 커리어가 단절될 걱정도 할 필요가 없게 되었다. 여성은 자연이 그녀들에게 선물해준, 남성으로 태어났더라면 절대 누리지 못했을 성적 선택권을 마음껏 누릴 수 있게 되었다. 그리고 이는 또 다시, 결혼이라는 제도의 매력을 떨어뜨리는 요인이 되었다. 결혼을 하지 않으면 만인의 연인으로 살 수 있는데 굳이 한 남자에게 얽매여 살아가야 할 이유가 무엇이겠는가?

3) 설거지론의 등장

남자 100명과 여자 100명으로 이루어진 가상사회를 생각해보자. 자연 상태에서 남성은 최대한 많은 여성에게 씨를 뿌리길 원한다. 그리고 여성은 임신과 출산, 육아라는 임무를 수행하는 동안 자신을 물질적, 정서적으로 지원해줄 수 있는 강한 남자를 원한다. 애매한 남자를 만나느니 경쟁력 있는 남자의 두 번째 아내가 되길 택한다. 그래서 남성의 절반은 필연적으로 도태된다. 하지만 나머지 50명은 여자를 두 명씩 거느리게 된다. 그래서 남자들은 도전한다. 홍길동의 어머니 춘섬을 첩으로 두었던 홍판서, 29명의 부인을 두었다는 태조 왕건처럼 되기 위해서 말이다.

그런데 일부일처제가 등장하면서 상황이 달라지기 시작했다. 이제 변변치 않은 남자들도 모두 결혼을 할 수 있게 되었다. 사회적 지위가 높고, 신체적으로 강건한 남자들도, 그렇지 못한 남자들도 모두 한 명의 배우자를 얻는 세상이 되었다.

그리고 비혼주의가 등장한다. 남성의 입장에서 전근대의 일부다처제 사회는 하이 리스크 하이 리턴이었다. 경쟁력 있는 남자는 여러 명의 아내를 거느릴 수 있었지만 그렇지 못한 남자는 홀로 늙어 죽어야 했다. 반면 일부일처제 사회는 로우 리스크 로우 리턴이었다. 평범한 남자들도 한 명의 여자와 결혼을 해서 자손을 남길 수 있게 되었지만 아무리 경쟁력 있는 남자라도 두 명 이상의 아내와 중혼을 할 수는 없었다. 즉, 일부다처제와 일부일처제에는 각각 장점과 단점이 있었다.

그런데 비혼주의가 등장한 이후에는 일부다처제와 일부일처제의 안 좋은 점들만 남았다. 먼저 일부다처제 사회의 남성들처럼 높은 리스크를 감수해야 했다. 결혼을 원하는 여성 자체가 줄었기 때문에 남자들은 소수의 여성을 두고 경쟁을 벌여야 했다. 경쟁의 승자를 판가름하는 기준은 물론 경제력이었다. 그래서 위에 언급한 것처럼 (하고 싶지만) 직장을 구하지 못하거나 안정된 직장을 갖기 어려워서, (하고 싶지만) 결혼생활을 유지할 정도로 수입이 충분히 보장되지 않아서 결혼을 '못'하는 남자들이 생겨났다. 경제성장률 둔화와 부동산 가격 폭등으로 이런 남자들은 더 늘어났다.

하지만 높은 리스크를 감당하고 경쟁에서 승리한 대가로 얻는 보상은 너무나 보잘 것 없었다. 일부일처제 사회의 남성들은 일부다처제 사회의 남자들처럼 여러 여성을 거느릴 순 없었지만, 최소한 한 명의 정숙한 여성으로부터 성적 자원을 독점적으로 공급받을 수는 있었다. 그런데 그게 무너졌다. 여자들에게 결혼이 필수가 아닌 선택이 되자 순결도 선택사항이되었다. 피임법의 발달과 낙태 합법화 논의로 여성은 임신과 출산에 대한 부담없이 자유로운 성관계를 즐길 수 있게 되었고, 해외여행이 대중화되면서 보다 개방적이고 매력적인 외국인 남자를 만날 기회도 많아졌다. 여성은 전에 없던 성적 자유를 즐길 수 있게 되었다. 독실한 크리스천이거나 도저히 남성을 만나지 못할 환경에서 자라온 게 아니라면 여성에게 순결을 기대하는 건 어리석은 일이 되었다.

설거지론이 등장한 배경은 이것이다. 여성의 경제력 향상은 여성에게 결혼을 밑지는 장사로 만들었고, 이에 여성들은 비혼주의를 주장하기 시작했다. 그리고 비혼주의의 유행은 남성에게 결혼을 밑지는 장사로 만들었다. 결혼을 원하는 여성 자체가 줄어들면서 남성들은 일부다처제 사회에서처럼 치열한 경쟁을 벌여야 했지만 그 경쟁에 이겨서 얻게 되는 대가는 한남성에 대한 헌신과 순정이 증명되지도 않은 여성이었다. 열심히 공부하고 돈을 모아서 결혼을 해봤자 아무것도 얻을 게 없는 것이다. 설거지론은 그 사실을 꼬집었다. 결국 설거지론의 본질은 남성형 비혼주의인 것이다.

3. 제도와 국가,
그리고 우리들

　여성들이 비혼주의를 주장하고, 남성들이 설거지론을 주장한 건 행복해지기 위해서다. 누군가의 어머니나 아내가 아니라 온전한 한 인간으로 살아가기 위해 여성들은 비혼주의를 주장했고, 돈 벌어다주는 기계가 아니라 한 사람의 인격으로 대우받고 싶어서 남성들은 설거지론을 주장했다.

　그렇다면 여성의 비혼주의, 그리고 남성의 설거지론은 한국 사회에 어떤 영향을 미칠까? 비혼주의와 설거지론은 남성 혹은 여성이라는 이유만으로 가해지던 부당한 억압들로부터 남성과 여성을 자유롭게 만들어줄 수 있을까?

　우선, 비혼주의와 설거지론은 전통적 결혼제도의 약화를 가져올 것이다. 경제학의 가장 기본적인 원리는 수요와 공급이다. 수요자는 특정 재화를 사길 원하는 사람들이다. 그리고 공급자는 팔려고 하는 사람들이다. 수요자는 가급적 싼 가격에 사길 원하고, 공급자는 당연히 비싼 가격에 팔길 원한다. 즉, 가격이 올라갈수록 수요량은 줄어들고, 공급량은 늘어난다. 이를 그래프로 나타내면 아래 그림1과 같다.

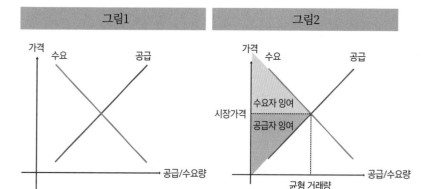

그리고 그림2에서와 같이 공급곡선과 수요곡선이 만나는 곳에서는 시장가격과 균형 거래량이 형성된다. 이 지점에서는 공급자와 수요자의 이익이 극대화된다. 균형 거래량을 기준으로 왼쪽에 있는 수요자들은 수요곡선이 시장가격보다 위에 위치해 있다. 즉, 균형가격보다 많은 돈을 주고서라도 그 재화를 살 의향을 갖고 있는 사람들이다. 따라서 이들이 균형가격으로 재화를 구매하게 된다면 그들은 자기들이 본래 의도했던 것보다 싼 가격에 재화를 구매한 게 된다. 즉, 차액만큼 이득을 본 것이다. 그 이득의 총량을 수요자 잉여라고 한다. 한편 균형 거래량보다 왼쪽에 있는 공급자들은 공급곡선이 시장가격보다 아래에 위치한다. 이들은 균형가격보다 낮은 가격에라도 재화를 팔 의향이 있는 사람들이다. 이들이 균형가격에 재화를 팔게 된다면 의도했던 것보다 비싼 가격에 판매한 게 된다. 이 또한 이득이다. 그 이득을 공급자 잉여라고 한다.

이 원리를 결혼에 적용해본다면 어떨까? 전통적으로 결혼은 남성의 경제력과 여성의 성적 자원의 교환이었다. 돈을 쓰는 사람은 남성이었고, 그 대가로 자신의 성적 자원을 제공하는 사람은 여성이었다. 파는 사람 즉, 공급자는 여성이고, 수요자는 남성이었다. 그리고 결혼의 공급자인 여성은 당연히 이왕이면 돈이 많은 남자를 원하고, 수요자인 남성은 돈이 없어도 자신과 결혼해줄 여성을 원한다. 즉, 가격(여성이 결혼 상대에게 요구하는 재력 수준)이 높을수록 수요량(결혼하고 싶은 남성들의 수)은 줄어들고, 공급량(결혼하고 싶은 여성들의 수)은 늘어난다. 이러한 남성과 여성의 이해관계가 마주치는 곳에서 시장가격과 균형 거래량이 형성된다. 이 지점에서 남성과 여성의 이익은 극대화된다. 여성은 남성을 통해 안정적 생활을 보장받을 수 있고, 남성은 여성의 성적 자원을 독점 공급받을 수 있다. 그리고 순결 이데올로기는 여성의 부정을 방지함으로써 남성의 경제적 자원이 낭비되지 않게 하기 위한 보조장치 역할을 한다.

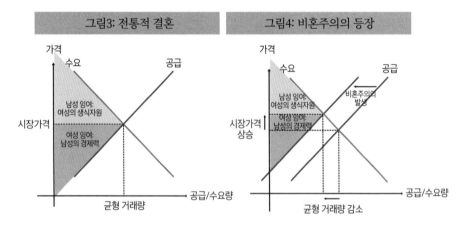

그런데 비혼주의가 등장했다. 여성의 경제력과 사회적 지위가 향상되면서 남성의 경제력에 의존하지 않고 혼자 살아가길 원하는 여성들이 생겨났다. 이로 인해 여성의 공급 곡선은 0에 가깝게 이동했다. 즉, 결혼을 하고 싶어하는 여성들이 줄어들었다. 이는 그림4와 같은 두 가지 결과를 낳았

다. 첫 번째는 균형 거래량의 감소. 결혼을 원치 않는 여성이 늘면서 혼인율이 줄었다. 그리고 두 번째는 시장가격의 상승. 결혼을 원치 않는 여성의 마음을 돌리기 위해 남성은 예전보다 더 많은 돈을 써야만 하게 되었다. 이로써 남성에게 결혼은 순결하지도, 정숙하지도, 어리고 예쁘지도 않은 여자를 위해 많은 돈을 써야 하는 불공정 거래가 되었다.

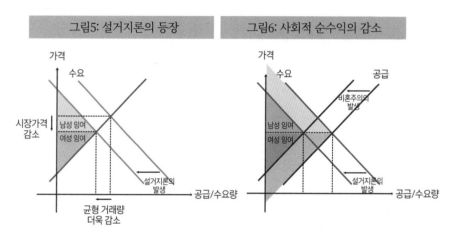

이런 상황에서 설거지론이 등장했다. 여성들이 그랬듯 남성들도 결혼을 거부하기 시작했다. 이는 그림5와 같은 두 가지 결과를 낳았다. 첫 번째는 균형 거래량의 감소. 그림4에서는 여성은 결혼을 거부할지라도 남성은 여전히 결혼을 원했기 때문에 어느 정도의 혼인율은 유지될 수 있었다. 그러나 남성마저 결혼을 거부하면서 혼인율은 더욱 더 곤두박질쳤다. 그리고 두 번째는 시장가격의 감소. 남성들이 여성의 성적 자원을 얻기 위해 많은 돈을 지불하길 거부하게 되면서 더 이상 여성들도 결혼을 통해 신분 상승을 이룰 수 없게 되었다.

결론은 그림6과 같다. 여성이 비혼주의를 주장하고, 남성이 설거지론으로 응수하면서 결혼제도를 통해 여성과 남성이 얻을 수 있었던 이득이 형편없이 쪼그라들었다. 남성의 입장에서는 자신에게만 헌신할 정숙한 여성을 구하기가 어려워졌고, 여성의 입장에서는 자신에게 안전하고 편리한 생활을 제공해줄 남성을 구하기가 어려워졌다. 누군가의 어머니 혹은 아내라는 정체성으로 평생을 살아가기에, 그리고 월급의 대부분을 아내에게 헌납하고 용돈 받으며 살아가기에 현대 사회의 남성과 여성들은 너무나 똑똑해졌다.

결혼으로 얻을 수 있는 이득이 줄어들자 혼인율과 출산율도 자연히 줄어들었다. 인구 1,000명 당 혼인 건수를 의미하는 조혼인율은 2011년에서 2020년 사이에 6.6명에서 4.2명으로 감소했다. 그 사이에 약간의 반등조차 없었고, 계속 떨어졌다. 같은 기간 동안 혼인건수는 32.9만 건에서 21.4만 건으로 감소하였으며 이 역시 약간의 반등조차 없었다. 출산율 역시 마찬가지다. 가임여성 1명 당 출산율은 2011년 1.24명에서 2020년 0.84명으로 감소했다. 출산율의 경우 조금씩 반등이 있던 시기도 있었으나 전체적 추세는 감소한 것으로 나타났다. 늘어난 건 초혼 연령 뿐이었다. 2011년부터 2020년 사이 남성 초혼 연령은 31.9세에서 33.23세로, 여성은 29.14에서 30.78로 증가했다. 2020년의 결혼적령기 남녀는 10년 전에 비해 더 늦게, 더 적게 결혼하고 더 적은 아이를 낳는다.

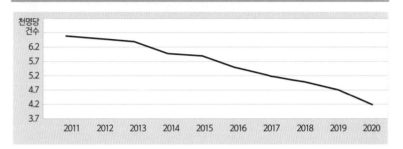

표1. 2011~2020 조혼인율 추이
(1,000명 당 혼인 건수, 아래 모든 도표의 출처: 통계청)

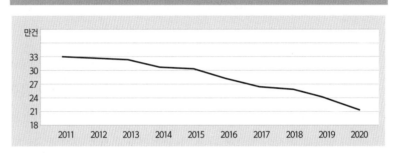

표2. 2011~2020 연도별 혼인 건수 추이

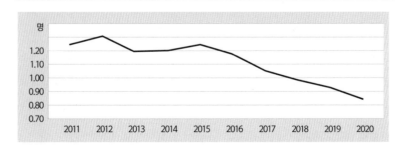

표3. 2011~2020 출산율 변화 추이

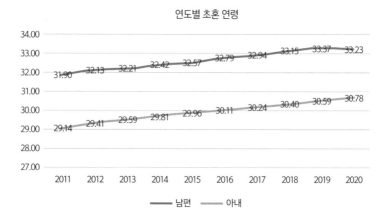

표4. 2011~2020 초혼연령 변화 추이

연도별 초혼 연령

이러한 변화는 한국 사회에 어떤 영향을 미칠까? 먼저, 국가의 입장에서는 손해일 것이다. 국가가 부강해지기 위해서는 인구가 늘어야 한다. 인구가 늘어야 국방력도 강해지고, 내수 경제도 활성화된다. 그리고 인구가 늘어나려면 남성과 여성이 결혼을 해야 한다. 따라서 결혼과 출산에 관련된 지표가 악화될수록 국가경쟁력에는 부정적인 영향을 미치게 될 것이다.

하지만 개인의 차원에서는 오히려 긍정적인 변화를 가져올 것으로 보인다. 이전의 논의에서 나는 전통적 성 역할의 해체가 개인의 행복을 가져올 것이라고 했다. 개개인의 성향은 모두 다르다. 공격적이고 도전적인 성향의 여성도, 다정하고 섬세한 남성도 얼마든지 있을 수 있다. 하지만 사회적으로 바람직하게 받아들여지는 남성성과 여성성은 정해져 있다. 남자는 적극적, 호색적, 도전적이어야 하고, 여자는 순응적, 내향적, 감성적이어야 한다. 이러한 고정관념에 어긋나는 이들은 한 사람의 남성 혹은 여성으로 인정받지 못한다. 개인들은 남자답게 혹은 여자답게 살아가기 위해 자기다움을 포기해야 한다.

그렇다면 이러한 전통적 남성성과 여성성은 어디에 뿌리를 두고 있는가? 번식이다. 남성은 도전하지 않으면 단 한 번의 번식 기회도 가질 수 없기에 도전적이어야 하고, 여성은 도전하지 않아도 최소한의 번식 기회를 가질 수 있기 때문에 안전지향적이어야 하는 것이다. 이런 입장 차이가 남성성과 여성성이라는 문화로 이어졌다.

그렇기 때문에 인간의 삶에서 번식이 갖는 의미가 줄어든다면 전통적 성 역할 규범 역시 해체될 수 있다. 이는 일본의 선례를 보면 알 수 있다. 1980년대까지 일본 경제는 전례 없는 호황을 누렸다. 성공의 기회들이 곳곳에 널려있었고, 남자들은 열심히 공부하고, 일해서 그 기회들을 거머쥐었다. 당시의 남성들은 당당했고, 스스로에 대해서 확신을 갖고 있었으며, 미래를 낙관하고 있었다. 한마디로 남자다웠다. 당시 여성들의 이상형은 고학력, 고수입, 고신장의 3고를 갖춘 남자였고, 남자들은 자가용으로 여성을 에스코트하고, 기념일엔 명품백을 선물해서 그런 여성들의 기대를 충족시켜주었다.

그런데 세상이 바뀌었다. 1990년대 이후 잃어버린 10년이라 불리는 기간 동안, 일본 경제는 심각한 불황을 맞았다. 물가가 떨어지고, 기업의 생산 활동이 둔화되었으며, 이에 비례해 고용도 둔화되었다. 연봉이 높고 안정적인 일자리는 줄어들었고, 비정규직이 그 자리를 대체하게 되었다.

이러한 변화에 발맞추어 초식남이라는 새로운 인간상이 등장했다. 전통적인 남성의 역할은 사회적 지위를 높여서 여성을 쟁취하는 것이었다. 그런데 그 사회적 지위를 얻는 게 너무 어려워졌다. 성공을 하려면 도전을 해야 하는데 그 도전의 성공률이 대폭 떨어졌다. 그래서 남자들은 도전을 포기하기 시작했다. 명문대와 대기업에 들어가는 데에 목을 매지도 않고, 정규직 일자리를 얻기 위해 경쟁을 하지도 않게 되었다. 재테크와 저축도 포기했다. 명품이나 자동차에 대한 수요도 크게 줄었다. 그 대신 여자들의 전유물이라고 여겨졌던 악세서리나 디저트, 화장품에 대한 수요가 늘었다. 야망도 없고 자신감도 없는, 계집애 같은 남자들이 늘어나기 시작했다.

위험을 감수하지 않으려는 초식남들의 성향은 연애에도 반영되었다. 전통적 남녀 관계에서 이성에게 다가가는 건 늘 남성의 몫이었다. 남성은 부모가 되기 위해 그들의 동업자인 여성보다 훨씬 적은 자원을 투자하기 때문에 여성보다 더 많은 돈을 쓰고, 더 많은 정성을 들여서 그 격차를 채워왔다. 그래서 중세의 음유시인들은 낭만적인 시구로 그들의 사랑을 고백했고, 현대의 남성들은 데이트 비용을 내고, 비싼 선물을 한다. 그런데 그걸 거부하기 시작했다. 2015년 일본의 연애 정보 사이트 연애JP에 따르면, 여성에게 데이트 신청을 거절당했을 때 몇 번 만에 포기하느냐는 질문에 25퍼센트가 한 번 만에 포기한다고 답했고, 40퍼센트가 두 번 만에 포기한다고 답했다. 될 때까지 계속한다는 응답은 9퍼센트에 그쳤다. 또한 2014년 인터넷리서치 기업 시라베의 조사에 따르면 이성에게 먼저 고백을 한 적이 있는 20대 여성은 39퍼센트였던 반면, 남성은 33퍼센트에 불과했다.[14] 초식남들은 옛날 남자들처럼 열 번 찍어 안 넘어가는 나무 없다며 일방적으로 자기 마음을 표현하지 않는다.

용기 있게 자기 마음을 표현하고, 거절당해도 쉽게 포기하지 않는 전통

---

14 오시쿠보 메구미, 연애, 안 하는 게 아니라 못하는 겁니다, 서라미, 중앙북스 ,114p.

적 남성상에 균열이 생기면서 여성이 남성을 보는 시각도 변화하고 있다. 버블 시대 여성들이 바라는 이상형의 조건이 고학력, 고수입, 고신장의 3고였다면 요즘에는 3저가 유행하고 있다. 저의존, 저리스크, 저자세다. 자존심을 앞세우거나, 성공을 하기 위해 위험을 감수하는 전통적 남성상에 대한 선호도가 낮아지고 있는 것이다.

나는 한국에서도 이러한 변화가 일어날 것으로 기대하고 있다. 아이를 낳을 필요가 없다면 전통적인 형태의 결혼을 할 필요가 없고, 결혼을 할 생각이 없다면 전통적인 남성상과 여성상에 자기를 끼워 맞출 필요가 없다. 개인들은 사회적으로 정해진 남성상과 여성상의 고정관념이 아니라 각자의 본성에 따라 살아가면 된다. 앞으로의 세상은 섬세하고 감성적인 남자도, 도전적이고 진취적인 여자도 각자의 방식대로 행복해질 수 있는 세상이 될 것이다.

그리고 이는 페미니즘을 둘러싼 여러 가지 갈등을 해결하는 데에도 도움이 될 것이다. 앞서 나는 페미니즘에 관련된 여러 가지 이슈를 논했다. 그런데 그 중 남성성과 여성성이라는 문화, 그리고 그 이면에 있는 종족 번식의 본능과 관련이 없는 건 하나도 없다. 1장 『82년생 김지영』은 세상을 바꿀 수 있을까?'에서 나는 남성과 여성이 겪는 고통의 경중을 논하는 건 가능하지도 않고, 유익하지도 않다고 했다. 다만 남성과 여성은 서로 다른 종류의 고통을 겪고 있을 뿐이라고 했다. 그렇다면 그 고통은 어디에서 기인하는가? 번식이다. 모든 생명체에게 숙명적으로 주어져 있는 번식이라는 과업을 달성하기 위해 남성은 도전하고, 제압하고, 성취해야 하고, 여성은 이해하고, 공감하고, 순응해야 한다. 그러나 각자의 본성은 다르다. 남성이라고 다 도전적인 게 아니고 여성이라고 다 순응적인 게 아니다. 그 괴리감만큼 남성과 여성은 고통받는다.

2장. '여성할당제, 성평등인가? 역차별인가?'에서 나는 여성과 남성의 사회적 격차를 좁히기 위해서는 여성에게 주어진 임신과 출산, 육아의 부담을 덜어주어야 한다고 했다. 사회적 성취를 위해서는 도전을 해야 한다. 그리고 도전은 당연히 리스크를 수반한다. 그런데 리스크를 감내하는 건 전통적으로 남성의 역할로 여겨졌다. 그래서 여성은 도전의 기회를 얻지 못했고, 성취하지도 못했다. 그런데 여성이라고 다 순응적이고, 소극적인 건 아니다. 도전하고 성취하고 싶어하는 여성들도 있다. 이들이 제 뜻을 펴지 못하는 건 무엇 때문일까? 여성은 아이를 낳고 키워야 하기 때문이다. 그 부담을 덜어주지 않는다면 여성 개인의 잠재력을 실현할 수도, 이를 통해 사회 발전을 이끌어낼 수도 없다.

3장. '메갈리아, 모두를 위한 페미니즘은 가능한가?'에서 나는 페미니즘 운동이 남성을 배제해선 안 된다고 했다. 래디컬 페미니스트들은 흔히 남성을 일본 제국주의자, 백인 농장주로, 여성을 조선 독립군, 흑인 노예에 비유한다. 남성은 성평등을 위해 무찔러야 할 적이라는 것이다. 하지만 틀렸다. 남성과 여성은 모두 전통적 성역할 고정관념으로 인해 고통받고 있다. 따라서 남녀는 전통적 성역할 고정관념을 타파하기 위한 파트너가 될 수 있다.

4장. '남자는 잠재적 성범죄자인가?'에서 나는 성범죄를 예방하기 위해 여성이 자신의 성욕을 긍정할 수 있어야 한다고 했다. 전통적 남녀 관계에서 남성은 늘 여성에게 다가가서 자신의 진심을 증명하는 역할이었고, 여성은 그런 남성을 평가하고 승인하는 역할이었다. 여성이 먼저 남성에게 다가가는 건 여성스럽지 못한 걸로 여겨졌다. 하지만 여성에게 강요되는 수동성으로 인해 남성이 여성의 속마음을 오해하는 일들이 발생했다. 그리고 이 중 몇몇은 성범죄로까지 발전했다. 따라서 여성의 능동성을 인정하고 북돋아주는 문화가 생긴다면 남성 역시 여성의 거절을 밀당이나 튕기는 게 아니라 진짜 싫은 걸로 받아들일 수 있게 될 것이다.

5장. '성매매, 여성에 대한 구조적 착취인가? 개인의 자유로운 선택인가?'에서 나는 성매매를 근절하기 위해 남성에게는 대안적인 성욕 충족의 수단이, 여성에게는 대안적인 생계 유지의 수단이 주어져야 한다고 했다. 차등적 부모투자 이론에 따라 남성은 늘 성관계를 원한다. 반면 여성은 그렇지 않다. 자연은 남성에게 너무나 많은 성욕을 부여했고, 여성에게는 실제로 필요한 것에 비해 너무나 많은 짝짓기의 기회를 부여했다. 남성에겐 돈이 남고, 여성에겐 성적 자원이 남는다. 둘 사이에 교환이 이루어지는 건 당연한 일이다. 그렇기 때문에 성매매를 근절하려면 남성은 성을 사지 않고 성욕을 충족할 수 있어야 하고, 여성은 성을 팔지 않고 생계를 해결할 수 있어야 한다.

이처럼 남성과 여성의 갈등 이면에는 전통적 성역할 고정관념이 있다. 따라서 번식이 인간의 삶에서 차지하는 의미가 줄어든다면 전통적 성역할을 고집할 이유도 없어지고, 성 갈등도 해결될 것이다.

다만 몇 가지 우려되는 것들이 있다. 첫 번째는 설거지론이 진지한 비혼주의 운동이 아니라 일시적인 인터넷 유머 정도로 끝날 수 있다는 점이다. 여성이 비혼주의를 주장할 수 있게 된 건 남성에게 의존하지 않고도 생계를 해결할 수 있게 되었기 때문이다. 결혼의 대체제를 발견했기에 굳이 결혼을 고집할 필요가 없어진 것이다. 일본의 초식남 열풍도 마찬가지다. 일본은 소위 말하는 성진국(성+선진국. 성에 개방적인 나라)이다. 아나운서나 아이돌그룹 멤버들이 AV배우로 데뷔하고, 편의점 가판대에서 성인 영상물이나 잡지가 판매될 정도로 AV 관련 산업이 발달된 나라다. 또한 속옷을 입은 여성이 목욕을 시켜주는 소프랜드, 여성이 보는 앞에서 자위를 하는 오나쿠라샵 등[15] 다양한 종류의 성 서비스 산업이 성행하고 있다. 장애인의 성욕을 해결해주기 위한 서비스인 화이트 핸즈 기관 역시 운영되고 있다. 일본 남자들에겐 이처럼 다양한 대안들이 있다. 현실에서 여성과 관계를 맺지 않고도 성욕을 충족할 수 있는 방법이 많이 있다. 그래서 그들은 연애와 결혼을 고집할 필요가 없다. 그러니까 전통적 남성상을 따르지 않아도 된다.

하지만 한국 남자들은 사정이 다르다. 한국에서는 포르노 영상도 불법이고, 성매매도 불법이다. 장애인의 성 문제는 언급조차 되고 있지 않다. 물론 한국에서도 성을 즐기는 게 불가능한 건 아니다. 성인용품점은 합법적으로 운영되고 있고, 음성적인 방법을 통한다면 포르노 영상을 볼 수도 있다. 성매매도 암암리에 이루어지고 있다. 하지만 한국에서는 성을 바라보는 시선 자체가 매우 보수적이다. 한국인들은 성욕을 인간의 보편적이고 근원적인 욕구가 아니라 이성으로 통제되어야 할 열등한 욕구로 여기고 있다. 그래서 성욕을 적극적으로 드러내고, 충족하려 드는 사람을 질 낮은 사람으로 본다. 그래서 한국 남자들은 그들의 성욕을 숨겨야 한다. 로맨틱한 연애 관계에서 이루어지는 '정상적인' 성관계 외에 모든 성행위는 사회적으로 금기시된다. 혼자서 포르노 영상을 보거나 자위 기구를 써서 성욕을

---

15 일본의 성 산업이 변한다, 친교·로맨스 관련 서비스 급부상, 김영섭 기자, 2018. 4. 6, '건강한 성, 솔직한 사랑' 속삭닷컴

충족하는 일조차도 더럽게 여겨진다. 한국 남성들에게는 여성과 관계를 맺지 않고 성욕을 충족할 수 있는 방법이 없다.

그렇다면 한국 남성들은 전통적 남성성을 고수하는 수밖에 없다. 도전하고 성취해서 자신의 남성성을 증명하는 남자 말이다. 그렇게 된다면 설거지론은 진지한 비혼주의 운동이 될 수 없다. 그저 남성성을 증명하고 여성을 쟁취하는 경쟁에서 승리하지 못하고 도태된 이들이 자신을 위안하기 위한 '신포도'가 될 수 있다.

그리고 두 번째는 인간은 증오를 통해서 행복해질 수는 없는 존재라는 점이다. 전통적 결혼제도의 약화는 국가 경쟁력의 약화를 가져올 것이다. 국가는 아이가 태어나야 번창한다. 하지만 개인은 꼭 그렇지 않다. 아이를 낳고 기르는 과정에서 행복을 느끼는 사람도 있지만 자기만의 꿈을 실현해가면서 행복을 느끼는 사람도 있다. 하지만 전자건 후자건 사람은 더불어 살아야 한다. 반드시 전통적인 형태의 가정을 의미하는 건 아니다. 다자연애건, 동성연애건, 편부모로 아이를 입양해서 키우건, 프랑스에서 유행한다는 팍스(계약 형태의 동거)건 다 좋다. 다만 인간은 어떤 방식으로건 사랑받고 사랑하면서 살아야 한다.

그런데 설거지론은 상대방에 대한 증오에 기반한다. 전통적 결혼 제도의 시작은 남성의 돈과 여성의 성적 자원의 교환이었다. 하지만 그 와중에도 인간은 살다보면 정이 들고 사랑이 싹튼다. 특히 현대 사회에서는 돈과 성의 교환관계보다 사랑이라는 낭만적 감정의 중요성이 점점 커지고 있다. 남녀가 평등해질수록 경제적 이해관계보다는 사랑에 기반한 결혼이 더 늘어날 것이고, 생계 부양자로서 남성의 부담도 점점 줄어들 것이다. 오늘날만 해도 젊었을 때 즐길 거 다 즐기고, 여성으로서 매력이 떨어질 때쯤 어리숙한 남자 만나서 팔자를 고쳐보려고 하는 여자가 막상 그렇게 많지는 않다. 그런 여자들이 있다고 한들 그녀들이 원하는 유능하고 헌신적인 남자를 만날 확률이 그렇게 높지도 않다. 남자들에게도 눈이 있으니 말이다. 그런데 설거지론자들은 이런 소수의 케이스를 전체 여성에 대한 증오로 확대한다. 그리고 사랑하는 아내와 아이에게 안락한 삶을 제공해주기 위해 치열하고 성실하게 살아가는 남자들을 퐁퐁남이라고 비하한다. 물론 그렇게 해서 그들이 증오하는 속물적인 여자를 거를 수는 있겠다. 하지만 나는 인간이 그렇게 해서 행복해질 수 있다고 믿진 않는다. 설거지론은 속물적인 여자를 거르기 위한 게 아니라, 나를 진정으로 사랑해줄 수 있는 여자를 만나기 위한 것이 되어야 한다.

이런 우려들이 있지만 어쨌거나, 전통적 결혼 제도와 남성에게 주어지는 사회적 억압들에 대해 문제 의식을 갖게 된 것만 해도 남성들에게는 큰 발전이라고 생각한다. 이러한 생각들이 향후 어떤 방향으로 나아가게 될 것인지, 결혼 적령기 남성의 한 사람인 나로서도 기대가 된다.

7장

우리는
페미니스트가 되어야 하는가?

1. 쿵쾅이와 보빨러,
그리고 페미니스트

쿵쾅이, 메퇘지, 82kg김지영, 기울어진 체중계. 모두 페미니스트들을 지칭하는 단어다. 쿵쾅이는 걸을 때마다 쿵쾅쿵쾅 소리가 날 정도로 뚱뚱한 여자라는 뜻이고, 메퇘지는 메갈리아와 멧돼지의 합성어다. 그리고 82kg 김지영이나 기울어진 체중계는 페미니즘 소설 『82년생 김지영』과 페미니스트들의 기울어진 운동장 이론을 비꼬는 단어다. 이 단어들은 모두 페미니스트들은 뚱뚱하고 못생겼을 거라는 전제를 깔고 있다.

물론 페미니스트라고 다 못생긴 건 아니다. 성우 서유리나 걸그룹 시크릿의 전효성, 핫펠트의 예은처럼 예쁜 페미니스트도 있다. 세계적인 여배우인 엠마 왓슨도 페미니스트다. 페미니스트들 중 외모를 꾸미는 게 남성들의 시선에 굴복하는 거라고 생각해서 일부러 남자처럼 짧은 머리를 하고 민낯으로 다니는 사람들도 있다. 이런 사람들도 여성스럽게 외모를 꾸민다면 더 예뻐질 수도 있다.(물론 그렇게 해야 한다는 뜻은 아니다.) 하지만 페미니스트는 대개 못생겼을 거라는 건 사람들 사이에서 어느 정도 정설로 통한다.

2019년 미스 맥심에 선정되었던 김나정 아나운서가 SNS에 올렸던 아래 글을 보면 사람들이 왜 그런 편견을 갖고 있는지에 대해 짐작해볼 수 있다.

이 책은 아직 읽지 못했지만 오늘 영화 『82년생 김지영』을 보고 왔다. 페미니즘에 대해 정확히는 모르지만 감히 적는 나의 생각.

이왕 여자로 태어나 살면서 이 영화처럼 남자, 여자가 불평등하고 매사에 부당하고 억울하다고 생각하고 살면 너무 우울할 것 같다는 생각이 들었다. 학교 다닐 때도 왜 예쁜 치마를 입을 수 있다고 생각하면 되는데, 못 입는다고 생각해서 남자랑 똑같은 바지교복을 입고 싶다고 하는지 모르겠고. 직장생활 할 때도 남자직원들이 잘 대해주고. 해외여행가서도 짐도 다 들어주고 문도 열어주고 맛있는 밥도 많이 사주고 선물도 많이 사주고 예쁜 데도 데려가주고 예쁜 옷도 더 많이 입을 수 있고. 여자로 살면서 충분히 대접받고 행복하고 즐겁게 살 수 있는 것들도 너무 많은데, 부정적인 것들에만 주목해 그려 놓은 영화 같다는 생각.

여성을 온통 피해자처럼 그려 놓은 것 같아 같은 여자로서 불편했다. 나는 이화여대를 나왔는데 학교 다닐 때도 남자랑 여자랑 애초에 다르게 태어났는데 정당한 평등이 아니라 '이상한 평등'을 외치면서 유난스럽게 싸우는 페미니스트들이 정말 이해가 안 가곤 했다.

어떤 책 글귀에서 봤는데, 남녀 관계에서 똑똑한 여자는 남자에게 화를 내거나 바가지를 긁는 게 아니라, 얼마나 힘들었을까.하고 걱정해주고 애교 있게 안아주면 그게 관계에서 오히려 현명하게 남자를 다스리고 예쁨받고 사랑받는 방법이라고 했다.

페미니스트들은 여자의 권력을 모르는 사람들 같다.

바보 같은 여자들의 특징은 마음속으로는 대게 데이트비용은 남자가 더 많이 내야하고, 결혼할 때 집은 남자가 해와야한다고 생각하면서 남자가 스스로를 나쁜 남편, 또는 고마워할 줄 모르는 남자.라고 남자들 스스로를 초라하게 느낄 수 있게 만들면 본인이 관계에서 '성공'했다고 생각한다.
아무튼 내 생각은 모든 일에는 양면이 있기 마련인데(남자도 마찬가지
궁) 여자로 태어나서 좋은 점을 보고 행복하게 사는 게 나는 좋다. 매일
부당하고 불만이고 화가 나는 기분으로 나는 힘들고 우울해서 못 살 것
같다ㅜㅜ 예쁘고 행복하고 즐거운 마음으로 살면 다시 돌아오지 않는 하
루하루가 모든 것이 예쁘게 보이고 행복하다.
그냥 개인적인 내 생각

위 글에서 볼 수 있듯 여자에겐 분명 권력이 있다. 대부분의 남자들은
여자들에게 잘보이고 싶어한다. 그래서 여자를 위해 돈을 쓰고 시간과 노
력을 들인다. 같이 식사를 할 땐 자기가 돈을 내고, 어딘가에 갈 때는 차를
가져와서 에스코트를 하고, 카페나 식당, 대중교통에서는 편한 자리에 앉
도록 배려한다. 연인 관계에서만이 아니다. 회식할 때 고기는 남자 막내가
굽고, 엠티나 워크샵에 갈 때 맥주 박스는 남자들이 들고, 침대 있는 방은
여자들에게 양보하는 게 남자들 사이에서는 상식으로 통한다.

하지만 이러한 혜택이 모든 여자에게 주어지는 건 아니다. 예쁘다는 전
제 조건이 필요하다. 물론 예쁘지 않은 여자라고 대놓고 무시를 하는 건 아
니다. 하지만 같은 행동을 하더라도 그 뉘앙스가 미묘하게 다르다. 예쁜 여
자에게 베푸는 환대는 순수하게 그녀의 마음을 얻기 위한 환대라면 못생긴
여자에게 베푸는 환대는 그녀에게 다른 예쁜 여자를 소개받기 위해서, 혹
은 외모에 따라 여자를 차별하는 남자처럼 보이고 싶지 않아서 베푸는 환
대랄까.

페미니스트의 외모에 대한 사람들의 편견은 여기에 기인한다. 페미니즘

은 여성의 권익을 지키기 위한 운동이다. 그런데 예쁜 여자의 권익은 남자들이 알아서 지켜준다. 그렇기 때문에 예쁜 여자들은 굳이 나설 필요가 없다. 하지만 못생긴 여자는 다르다. 남자들에겐 못생긴 여자들의 권익까지 지켜줄 여력이 없다. 그러니까 못생긴 여자들의 권익은 스스로 지키는 수밖에 없다. 페미니스트들이 여권 신장을 부르짖는 건 그 때문이다. 이게 페미니스트를 바라보는 사람들의 시선이다.

그렇다면 남자 페미니스트는 어떨까? 이들에 비하면 여자 페미니스트에 대한 시선은 그나마 우호적인 편이다. 남자들이 여자 페미니스트들을 바라보는 시선은 곱지 않지만 그래도 이해는 간다. 못나게 태어나서 남자들로부터 배려와 관심을 받지 못한다고 마냥 피해만 보면서 살 수는 없는 일 아닌가. 남자들이 그들의 권익을 지켜주지 않는다면 자기 스스로라도 챙겨야 할 것 아닌가. 결국 사람은 누구나 자기 이익을 추구하기 마련이니 말이다.

그런데 남자 페미니스트들은 여자를 비호한다. 사람이란 누구나 자기에게 이익이 되는 행동을 하게 마련인데 이들은 남자인 자기 몫을 떼어서 여자들에게 나누어주자는 주장을 한다. 그래서 사람들은 가설을 세운다. 가설은 크게 두 가지다. 첫 번째, 저들은 너무나 가진 게 많은 슈퍼 알파 메일이다. 그래서 여자들에게 좀 나눠줘도 된다. 그런데 아무래도 이건 좀 아닌 것 같다. 진중권 교수나 최태섭 작가 등 매스컴에 소개되는 남성 페미니스트들의 모습은 우리가 일반적으로 알고 있는 알파 메일과는 거리가 멀다. 근육질의 우락부락한 체격도 아니고, 조각 미남도 아니다. 그래서 사람들은 두 번째 가설을 세운다. 저들은 위선자다. 겉으로는 사회정의와 평등을 위하는 척하지만, 속으로는 여자들에게 잘 보여서 국물이나 얻어먹어 보자는 생각이나 하고 있는 게 분명하다, 하는 생각이다.

"페미니스트가 되고 싶다는 남성분들의 동기를 들어보면 자신이 마초임을 숨기면서 여자와 친해지고 싶거나 여자들의 사랑을 받고 싶어서 혹은 페미니즘이 경제적 수단이 된다고 하는 경우가 있다. 이런 걸 생존형·생계형 페미니스트라고 부른다"
　　　　　　　　　　　　　　　　　　　- 2017. 7. 10, EBS 〈까칠남녀〉 중

그래서인지 남자 페미니스트를 비하하는 말은 여자 페미니스트를 비하하는 말보다 한층 더 저속하다. 보빨러. 보지 빠는 놈. 여자한테 잘 보이려고 마음에도 없는 소리를 하는 위선자.

결국 페미니스트는 남성이건 여성이건 욕을 먹는다. 여성이면 남자들에게 사랑 못 받은 열등감으로 똘똘 뭉친 메퇘지, 쿵쾅이들이라고 욕먹고, 남자면 여자들에게 환심 좀 사보려고 같은 처지에 있는 남자들을 팔아먹는 비겁한 위선자 취급을 받는다. 하지만 그렇다고 페미니스트를 미워하는 남자들을 비난할 수도 없다. 사람은 결국 다 이기적이고 누구나 자기 밥그릇 빼앗기는 걸 싫어하게 마련이니.
하지만, 꼭 그래야만 하는 걸까? 백인 농장주가 좋아하는 흑인 인권운동이 있을 수 없듯 페미니즘 역시 남자를 적으로 돌릴 수밖에는 없는 걸까? 여성의 권익을 지키자는 주장과 남성의 고충도 알아달라는 주장은 양립할 수 없는 걸까?

2. 교수님과 사장님,
   그리고 더치페이

이 논의를 하기에 앞서서 못박아 둘 것이 있다. 나는 평균적인 사람들의 이야기를 할 거란 점이다. 사회과학과 자연과학의 큰 차이점 중 하나는 예외의 존재다. 자연과학의 법칙에는 예외가 없다. 물은 언제나 아래로 흐르고, 지구는 언제나 태양 주위를 돈다. 이는 어떤 상황에도 변하지 않는다. 하지만 사회과학에는 무조건이란 개념이 없다. 어떤 현상에든 예외가 존재한다.

하지만 예외의 존재를 지나치게 확대해석하는 건 역으로 사회과학적 논의를 무의미하게 한다. 남성이 사회적 성공을 거두는 데에는 여성보다 유리하지만 인간관계에서는 불리하다는 주장을 하면 페미니스트들은 흔히 이런 반론을 한다. "돈 많고 잘 생기면 여자들이 알아서 다가오던데?" 맞는 말이다. 사회적 지위와 성적 매력을 갖춘 알파 메일들은 여자들보다도 훨씬 더 많은 짝짓기의 기회를 얻는다. 천 명의 자녀를 가졌던 칭기즈칸, 29명의 부인을 두었던 태조 왕건처럼 말이다. 하지만 이건 예외다. 그리고 예외를 일반화한다면 페미니스트들의 주장 역시도 얼마든지 반박할 수 있다. 여성이 유리천장으로 인해 자기 가능성을 펴지 못하고 있다고 하면 방송인 오프라 윈프리나 독일의 메르켈 총리, 페이스북의 셰릴 샌드버그 이사를 반례로 들면 되고, 여성이 일상적으로 성폭력의 위협에 시달리고 있다고 하면 웬만한 남자쯤은 거뜬히 때려눕힐 수 있는 여성 격투기 선수 론다 로 우지를 반례로 들면 된다.

하지만 이러한 논의는 무의미하다. 사회과학은 좋은 사회를 만들기 위한 학문이기 때문이다. 좋은 사회란 무엇인가? 보통 사람도 잘 살 수 있는 사회다. 엄청난 재능이나 운을 타고 나지 않아도, 죽을 만큼 노력하지 않아도 어느 정도의 삶의 질을 보장받을 수 있는 사회다. 그렇기 때문에 사회과학적 논의는 항상 평균적인 사람들을 기준으로 해야 한다. 메르켈 총리만큼 유능한 여성만 사회적 성취를 거둘 수 있는 사회가 좋은 사회가 아니듯 정우성처럼 잘생긴 남성만 사랑받을 수 있는 사회도 좋은 사회는 아니다. 예외적인 사례를 근거로 한 주장은 좋은 사회를 만든다는 사회과학 본연의 목적에 조금도 기여할 수 없다.

1) 예쁜 여자도 페미니스트가 될 수 있는가?

앞서 말했듯 여자에게 미모는 권력이다. 남자들은 예쁜 여자의 환심을 사고 싶어한다. 그래서 많은 호의를 베푼다. 예쁜 여자를 위해 비싼 선물을 주고, 관심과 애정을 주고, 배려하고, 매너 있게 행동한다. 심지어 요즘에는 미모가 돈이 되기도 한다. 예쁜 여자의 경우 유튜브나 인스타그램 팔로워가 수만 명에 이르는 경우도 흔하다. 말하자면 그녀의 SNS가 많은 유동인구가 몰리는 가상공간의 핫플레이스인 것이다. 그래서 많은 기업들이 그녀들에게 자사 제품에 대한 홍보를 의뢰한다. 그러면 그녀들은 광고나 리뷰 게시물을 올리고 광고료를 받는다. 오죽하면 여자가 미모를 타고난 건 남자가 고시삼관왕(행정고시, 외무고시, 사법고시를 모두 통과한 사람을 일컫는 말)이 된 거나 마찬가지라는 말이 있을 정도다.

그리고 페미니스트란 여성의 권익을 높여야 한다고 주장하는 사람들이다. 만약 예쁜 여자, 이미 남자들로부터 많은 혜택을 얻고 있는 여자가 여성의 권익을 높여야 한다는 주장을 펼친다면 우리가 생각할 수 있는 이유는 두 가지다. 하나는 페미니즘이 자신에게 이익이 되지 않음에도 불구하고 페미니즘을 지지하는 것이고 다른 하나는 자신의 이익을 위해 페미니즘을 지지하는 것이다. 첫 번째에 속하는 이들이 원하는 건 정의다. 그녀는 이미 자기의 미모를 숭배하는 남자들로부터 많은 혜택을 얻고 있다. 하지만 다른 여자들은 그렇지 않다. 명품백은 자기 돈으로 사야 하고, SNS 팔로워가 수만 명이 되지도 않는다. 그녀는 이들을 불쌍히 여긴다. 그래서 이들에게도 자신이 받고 있는 존중과 배려, 숭배를 나누어주어야 한다는 주장을 하는 것일 수 있다. 하지만 우리는 이들, 덕성과 미모를 겸비한 페미니스트들은 배제할 것이다. 이들은 평균적인 사람이 아니기 때문이다. 세상엔 물론 남달리 도덕적인 이들도 존재한다. 하지만 이들은 극소수다. 그리고 앞서 말했듯 극소수의 특출난 케이스를 일반화하는 건 사회과학적으로 무의미하다.

따라서 우리가 중점적으로 분석할 대상은 두 번째, 이익을 위해 페미니즘을 주장하는 이들이다. 그런데 이들에 대한 분석은 첫 단계에서부터 난관에 부딪히게 된다. 예쁜 여자들은 이미 남자들로부터 충분한 혜택을 얻고 있기 때문이다. 관심과 인기, 배려와 존중, 물질적인 부에 이르기까지 타고난 미모 덕에 모든 걸 누리고 있는 여자들이 뭘 더 얻을 게 있어서 페미니스트가 되겠는가? 물론 예쁜 페미니스트들이 엄청나게 탐욕스러운 여자들이라고 가정한다면 설명이 가능하긴 하다. 인간의 욕심은 끝이 없게 마련이니. 하지만 이 가정은 무의미하다. 남자들로부터 혜택을 받지 못하고 있는 불쌍한 여자들을 위해 페미니즘을 주장하는 정의로운 여자들이 극소수이듯 많은 걸 누리면서도 만족하지 못하고 더 많은 걸 요구하는 탐욕스러운 여자 역시 극소수이기 때문이다.

자기의 이익을 추구하는 페미니스트와 자기 이익을 추구하지 않는 페미니스트, 둘 중 무엇으로도 예쁜 여자가 페미니스트가 되는 이유를 설명할 수 없다. 이미 충분한 혜택을 받고 있음에도 더 많은 혜택을 요구하는 탐욕스러운 페미니스트와 남자들로부터 혜택받지 못하고 있는 이들을 위해 페미니즘을 주장하는 도덕적 페미니스트, 이 두 가지 예외적 경우에 기대지 않고서는 예쁜 여자가 페미니스트가 되는 이유를 설명할 수 없다. 그렇다면 예쁘면서 평균적인 도덕성을 가진 여자가 페미니스트가 되는 건 정말로 불가능한 걸까? 페미니스트들은 정말 남자들로부터 사랑받지 못한 열등감으로 똘똘 뭉친 존재들인 걸까?

결국 전제를 재검토하는 수밖에 없다. 길을 걷다 막다른 길에 다다랐을 때는 갈림길로 되짚어 돌아가야 하고, 수학 문제를 틀렸을 때는 문제 풀이를 거꾸로 되짚어 검산을 해봐야 하듯 논리적 오류에 부딪혔을 때는 우리가 당연하게 생각하고 있는 전제를 다시 한번 검증해봐야 한다. 그리고 이 논의를 할 때 우리가 당연한 것으로 전제하고 있는 건 예쁜 여자는 남자들로부터 충분한 혜택을 얻고 있다는 것이다. 만약 이 전제가 틀렸다면 예쁜 여자가 페미니스트가 되는 이유는 충분히 설명 가능하다. 예쁜 여자가 남자들로부터 혜택을 얻지 못하고 있다면 그녀들은 여자로서 자신의 삶의 질을 높이길 원할 것이다. 그렇다면 예쁜 여자가 페미니스트가 되는 것도 충분히 가능하다.

앞의 김나정 아나운서의 글로 다시 한번 되돌아가보자. (귀찮다면 되돌아가지 않아도 좋다. 어차피 독자들 모두 익히 알고 있는 내용일 테니.) 남자는 예쁜 여자에게 환심을 사고 싶어한다. 그래서 예쁜 여자에게 많은 걸바친다. 비싼 선물을 주고, 무거운 짐을 들어주고, 분위기 좋은 레스토랑이나 카페, 명소에 데려가고, 그녀들의 SNS에 좋아요를 누르고, 그녀들의 고민을 해결해준다. 이러한 것들은 남자들, 그리고 예쁘지 않은 여자들은 누릴 수 없는 특권이다.

하지만 그 혜택 자체가 아니라 혜택들의 밑바탕에 깔려 있는 생각을 파고들면 달리 생각해볼 수 있다. 남자가 여자에게 식사를 대접하는 행위를 생각해보자. 남녀가 만나면 대개 남자가 밥을 산다. 남자가 5~6만 원짜리 식사를 대접하는 건 당연한 매너로 여겨지지만 여자가 1~2만 원 짜리 디저트를 사는 건 센스있는 행동으로 여겨진다. 많은 남자들은 이를 불공평하다고 여긴다.

그런데 재미있는 게 있다. 연애를 전제로 하지 않은 관계에서는 여자도 밥값을 낸다는 점이다. 소개팅을 하거나 선을 볼 때, 남녀가 데이트를 할 때는 남자가 밥값을 내지만 여러 사람이 모인 회식 자리나 단순한 친구 사이에서는 더치페이를 한다. 소개팅에 나온 상대방 남자가 마음에 들지 않는 경우도 종종 더치페이를 한다. 아이러니한 일이다. 밥을 얻어먹는 게 여자의 특권이라면 여자는 자기가 잘 보이고 싶은 상대에게 더치페이를 하고 성적인 감정을 느끼지 않는 상대에게는 밥을 얻어먹어야 한다. 그런데 여자들은 반대로 행동한다. 잘 보이고 싶은 상대에게 데이트비용이라는 부담을 지우고, 그렇지 않은 상대에게 더치페이라는 배려를 한다.

밥값을 내는 행위에는 사회적 의미가 깃들어있기 때문이다. 아버지와 아들이 식사를 하면 보통 누가 계산을 하는가? 아버지다. 교수와 학생이 식사를 하면 교수가 계산을 하고, 사장과 직원이 식사를 하면 사장이 한다. 여기서 아버지, 교수, 사장의 공통점이 무엇인가? 윗사람이라는 점이다. 그럼 아들, 학생, 직원은? 아랫 사람이다. 밥은 원래 윗사람이 사는 것이다. 식사에는 단순히 배를 채우는 행위가 아니라 정과 온기를 나누는 행위라는 의미가 함축되어 있고, 따라서 누군가에게 밥을 산다는 건 그가 정과 온기를 베풀 만한 도량과 여유를 가진 사람이라는 걸 의미한다.

그렇게 생각한다면 여자들이 남자에게 밥을 얻어먹는 건 특권이 아니다. 남자가 식사 대접을 하고, 여자는 대접을 받는 행위를 통해 남자는 여자를 이끌어주고, 여자에게 온정을 베풀 수 있는 윗사람으로, 여자는 남자에게 배려받고 보호받아야 하는 아랫 사람으로 규정되는 것이다.

다른 것들도 마찬가지다. 남녀가 다투면 보통 남자가 먼저 사과하는 게 상식으로 여겨진다. 혹은 여자와 다투었다는 자체만으로 속 좁은 남자로 비춰지기도 한다. 남자의 입장에서 이는 억울한 일이다. 그런데 남자가 여자와 다투었을 때 듣게 되는 말들을 자세히 풀어보면 그렇지 않다. "남자인 네가 참아.", "남자가 돼 가지고 여자랑 싸우냐?"라는 말의 속뜻은 "도량이 넓고 정신적으로 성숙한 남자인 네가 참아.", "남자가 돼 가지고 속 좁고, 감정적이고, 미성숙한 여자랑 싸우냐?"라는 뜻이다. 조별 과제를 할 때도 보통 조장은 가장 높은 학번의 남자가 한다. 그건 남자에게 부담스러운 일이다. 하지만 한편으로 명예로운 책무이기도 하다. 조장을 맡는다는 건 가장 역량이 뛰어난 조원이라는 의미이기 때문이다.

김나정 아나운서가 언급했던 여자로서 누리는 특권들은 이러한 관점에서 보면 특권이 아니다. 여자는 분명 남자들로부터 많은 실리적인 이득을 얻지만 그 이득의 이면에는 여자는 남자보다 감정적이고, 유약하고, 진취적이지 못한 존재라는 인식이 숨어 있다. 예쁜 여자들이 남자들로부터 아무리 많은 관심과 사랑, 갈망을 받고 있다고 해도 만약 그녀들이 스스로 이성적이고 강인한 존재가 되길 원한다면 이러한 혜택들은 도리어 그녀들을 유약하고 수동적인 여성성에 묶어두는 족쇄가 되어버리는 것이다.

예쁜 여자가 페미니스트가 될 수 있는 건 그 때문이다. 남자는 많은 것을 가져야 한다. 여자에게 다가갈 수 있는 용기와 뚝심을 가져야 하고, 여자를 책임질 수 있는 경제력을 가져야 하고, 여자를 정서적으로 감싸줄 수 있는 성숙한 멘탈리티를 가져야 한다. 하지만 여자는 아무것도 없어도 된다. 예쁘기만 하면 나머지는 남자들이 다 해준다. 여자는 사랑을 쟁취할 의무도, 남자를 먹여 살릴 의무도, 위안해줄 의무도 없다. 그건 안락한 일이다.

하지만 그 안락함은 여자를 나약하게 만든다. 백마 탄 왕자님이 없이는 아무것도 하지 못하는 무력한 존재로 만든다. 마치 예쁘고 향기롭지만 혼자서는 아무것도 할 수 없는 꽃처럼. 그래서 페미니스트들은 아래와 같은 슬로건을 내세운다. 우리는 우리 삶의 문제들을 스스로 해결할 수 있다고, 백마 탄 왕자님은 더이상 필요치 않다고.

"Girls can do anything."
"Girls don't need a prince."

2) 남자도 페미니스트가 될 수 있는가?

남자가 페미니즘을 지지하는 이유도 크게 두 가지로 나눌 수 있다. 첫 번째는 페미니즘이 자신에게 이익이 되지 않음에도 페미니즘을 주장하는 것이고, 두 번째는 자신의 이익을 위해 페미니즘을 주장하는 것이다. 하지만 전자는 배제할 것이다. 전술했듯 정의를 위해 자신의 이익을 포기할 수 있는 인간은 그렇게 많지 않다. 따라서 남자 페미니스트의 뇌 구조를 이해하기 위해서는 두 번째 경우의 수, 페미니즘이 남자에게도 이익이 될 수 있다는 걸 증명해야 한다.

하지만 이를 증명하긴 어렵다. 우리가 가부장제, 남성우월주의 사회에 살고 있기 때문이다. 페미니스트들은 가부장제와 남성우월주의를 타파해야 한다고 말한다. 그런데 이 단어들에는 부(父)와 남(男)이 들어가 있다. 그래서 남자들은 가부장제는 남성을 위한 제도이고, 이를 타파하자고 주장하는 페미니스트는 남성 혐오론자라고 받아들이게 된다.

그래서 남자 페미니스트에게는 으레 '보빨러'라는 낙인이 찍히게 된다. 친일파가 일제로부터 작위나 관직, 재물을 받고 민족자결권을 팔아넘기고, 민주화 투사들 중 일부가 돈을 받고 동료들을 팔아넘겼듯 남자 페미니스트 역시 여자들로부터 환심을 사기 위해 남자로서의 양심을 팔아넘겼다는 따가운 눈총을 받게 되는 것이다.

하지만 여기서 염두에 두어야 할 것이 있다. 남성성과 남성은 다르다는 것이다. 고대 그리스의 철학자 플라톤은 이데아론을 주장했다. 이 이론의 핵심은 우리가 지각하는 현실이 세상의 본질이 아니라는 것이다. 동굴에 갇혀 있는 한 무리의 사람들을 상상해보자. 만약 누군가가 동굴 밖에 개를 한 마리 세워두고 그 개에 불빛을 비추면 동굴 벽에는 개의 그림자가 생기게 될 것이다. 그러면 동굴 속에서 개의 그림자를 본 사람들은 그 그림자가 개의 참모습이라고 생각할 것이다. 하지만 그건 착각이다. 동굴에 비친 건 개의 잔상일 뿐 개의 본질, 이데아가 아니다.

조금 난해한가? 그렇다면 이번에는 삼각형을 예로 들어보겠다. 삼각형이란 세 개의 직선으로 이루어졌으며, 내각 세 개의 크기를 합치면 180도가 되는 도형이다. 그게 삼각형의 이데아다. 만약 네 개나 다섯 개의 직선으로 이루어졌다면, 내각을 합쳐서 179도나 181도가 된다면 그 도형은 삼각형이 아니다. 그렇다면 이번엔 도화지에 삼각형을 그려보자. 전혀 어렵지 않을 것이다. 하지만 이건 삼각형이 아니다. 직선이 세 개가 아니기 때문이다. 아니면 내각의 합이 180도가 아니거나. 왜냐고? 1만 대 1의 배율을 가진 현미경으로 확인해보라. 당신은 세 개의 직선으로 내각의 합이 180도를 이루는 도형을 그렸다고 생각하겠지만 현미경으로 보면 그렇지 않을 것이다. 당신이 그린 선은 직선이 아니라 구불구불한 선일 것이고, 세 개의 선은 맞물리지 않고 조금씩 어긋나 있을 것이며, 내각의 합은 정확히 180도와 일치하지 않을 것이다. 자를 대고 그린다고 해도, 당신이 미술을 전공한 사람이라고 해도 마찬가지일 것이다. 완벽한 삼각형이란 우리 머릿속에 있는 것일 뿐 아무리 정교한 기계를 동원한다고 해도 단 0.000000000001도의 오차도 존재하지 않는 완벽한 삼각형을 현실에 구현해내는 건 불가능하다.

남성성과 남성의 관계란 그런 것이다. 남성성이란 이데아다. 삼각형에 세 개의 선분과 180도의 내각이 있어야 하듯 남자에겐 강인함과 냉철함, 진취성이 필요하다. 하지만 세상에 그와 100% 부합하는 남자는 없다. 누구나 어느 정도씩은 유약하고, 감성적이고, 소극적이다. 자를 대고 그려도, 미술을 전공해도 완벽한 삼각형을 그릴 수는 없듯이. 그 간극만큼 남자는 불행해진다. 세상이 부여한 남성성이라는 이데아에 자기 자신을 끼워맞추기 위해 남성은 자기의 유약하고 감성적인 면을 부정해야 한다.

따라서 남성우월주의 사회나 가부장제 사회는 결코 남자가 행복한 사회가 아니다. 남성우월주의는 남성이라면 응당 여자보다 우월해야 한다는 사상이고, 가부장제란 남성이라면 응당 가정을 이끌고 지켜야 한다고 여기는 사상이다. 여기서 핵심은 '~해야 한다.'다. 가부장제 사회는 남자라고 무조건 여자보다 높게 평가해주고, 가장으로서의 지위를 거저 주는 사회가 아니다. 여자를 앞서나가고 지배하고 이끌길 남자에게 강요하는 사회, 그렇게 하지 못하는 남자는 남자로 인정해주지 않는 사회다.

그렇기에 가부장제와 남성우월주의를 부정하는 건 남성의 권리와 행복을 부정하는 게 아니다. 오히려 가부장제와 남성우월주의가 남성에게 지운 과도한 기대와 부담을 덜고, 남성 각자의 타고난 기질을 긍정하는 길이다.

"Girls can do anything."
"Girls don't need a prince."

그렇기에 남자가 페미니스트가 되는 건 여자들의 환심을 사기 위해 남자로서의 양심을 팔아먹는 일이 아니다. 앞의 글에서 언급했던 페미니스트들의 슬로건을 다시 한번 상기해보자. 해석해보면 조금 이상하다고 느낄 것이다. 남자들은 여자들을 위해 많은 것들을 하고 있다. 여자의 마음을 열기 위해 먼저 용기내서 다가가야 하고, 데이트 비용이나 결혼 비용도 더 많이 내야 하고, 정서적 뒷받침도 해줘야 한다. 만약 페미니스트들이 남자들에게 지금보다 더 많은 용기와 진취성, 리더십, 재력을 요구해서 남자들의 삶을 더 고달프게 만들 요량이었다면 그녀들은 다른 슬로건을 내세웠을 것이다. "Girls can do nothing.", "Girls need a prince.", 여자는 나약하고 소극적이라서 아무것도 스스로 할 수 없다, 그러니 나를 위한 백마 탄 왕자님이 되어달라고 했을 것이다. 그런데 이들은 정반대의 주장을 하고 있다. 여자는 자기 삶을 스스로 이끌어나갈 수 있다, 따라서 굳이 백마 탄 왕자님을 필요로 하지 않는다고 말하고 있다. 그렇기에 남자도 페미니스트가 될 수 있다. 여자들을 구원해줄 백마 탄 왕자님이 되지 않아도 되는 것, 남자들이 그토록 간절히 원해왔던 바가 아닌가.

3. 당신들,
그리고 나

　나는 예쁜 여자도, 예쁘지 않은 여자도, 심지어는 남자조차도 페미니스트가 될 수 있다고 했다. 남자에게 사랑받지 못한 열등감에 북받쳐서, 혹은 여자에게 관심받기 위해서가 아니라 온전히 자신의 행복을 위해 그리할 수 있다고 했다. 그 근거는 페미니즘이 모두에게 이익이 된다는 것이었다. 페미니스트가 됨으로써 여자는 약하고 의존적인 존재라는 편견을 넘어 주체적인 삶을 살 수 있고, 남자는 그들에게 주어지는 과도한 기대와 부담을 벗어던지고 보다 행복한 삶을 살 수 있다.

　"우리는 꼭 페미니스트가 되어야 하는가?"

　그렇다면 이런 질문을 던져볼 수 있을 것이다. 인간은 누구나 행복해지길 원한다. 그리고 페미니즘은 남성과 여성 모두를 행복하게 만들어줄 수 있다. 그렇다면 페미니즘은 곧 정의다. 반면 전통적 성역할과 이에 기반한 가부장제, 남성우월주의와 같은 사상들은 불의다. 남성과 여성이 각자의 행복과 잠재성을 실현하지 못하게 억압하는 악이다. 이렇게 생각할 수 있을 것이다.

하지만 꼭 그런 건 아니다. 성평등이라는 이상을 실현하는 과정에서 우리가 더 불행해질 수도 있기 때문이다. 1장 『82년생 김지영』은 세상을 바꿀 수 있을 것인가?'에서 논했듯 성평등 문제는 일종의 용의자의 딜레마다. 하이힐을 예로 들어보자. 여자들은 외모를 가꿔야 한다는 사회적 압력을 받는다. 그래서 많은 여성들은 각선미를 강조할 수 있는 하이힐을 신는다. 하지만 하이힐은 불편하다. 자칫 발을 헛디뎌서 발목을 삐거나 타박상을 입을 수 있고, 오랫동안 신으면 관절에 무리를 줄 수도 있다. 이런 상황에서 여성들은 무엇을 할 수 있을까? 만약 모든 여성들이 앞으로 하이힐을 신지 않겠다는 동맹을 맺는다면 여성 모두에게 이익이 될 것이다. 하지만 그걸 기대하기는 어렵다. 아무도 하이힐을 신지 않는데 나만 하이힐을 신어서 각선미를 강조한다면 남자들로부터 더 많은 관심과 애정을 받을 수 있고, 반대로 모두가 하이힐을 신는데 나만 신지 않는다면 나만 손해를 보게 될 것이기 때문이다. 그래서 결국에는 모두가 하이힐을 신게 되고 모두가 그 불편함으로 인해 고통받게 된다.

이는 여자들에게만 해당되는 게 아니다. 남자에겐 남자대로의 고통이 있다. 남녀 관계에서는 대개 남자가 더 많은 돈을 쓴다. 데이트 비용도 더 많이 쓰고, 결혼 비용도 더 많이 쓰고, 이후에 생계비도 더 많이 부담해야 한다. 그래서 남자에게는 여자보다 높은 사회적 지위가 요구된다. 많은 남자들은 이를 못마땅하게 생각하고 있다. 하지만 누구도 쉽사리 나서진 못한다. 용의자의 딜레마 때문이다. 만약 모든 남자들이 단결하여 더치 페이를 하겠다고 선언한다면 사회는 변할 것이다. 여자들은 어쩔 수 없이 더치 페이하는 남자를 택하게 될 것이고, 남자가 돈을 더 많이 써야 한다는 편견은 사라질 것이다. 하지만 이는 현실에서 이루어지기 어렵다. 모두가 더치페이를 할 때 내가 돈을 쓴다면 나는 배려심 깊고 매너 있는 남자로 여자들의 관심을 독차지할 수 있겠지만 반대로 모두가 돈을 쓰는데 나만 더치 페이를 한다면 어떤 여자도 내게 눈길을 주지 않게 될 것이다. 그래서 모든 남자는 돈을 쓰게 된다.

그렇기 때문에 바뀌려면 한번에 바뀌어야 한다. 모든 남자가 동시에 남자다움을 거부하거나, 모든 여자가 동시에 여자다움을 거부해야 한다. 그게 아니라면 누군가는 손해를 봐야 한다. 세상이 바뀔 때까지, 주어진 성역할에 저항하는 이들이 다수가 될 때까지, 행동하지 않는 다수가 행동하는 소수의 노력에 프리라이딩할 때까지 남자답지 못한 남자, 여자답지 못한 여자라는 오명을 감수해야 한다.

그렇다면 우리는 둘 중 어느 쪽이 더 클지를 생각해봐야 한다. 남자답게나 여자답게가 아니라 나답게 살아감으로써 얻을 수 있는 것과 잃게 되는 것들을 따져보아야 한다. 그래야 페미니스트가 되면 우리가 더 행복해질지, 혹은 불행해질지를 알 수 있다.

정답은 각자가 내리는 것이지만 내 결론은 페미니스트가 되지 않는 것이 낫다는 쪽이다. 페미니스트가 되는 건 별로 남는 장사가 아니다. 잃는 것이 얻는 것보다 더 많다.

먼저, 얻는 것부터 따져보자. 모든 사람이 성별 고정관념에 얽매이지 않는 세상이 된다면 모두가 행복해질 것이다. 도전적이고 진취적인 여성도, 섬세하고 유순한 남성도 모두 자기만의 방식으로 행복을 찾아가게 될 것이다.

하지만 성역할 고정관념이 없는 세상이 지금보다 더 나은 세상일 거라고 장담할 수는 없다. 오히려 더 불행해질 수도 있다. 성역할 고정관념은 우리의 본능에 근거하고 있기 때문이다. 성역할 고정관념은 분명 남성과 여성 모두에게 어느 정도 억압적이다. 하지만 그렇다고 이러한 편견이 하늘에서 뜬금없이 내려온 건 아니다. 성역할 고정관념은 인간의 가장 원초적인 욕망인 종족 번식의 욕구와 맞닿아있다. 여성은 도전하지 않아도 최소한의 번식 기회를 가질 수 있기 때문에 안전을 추구하고, 남성은 아무것도 성취하지 못한다면 최소한의 번식 기회도 가질 수 없기 때문에 도전을 추구하도록 진화했다. 성역할 고정관념이라는 문화는 이러한 본능을 뒷받침하는 역할을 하고 있을 뿐이다. 본능의 힘에 비한다면 문화의 영향력은 지극히 피상적이다.

그렇기 때문에 문화를 바꾼다고 해도 우리의 본능은 쉽사리 변하지 않는다. 진화심리학자들은 이를 사바나 원칙이라는 개념으로 설명한다. 이 개념의 요지는 인간이 이뤄낸 놀라운 진보에도 불구하고 여전히 인간의 본능은 사바나 초원을 배회하던 시절에 머물러있다는 것이다. 인류의 성취는 분명 눈부시다. 이성과 문명의 힘으로 인간은 기근, 자연재해, 질병, 전쟁 등 그들에게 닥쳐온 모든 어려움들을 극복해냈다. 지난 수십억 년 동안 지구상에 존재했던 어떤 생물도 인간만큼 번성하지 못했다. 하지만 이러한 문명의 힘으로도 이겨내지 못한 게 딱 하나 있다. 그건 우리 자신이다. 지금으로부터 300만 년 전, 최초의 인류인 오스트랄로피테쿠스가 등장했다. 그리고 1만 년 전, 신석기 문명이 생겨났다. 주어진 환경에 순응하기 바쁘던 인간들이 처음으로 자신들에게 맞춰 환경을 변화시키기 시작했다. 변화에는 점점 가속도가 붙었다. 구석기가 신석기로 발전하는 데에는 70만

년이 걸렸지만 신석기가 청동기로 발전하는 데에는 8천 년이 걸렸고, 청동기가 철기로 발전하는 데에는 1천 년밖에 걸리지 않았다. 로마제국, 기독교, 르네상스, 산업혁명, 정보화시대, 4차 산업혁명. 패러다임의 변화는 점점 빨라졌다. 하지만, 그 사이에 인류의 본능은 크게 변하지 않았다. 문명의 역사 1만 년은 인간의 관점에서 엄청나게 긴 시간이지만 300만 년 전부터 전해 내려온 우리의 본능이 변화하기에는 너무나 짧은 시간이다. 그래서 우리의 본능은 여전히 원시 시대에 머물러있다.

식습관을 예로 들어보자. 과도한 당분 섭취는 비만을 유발한다. 비만이 심해질 경우 고혈압이나 고지혈증, 당뇨에 걸릴 수도 있다. 하지만 당분 섭취를 끊는 건 어렵다. 단 음식은 맛있기 때문이다. 그런데 단 음식은 왜 맛있는 걸까? 그것은 우리 안에 남아있는 유인원의 유전자 때문이다. 태초의 원숭이들은 나무 위에서 살았다. 이들의 주식은 나무에서 만들어지는 식량, 과일이었다. 그런데 과일에는 당분이 많다. 그래서 인간은 원숭이 시절부터 당분이 많은 음식을 좋아하도록 진화했다. 이러한 본능은 수백 년 전까지만 해도 큰 문제가 되지 않았다. 식량이 늘 부족했기 때문에 과도한 당분 섭취로 비만이 될 일 또한 없었다. 하지만 현대 사회에서는 달라졌다. 편의점에 가서 천 원만 내면 누구나 당분 덩어리인 과자와 초콜릿, 아이스크림을 사 먹을 수 있게 되었다. 하지만 우리의 본능은 변하지 않았다. 우리는 여전히 단 음식을 좋아한다. 그래서 현대인들은 비만을 피할 수 없게 되었다.

비슷한 사례는 쉽게 찾을 수 있다. 많은 남자들은 포르노 영상을 보는 걸 좋아한다. 하지만 이는 문명의 관점에서는 이해할 수 없는 행동이다. 포르노 영상의 배우들은 진짜(성적인 끌림과 쾌감에 근거한) 섹스를 하고 있는 게 아니다. 돈을 받고 연기를 하고 있을 뿐이다. 또한 포르노 영상을 보는 남자들이 영상 속 배우를 만나 실제로 성관계를 맺을 가능성은 0%에 가깝다. 하지만 우리의 본능은 그 사실을 받아들이지 못한다. 우리의 본능은 포르노 영상이 없던 시절에 맞춰져 있기 때문에 화면 속에서 연기를 하고 있는 여자와 진짜 여자를 구분하지 못한다. 우리가 실제로 만날 수도, 만질 수도 없는 화면 속 여자를 보며 성적 흥분을 느끼는 건 그래서다. 게임이나 영화, 소설도 모두 마찬가지다. 영화는 연출된 상황이고, 게임은 데이터 조각일 뿐이며, 소설은 허구다. 현실을 살아가는 우리에게 어떠한 영향도 미칠 수 없다. 그것들을 통해 우리가 스트레스를 풀거나 공감과 위로를 받을 수 있는 건 우리의 본능이 게임, 영화, 소설이 없던 시절로부터 크게 달라지지 않았기 때문이다.

이를 페미니즘에 적용해보자. 현대 사회에서 페미니즘이 주목받고 있는 이유는 무엇일까? 그것은 종족 번식의 중요성이 예전보다 줄어들었기 때문이다. 전통 사회에서 인구는 곧 국력이었다. 인구가 많아야 식량을 더 많이 생산할 수 있고, 적국과의 전쟁에서 이길 수 있었다. 그래서 전통 사회에서 남자는 남자다워야 했고 여자는 여자다워야 했다. 10개월 동안 여자는 한 아이만을 낳을 수 있지만 남자는 수백 번이라도 씨를 뿌릴 수 있었기 때문에 번식의 관점에서 남자는 꼭 여러 명이 필요하지 않았다. 소수면 충분했다. 남자는 자기가 그 소수에 속한다는 걸 증명해야 했다. 그래서 진취적이고 공격적이어야만 했다. 반면 여자 1명은 곧 아이 1명과 직결된다. 그래서 여자는 자기 몸을 함부로 해서는 안 되었다. 그래서 여자는 조신하고 온순하고 순종적이어야 했다.

하지만 이제는 달라졌다. 평균 수명이 늘어나고 유아 사망률이 감소하면서 인구가 기하급수적으로 증가했다. 이는 자원 부족과 환경오염을 낳았다. 산업 구조 또한 노동 집약적인 농업이나 경공업에서 기술 집약적인 첨단 산업과 IT 산업 위주로 재편되었다. 사람이 없어서가 아니라 너무 많아서 문제인 시대가 되었다. 이로 인해 아이를 낳고 기르는 일의 중요성은 줄어들었고 개인의 행복을 최우선 가치로 생각하는 사람들은 늘어나기 시작했다. 그래서 많은 사람들이 비혼 혹은 딩크족으로 살아가기 시작했다. 피임법의 발달과 낙태 합법화에 대한 논의, 이혼율의 증가는 이러한 변화에 불을 지폈다.

페미니즘의 대두는 이러한 변화와 맞물려 있다. 아이를 낳는 일의 중요성이 줄어들면서 아이를 낳기에 최적화된 성역할, 즉 전통적 성역할에 억지로 자신을 끼워 맞출 필요성이 줄어들었다. 이제 사람들은 남자답게 혹은 여자답게가 아니라 나답게 살아가는 삶을 꿈꾸기 시작했다.

하지만 문제는, 우리의 본능은 크게 변하지 않았다는 것이다. 현대의 여성들은 전통 사회의 여성들에 비해 훨씬 도전적이고 진취적이다. 학업 성취도에서 남학생을 압도하는 여학생, 반장이나 과대표 같은 리더의 역할을 맡는 여학생을 흔히 찾아볼 수 있게 되었다. 축구나 농구, 격투기 등 남자들만의 전유물로 여겨졌던 격렬한 스포츠에 도전하는 여성들도 점차 늘어나고 있다. 회사 생활을 할 때도 자기만의 목표를 설정하고 남자 동료들과 동등하게 경쟁하려 한다. 하지만 남자를 볼 때만큼은 그렇지 않다. 자신을 지켜줄 수 있는 남자, 리드해 줄 수 있는 남자, 존경할 점이 있는 남자를 원한다. 남성들도 마찬가지다. 요즘 남자들은 기성 세대 남자들에 비해 훨씬 섬세하고 부드럽다. 여자들의 영역으로 여겨지던 메이크업이나 패션, 다이

어트에 대한 관심이 많아졌고 자신의 섬세한 감정을 표현할 수 있게 되었다. 하지만 여자를 볼 때만은 다르다. 남자들은 여전히 가녀리고 애교 많은 여자, 내가 지켜주고 이끌어줄 수 있는 여자, 나보다 잘나지 않은 여자를 원한다.

연애 문화 역시 크게 변하지 않았다. 남자는 자신의 남자다움을 보여야 한다. 먼저 다가가서 연락처를 묻고 데이트 신청을 하고 대화를 주도하고 고백을 해야 한다. 이러한 일련의 과정에서 당당하고 강하며 사회적 지위가 높다는 인상을 주어야 한다. 반면 여자는 자신의 여자다움을 보여야 한다. 남성에게 호감이 있더라도 그 호감을 쉽사리 드러내선 안 되며 자신을 너무 내세우려 해서도 안 된다. 오히려 남자에게 기대고 의존하려 할 때, 조금은 부족한 모습을 보일 때 남자들은 더 매력을 느낀다. 그렇기 때문에 우리는 남자답거나 여자답지 못한 자신의 모습을 상대방에게 드러내서는 안 된다. 우리는 여전히 남성성 혹은 여성성을 연기해야 한다. 그렇게 해야 사랑받을 수 있다.

그렇기 때문에 세상은 쉽게 변하지 않을 것이다. 머리로는 남자다움이나 여자다움에 대한 편견이 우리를 불행하게 만든다는 걸 알더라도 우리의 본능은 여전히 남자다움과 여자다움을 추구할 것이다. 아내를 일터에 보내고 집안일을 하는 남자들은 남자로서 성취와 도전의 욕구가 거세당한 것만 같은 초라함을 느끼게 될 것이고, 남자처럼 자신의 성적 욕망을 자연스럽게 표출하는 여자들은 자기가 헤프고 값싼 여자가 된 것 같은 공허감과 불안감을 느끼게 될 것이다. 성역할 고정관념이 사라진 세상이라는 페미니즘의 이상은 쉽게 이루어지지 않을 것이다.

이처럼 페미니즘을 통해 우리가 얻을 수 있는 것은 많지 않다. 성역할 고정관념이 사라진 세상이 온다면 분명 남녀 모두 행복해지겠지만 그런 세상을 만드는 건 현실적으로 불가능에 가깝기 때문이다.

반면 페미니스트가 되기 위해 우리가 잃어야 할 것은 너무나 많다. 그것은 사랑받고 사랑할 기회다. 대부분의 사람들이 남자다운 남자에게 끌리고 여자다운 여자에게 끌린다면 남자다움과 여자다움을 거부한다는 건 매력적인 남자, 매력적인 여자가 되길 포기한다는 것과 같다.

그건 개인의 삶에 있어 너무나 큰 손실이다. 인터넷 게시판을 돌아다니다 보면 남녀를 갈라치기하는 글들이 너무나 많다. 이런 글들에서 남자들은 어김없이 성욕에 지배당하는 저속한 존재, 여자들은 남자로부터 돈을 뜯어먹으려 하는 속물적인 존재로 묘사된다.

이러한 논의를 꼭 나쁘게만 볼 수는 없다. 주어진 성역할에 의문을 제기하는 건 좋은 자세다. 남성의 성욕에 순응하는 게 아니라 자기의 성적 끌림을 쫓아가는 여성이 많아질수록, 여성의 마음을 얻기 위해서가 아니라 자신의 행복을 위해 돈을 쓰는 남성이 많아질수록 남성성과 여성성에 대한 고정관념은 희미해질 것이다. 그럴수록 양성은 평등해질 것이다.

하지만 문제는 그러는 중에도 우리는 늙어가고 있다는 것이다. 강남역 살인사건이 발생했던 2016년 이후 오랜 시간 동안 나는 페미니즘이라는 사회 현상에 대해 관심을 가져 왔다. 이 주제에 대해 책도 읽고, 글도 쓰고, 생각도 하고, 토론도 해왔다. 그래서 나름대로의 체계화된 견해를 갖게 되었고, 그 견해를 모아 이 책을 만들게 되었다. 페미니즘 덕분이다. 페미니즘이 아니었더라면 일개 제약회사 영업사원인 나의 글을 당신이 돈을 주고 사서 읽게 될 일은 없었을 것이다.

하지만 솔직히 후회스럽다. 다시 2016년으로 돌아간다면 나는 페미니즘 따위에 관심을 갖지 않을 것이다. 지금 나는 34살이다. 젊지만 어리다고는 할 수 없는 나이다. 온전한 성적 끌림에 의한 연애를 하기보다는 결혼을 전제하고 현실적 조건을 따져야 할 나이다. 2016년엔 그렇지 않았다. 그때의 나는 지금보다 좀 더 젊고 생기발랄하고 순수했다. 좀 더 어리고 예쁜 여자와 순수하고 즐거운 연애를 할 수 있는 나이였다. 하지만 나는 그 시기를 허비했다. 답 없는 논쟁을 하면서. 세상으로부터 주어지는 남성성에 대한 편견에 내가 순응해야 하는지, 내가 주변의 여성들을 전통적인 여성성의 잣대로 평가하는 게 정당한지, 그 따위 고민을 할 시간에 좀 더 멋진 남자가 되고, 좀 더 매력적인 여자를 만날 궁리를 했다면 나는 더 즐거운 청년 시기를 보낼 수 있었을 것이다.

당신들도 그럴 것이다. 사람들은 누구나 자기가 가진 것의 가치를 과소평가한다. 금수저를 물고 태어난 이들은 돈이 귀한 줄 모르고, 평생 사랑만 받고 살아온 이들은 자신들이 당연한 듯 누리는 관심과 인기를 얻기 위해 얼마나 많은 사람들이 분투하고 있는지 모른다. 젊음도 마찬가지다. 젊은 이들은 젊음이 귀한 줄 모른다. 자기들이 영원히 젊을 줄 알고, 늙은 사람들은 원래부터 늙었던 줄 안다. 그래서 생산적이지 못한 고민을 하면서 귀한 젊음을 낭비한다. 그 비생산적인 고민 중 대표적인 게 젠더갈등이다. 물론 젠더갈등이 중요하지 않다는 이야기는 아니다. 여성은 유리천장으로 인해 제 잠재력을 펼치지 못하고 있고, 남성은 과도한 기대와 의무들에 짓눌려있다. 하지만 그런 것들은 당신 혼자 어찌할 수 있는 문제가 아니다. 당신이 관여하지 않는다고 해결되지 않을 문제도 아니다. 당신이 어찌하건 변할 세상은 변하고 안 변할 세상은 안 변한다. 반면 당신의 청춘, 그리고 그 시기에만 누릴 수 있는 즐거움은 더 실질적이다. 생각보다 짧고, 다신 돌아오지 않는다. 그렇기에 소중하다. 사랑받고 사랑하기에 가장 좋은 시기를 분노와 혐오로 흘려보내는 건 너무나 아까운 일이다.

그럼 왜 세상에는 젠더갈등을 부추기는 이들이 존재하는가? 그건 젠더갈등이 돈이 되기 때문이다. 삶은 누구에게나 가혹하다. 세상에 쉬운 인생이란 없다. 그리고 대부분의 사람들은 문제에 직면했을 때 자기를 바꾸기보다 남 탓을 하고 싶어한다. 그래서 젠더갈등은 돈이 된다. 남자들이 겪는 모든 고통은 속물적인 김치녀들 때문이라고, 여자들이 겪는 모든 고통은 돈과 권력으로 여성을 착취하는 한남충들 때문이라고 하면 남자들, 그리고 여자들은 열광한다. 그 분노와 혐오의 힘으로 많은 이들이 책을 팔고, 표를 받고, 조회수와 구독자수를 높였다. 심지어 이 이야기를 하고 있는 나조차 젠더갈등이라는 주제에 대해 책을 썼다. 당신이 이 글을 읽고 있다는 건 당신이 이 책을 사기 위해 낸 돈의 일부가 내 주머니에 들어왔다는 뜻이다.

그들의 장삿속에 놀아나지 말라. 그들을 위해서가 아니라 당신 자신들을 위해서 살아라. 정치를 하거나 이슈 유튜버가 되거나 나처럼 책을 쓸 게 아니라면 이 주제에 대해 너무 깊이 고민하지 말아라. 고민해봤자 당신들의 삶에 실질적으로 득될 게 없다. 그럴 시간에 자기를 꾸며라. 남자라면 근육을 만들고, 여자라면 살을 빼라. 남자라면 머리모양을 깔끔하게 하고, 여자라면 화장을 해라. 필요하다면 성형수술이라도 해라. 불법이거나 건강에 치명적인 위해를 가하는 게 아니라면 뭐든지 해라. 이성에게 매력적으로 보일 수 있는 대화법을 배우고 연습해라. 사랑스러운 남자, 사랑스러운 여자가 되어라. 그리고 사랑해라. 그게 남는 것이다.

다만 조금의 관심만 남겨둬라. 성 불평등이라는 용의자의 딜레마 상태를 해결하기 위해 어느 용기있는 소수가 나섰을 때 그들에게 작은 관심과 지지를 보내줘라. 먼저 나서지는 않아도 되지만 그들의 용기를 외면하지는 말아라. 그 정도면 족하다. 어차피 세상은 변한다. 지금 이 순간에도 변하고 있다. 그것도 좋은 방향으로.

그러니 이제 책을 덮어라. 그리고 나가라. 사랑하고 사랑받아라. 쓸데없는 고민은 나 같은 사람들에게 맡겨 둬라. 모두가 페미니스트가 될 필요는 없다.

Epilogue:
그래서 너는 어느 쪽인 건데?

"그래서 너는 어느 쪽인 건데?"

페미니즘에 대한 책을 쓰겠다고 했을 때 가장 많이 들었던 질문이다. 이 질문을 하는 건 우리 모두가 남자 혹은 여자기 때문일 것이다. 사람은 누구나 행복해지고 싶어한다. 더 많이 갖고, 더 많이 누리고 싶어한다. 하지만 세상의 모든 것들은 유한하다. 그렇기 때문에 내가 더 누리려면 남의 것을 빼앗아와야 한다. 그러려면 내가 더 불행하다는 걸 증명해야 한다. 내가 피해자라는 걸, 내가 더 많은 걸 누릴 자격이 있다는 걸 증명해야 한다.

지금까지 페미니즘에 대한 논쟁이 이루어지는 방식이 이러했다. 페미니스트들은 여성이 피해자라는 걸 증명하기 위해 세상의 나머지 절반인 남성을 깎아내렸다. 페미니스트들의 세계관에서 남성은 여성들에게 폭력을 휘두르며 군림하는 존재, 색욕에 눈이 먼 존재로 묘사되었다. 그리고 안티 페미니스트들의 세계관에서 여성은 물욕과 허영심으로 가득찬 존재, 남성의 권력과 성취에 빌붙으려는 기생충 같은 존재로 묘사되었다. 그 묘사가 자극적일수록, 일차원적이고 이분법적일수록 사람들은 열광했다. 그 광풍 속에 누군가는 유명한 작가가 되었고 누군가는 인플루언서가 되었다.

그런데 이 책은 그렇게 쓰여지지 않았다. 그동안 남성으로서 너무 많은 것들을 누려왔으니 이제라도 불쌍한 여성들에게 내가 가진 기득권을 나눠 줘서 더 평등한 세상을 만들겠다는 따위의 이야기를 하지도 않았고, 모순과 위선, 이기심으로 가득찬 페미니스트들에게 팩트 폭격을 날려주지도 않았다. 이 글은 애매하고, 복잡하고, 미묘한 이야기를 하고 있다. 그러니 이 책은 아마 잘 팔리지 않을 것이다. 사람들은 원래 이런 걸 안 좋아한다.

그럼에도 이 복잡하고 애매한 이야기를 하는 건 이 이야기가 세상에 꼭 필요하다고 믿기 때문이다. 남성과 여성은 적이 아니다. 수백만 년 동안 인류의 번성과 진보를 이끌어왔고, 지금도 서로 공존하며 평화롭게 지내고 있다. 물론 모든 게 완벽하지는 않다. 생물학적 성별에 근거한 성 역할 고정관념은 남성과 여성 모두에게 어느 정도 억압적이고 폭력적이었다. 하지만 그게 개인들의 잘못은 아니다. 개인들에게는 주어진 사회구조 안에서 자기 역할을 열심히 수행한 죄밖에 없다. 대부분의 남자는 성범죄자나 데이트 폭력범이 아니고, 대부분의 여자는 꽃뱀이나 김치녀가 아니다. 소수의 극단적인 사례를 일반화해서 남녀 갈등을 부추기는 건 유튜브 구독자수를 올리고, 책을 팔고, 자기 이름을 알리고, 표를 받아보려는 이들의 장삿속일 뿐이다.

"그래서 너는 어느 쪽이야?"

그래서 나는 남자편도, 여자편도 아니다. 나는 사람의 편이다. 남성과 여성이 힘을 합쳐 이루어온 인류의 진보를 자랑스럽게 여기고, 앞으로 함께 만들어나갈 미래를 응원한다. 그리고 그 과정 속에서 치열하게 살아가는, 성취하기도 하고, 실패하기도 하고, 연대하기도 하고, 갈등하기도 하는 개인들을 연민한다. 이 글을 끝까지 읽었다면 당신 역시 그런 사람일 것이다. 그랬으면 좋겠다.